PERSIAN IN INTERNATIONAL RELATIONS AND FOREIGN POLICY

Persian in International Relations and Foreign Policy develops the reader's command of the Persian language via thematic units that explore global issues involving contemporary Iran.

The textbook features six units covering a broad range of themes with 12 corresponding topic-based lessons that are logically intertwined and introduced through authentic Persian resources. Starting from the Shah's ousting in the pivotal year of 1979, each unit presents unique perspectives on important moments in history and their impact on social, demographic, economic, and environmental issues in Iran today. Every unit contains a wide array of skills-focused and practice activities, which are carefully scaffolded to support learners as they develop and consolidate their reading, writing, speaking, and listening skills with vocabulary and language structures specific to the lesson. Accompanying multimedia content, further resources along with grammar and vocabulary sheets are available for download at www.routledge.com/9781138347199.

The textbook facilitates attainment of the American Council on the Teaching of Foreign Languages (ACTFL) Advanced High level and the Common European Framework of Reference for Languages (CEFR) C1 level, respectively, and it is designed for students who have achieved the ACTFL's Intermediate High or CEFR's B1 proficiency standards.

Mohamad Esmaili-Sardari is Academic Coordinator of the Middle Eastern Languages Program (Arabic and Persian) at the Johns Hopkins University School of Advanced International Studies (SAIS) in Washington, DC, USA.

Daria Mizza is a scholar in the field of curriculum and instruction, with emphases on educational technology and teaching methodology, in the Department of Educational Studies of the School of Humanities and Social Sciences (HUSS) at the American University in Cairo, Egypt.

PERSIAN IN INTERNATIONAL RELATIONS AND FOREIGN POLICY

A Content-Based Approach

Mohamad Esmaili-Sardari and Daria Mizza

Routledge
Taylor & Francis Group

LONDON AND NEW YORK

Cover image: © Naeblys / Getty Images

First published 2022
by Routledge
4 Park Square, Milton Park, Abingdon, Oxon OX14 4RN

and by Routledge
605 Third Avenue, New York, NY 10158

Routledge is an imprint of the Taylor & Francis Group, an informa business

British Library Cataloguing-in-Publication Data
A catalogue record for this book is available from the British Library

Library of Congress Cataloging-in-Publication Data
A catalog record for this book has been requested

ISBN: 978-1-138-34718-2 (hbk)
ISBN: 978-1-138-34719-9 (pbk)
ISBN: 978-0-429-43709-0 (ebk)

DOI: 10.4324/9780429437090

Typeset in Times New Roman
by Apex CoVantage, LLC

Access the Support Material: www.routledge.com/9781138347199

CONTENTS

TEXTBOOK STRUCTURE

Unit #	Theme	Topics	Tasks	Final Project	Functions and Structures	Vocabulary
1	Upheaval	Lesson 1: Revolution	• Gather and organize key information about modern Iranian history on a chart • Prepare a group written report in which rankings of historical key events are justified • Present report orally	"Historians at Work Ranking Historic Events"	• Compare the importance of events with comparative and superlative forms of adjectives • Identify and form the simple past tense	• Use vocabulary related to revolution
		Lesson 2: Terrorism	• Select words and phrases to build an argument about Soleimani's assassination • Write group statements of fact and opinion • Build an argument about Soleimani's assassination and support it in an oral discussion	"Criminal or Justified Act?"	• Identify and form the past imperfect tense • Differentiate formation and use of the simple past and past imperfect tenses • Narrate factual events with the simple past tense • Express past habitual actions with the past imperfect tense • State a fact and express an opinion using key expressions	• Use vocabulary related to terrorism

Unit #	Theme	Topics	Tasks	Final Project	Functions and Structures	Vocabulary
2	War	Lesson 1: Ground Warfare	• Identify factors leading to a ceasefire • Prepare a written presentation with lessons learned from specific events to avoid in the future	"The Dos and Don'ts of Sustainable Ceasefire Agreements"	• Identify and form the past perfect tense • Narrate in the past using the simple past, past imperfect, and past perfect tense	• Use vocabulary related to ground warfare • Express and write dates according to the Iranian solar calendar • Identify numerals above 100
		Lesson 2: Cyber and Space Warfare	• Present your work orally • Formulate a series of rules for potential uses of outer space	"Preventing Space Conflict"	• Identify time of reference for the past perfect tense	
			• Retrieve key written information regarding time periods, factors, people, and countries		• Refer to different actions and events in the past by classifying expressions of time	
		Lesson 1: Waves of Emigration	• Explain orally how factors, people and host countries relate to each time period	"Overview of Historical Changes in Iranian Migration Since 1961"	• Connect causes and effects of events with cause-and-effect conjunctions	
3	Emigration				• Sequence actions with sequencing adverbs and conjunctions	

(Continued)

Unit #	Theme	Topics	Tasks	Final Project	Functions and Structures	Vocabulary
		Lesson 2: Youth Emigration	• Support a position regarding the "brain drain" phenomenon • Write a group policy option to find a solution regarding "brain drain"	"Finding a Potential Solution to 'Brain Drain'"	• Identify and form the present perfect tense • Express negative meaning with prefixes (نا and بی), suffix ستیزی and noun (تبعیض)	
		Lesson 1: Economic Growth Predictions	• Make inferences from statistical data included in reports • Predict economic consequences based on economic indicators	"Forecasting the Iranian Economic Situation"	• Make a forecast or prediction using "I predict that" with future indicative and present subjunctive • Identify and form the present subjunctive	
4	Economy		• Write a group-presentation to predict Iran's economic situation and its repercussions • Provide a written list of advice for leaders of corrupt countries to fight corruption	"Stopping Corruption"	• Talk about consequences of a future action using conditional sentences • Make recommendations using the subjunctive mode • Provide implications for the future using specific adverbs (as a result, consequently, hence, thus, therefore)	

Unit #	Theme	Topics	Tasks	Final Project	Functions and Structures	Vocabulary
		Lesson 2: Corruption	• Give a brief speech with recommendations to the Iranian president on how to stop corruption			
5	Education	Lesson 1: Education Poverty and Social Progress	• Present orally your ideas on how to improve a situation of educational poverty	"Reducing the Scope of Educational Poverty"	• Identify and form the passive voice • Express necessity with impersonal constructions	
		Lesson 2: Education Quality and Govern-ment Investment	• Prepare an informative flier on teacher training options, highlighting their necessity and importance	"Teacher Training Initiative"	• Identify plural markers	
6	Pollution	Lesson 1: Causes of Air Pollution	• Provide recommend ations to reduce air pollution and improve air quality	"An Environ-mentally Friendly Lifestyle"	• Express ability and potential, cause and effect, condition, doubt, expectation and hope, necessity, and volition with the subjunctive mode • Attribute the source of specific pieces of information with the use of prepositions	

(*Continued*)

Unit #	Theme	Topics	Tasks	Final Project	Functions and Structures	Vocabulary
					• Signal further details with the use of adverbs	
					• Highlight a cause-effect relationship between two ideas with the use of cause-and-effect conjunctions	
		Lesson 2: Solutions to Air Pollution	• Write and present orally a paragraph- long report with causes and solutions to the problem of air pollution	"Meeting Air Quality Control Regulations"	• Link nouns and adjectives together with the attributive adjectival "ezafe"	

INTRODUCTION

Persian in International Relations and Foreign Policy. A Content-Based Approach is designed for students and professionals interested in enhancing their command of Persian and learning about global issues related to contemporary Iran. The textbook is suited for students who have already attained Intermediate High-level proficiency according to the guidelines established by the American Council on the Teaching of Foreign Languages (ACTFL)[1] and B1 based on the levels set by the Common European Framework of Reference for Languages (CEFR). Accordingly, the textbook aims to facilitate students' progress toward the Advanced High and C1 proficiency levels.

The textbook features six units covering a broad range of themes with 12 corresponding topic-based lessons that are logically intertwined. Beginning with the Shah's ousting in 1979, each unit highlights important inflection points in Iranian history by offering learners unique, native-language perspectives on these historic moments and their impact on the country's contemporary social, demographic, economic, and environmental dynamics. These authentic content resources in Persian serve as a springboard for students to explore the theme and topics comprised in each unit. Learners will interact with these resources to develop and consolidate their speaking, listening, reading, and writing skills through a series of activities and tasks. Thus, completing the textbook affords students a greater command of Persian – content, context, accuracy, and discourse types – in addition to a deeper understanding of the dynamics that affect modern-day Iran.

---

1 For more information about ACTFL Proficiency Guidelines descriptors and CEFR levels, visit https://www.actfl.org/sites/default/files/guidelines/ACTFLProficiencyGuidelines2012.pdf and https://www.coe.int/en/web/common-european-framework-reference-languages/level-descriptions.

DOI: 10.4324/9780429437090-1

For easier readability, activities throughout the book have been labelled as follows:

I: Individual Activity
C: Class Activity
P: Pair Activity
G: Group Activity

Pedagogy

Persian in International Relations and Foreign Policy. A Content-Based Approach employs a pedagogy informed by the Standards for Foreign Language Learning in the 21st Century, which is organized into five goal areas called the Five C's: Communication, Cultures, Connections, Comparisons, and Communities (ACTFL, 2020).

The textbook applies the Six T's Approach (Stoller & Grabe, 1997), which draws on the principle of content-based instruction (CBI) to integrate language instruction with content instruction organized around particular topics and themes. Students will utilize their Persian rather than their native language as a tool for exploring these concepts and developing knowledge, thereby advancing their linguistic ability in the target language itself.

Thus, each unit has a twofold objective: a content objective related to what students will learn during the lesson and a language objective that outlines their mastery of reading, speaking, writing, and listening through the use of language structures and vocabulary specific to the lesson.

Equipped with such an approach, this textbook is particularly suited for adoption in academic language courses aimed at undergraduate and graduate students, especially those with a specialization in international relations and politics in Southwest Asia. The textbook may also be adopted in ad hoc language courses that are typically offered in workplaces or other institutions. Members of the intelligence, defense, and diplomatic communities residing in Persian-speaking areas will also find this textbook useful. Finally, this textbook stands as a reference for more experienced or independent learners, who can use many of the proposed activities in a self-study capacity.

Design

Six curricular components define the Six-T's Approach: Themes, Texts, Topics, Threads, Tasks, and Transitions.

- *Themes:* Central ideas around which the major curricular units (Unit 1–6) are organized and that are chosen due to their relevance to foreign policy interests (e.g., emigration, war, economy etc.).
- *Texts:* Both written and aural content resources that drive the basic planning of thematic units (e.g., readings, videos, graphic representations, etc.).
- *Topics:* Subunits of content exploring more specific aspects of the theme, which are organized to generate maximum coherence for the thematic unit

and to provide opportunities to explore both content and language. A given unit will evolve differently depending on the particular topics selected for exploration (e.g., the "War" theme develops into two topics: "Ground Warfare" and "Cyber and Space Warfare").

* *Threads:* Abstract concepts linking themes, which are critical for reviewing key content and language as well as revisiting selected learning strategies across themes (e.g., controlling pollution).
* *Tasks*: A series of activities and techniques utilized for content, language, and strategy instruction (e.g., vocabulary, language structure, discourse organization, etc.). They are planned in response to the texts presented and sequenced within and across themes with increasing levels of complexity. Each lesson optimizes the language learning process by sequencing tasks according to research findings and learning principles, especially those related to the importance of proceeding from structured input to communicative output (VanPatten, 1995), from lower to higher-level tasks (Walz, 1998), and from *pedagogical* tasks (tasks accomplished for the purposes of classroom learning) to authentic or *real-life* tasks (tasks involving the use of language in the real-world). The task series culminates in a final project, which provides learners with a sense of achievement as they use their newly acquired skills and structures as well as synthesize content information.
* *Transitions:* Explicitly planned actions that provide coherence across topics within a thematic unit and across tasks in each topic. Two major types of transitions are presented: topical (e.g., a shift in emphasis from the 1979 Islamic Revolution to the Islamic Revolutionary Guard Corps (IRGC) that has been an important part of Iran's foreign policy) and task transitions (e.g., read statistics depicting emigration trends; create a graph with data obtained from such statistics; and write an interpretation of the graph).

Teacher guide

Unit structure

The six units are subdivided into two lessons and, ideally, distributed over four face-to-face or virtual course meetings. Every unit features a wide array of oral and written tasks that are carefully scaffolded – moving from discrete to open-ended – and include the following:

* *Skills-focused activities and tasks* that allow students to explore the main theme and topical issues via the input. With the help of these activities, students engage in interpretive (comprehending written, oral, or visual communication), presentational (presenting spoken or written information that is prepared for an audience), and interpersonal modes of communication (engaging in two-way oral or written authentic communicative exchanges with active negotiation of meaning to share information, feelings, and opinions).

- *Practice activities and tasks* that support students as they acquire new language structures and vocabulary:
  - *Discrete practice activities and tasks:* analogies, fill-in-the-blanks with options, and matching words with definitions to evaluate students' ability to identify new words and structures.
  - *Transitional activities and tasks*: fill-in-the-blanks without options and sentence creation based on cues that require students to produce new words and structures in a controlled context.
  - *Open-ended activities and tasks*: personalized questions, paragraph writing, and surveys that prompt learners to use new words and structures in new communicative contexts.

Lesson structure

Each of the 12 lessons follows a clear organizational structure that aims to contextualize the learning experience for students. The structure enhances instruction through opportunities for:

- Fostering reflective practices and helping develop skills and strategies that are vital to successful independent learners.
- Social learning, collaboration, and increased participation.
- Interacting both synchronously and asynchronously.

Every lesson structure includes the following sections:

- **A little bit about the topic . . .**

کمی درباره موضوع . . .

This short, informative reading section in English provides an initial presentation of the lesson topic.

I. **Introducing the Topic and Exploring Key Words**

۱ .   معرفی موضوع و بررسی کلیدواژه ها

In the first section of a three-section series, learners are familiarized with the lesson's content through scaffolding activities that activate their background knowledge and present key words. These activities prepare students to read or listen to the texts that compose the heart of each lesson. Such activities may include:

- Dramatic photos
- Provoking discussion questions
- Key words related to the lesson topic

Credit for Section I should be given for participation, rather than performance.

II. Studying the Topic

۲. مطالعه موضوع

In the second section, students delve into the lesson topic through authentic written or aural material. Readings and audiovisual recordings that have been carefully selected for appropriate length, comprehensibility, and thematic relevance serve as a catalyst for exploring new issues and developing different skills in every lesson. These texts are not simplified in any way and thus provide a rich source of input, particularly in terms of contextualized vocabulary. Section II also proposes a wide range of activities that span from pedagogical tasks to authentic or real-life tasks. Both task types are built on the interpretive, interpersonal, and presentational modes of communication, which provide students opportunities to interact and build confidence. Activities before and after the input of each lesson are grouped in the following subsections:

A. Formulating Hypotheses

الف. فرضیه پردازی

B. General Listening

ب. گوش دادن کلی

C. Focused Listening

پ. گوش دادن هدفمند

III. Language Structures and Vocabulary

۳. ساختارهای دستوری زبان و واژگان

The third section focuses on identifying examples of key grammar structures and vocabulary from the authentic reading and audiovisual recordings presented in Section II. The two subsections (A and B) demonstrate controlled activities that allow students' language production to move from a list to longer discourse answers through the application of small batches of new grammar and vocabulary items within a narrow communicative context. Before students move on to Section IV, the lesson may cycle through the input (Section II) and controlled practice (Section III) again, which encourages students to assimilate all the vocabulary they need to successfully complete the final communicative situation that requires interaction and negotiation of meaning.

A. Exploring Language Structures

الف. یادگیری ساختارهای دستوری زبان

In this subsection, learners can use easy-to-read diagrams to reflect on new grammar structures and practice with thematically and culturally relevant discrete activities (fill-in-the-blank, multiple-choice, and true/false).

B. Exploring Vocabulary

ب. بررسی واژگان

Here, lexical items are introduced not as single words but as collocations – groups of words commonly used together.

IV. Project

۴. پروژه

Once students become acquainted with the lesson topic and its key vocabulary, they turn their attention to preparing for the final project of each lesson wherein most learner–learner interaction occurs, often on asynchronous digital applications (e.g., online bulletin boards, virtual mind mapping tools, wikis). In this last section, students engage in individual or group microtasks that carefully track comprehension through their interpretation and personalization of the main topic and key vocabulary. Ultimately, the tasks included in each project aim at promoting cultural competency through integration with the thematic content in each unit.

Teaching considerations and recommendations for use

This textbook can work as a complete course textbook or in conjunction with other learning materials. Persian is used throughout the textbook, but instructions for activities and tasks and the explanations related to grammar concepts covered in each lesson are provided in English to assure students' understanding. We recommend, however, that instructors do not use English as the default language for checking meaning or understanding. Instead, we encourage instructors to use the target language in class and accompany it with a variety of strategies that support comprehension and meaning-making. This can be accomplished by providing an initial context through visuals and connections with prior learning or experiences, as well as by focusing on general meaning before delving into details. In addition to conducting regular comprehension checks to ensure understanding, we also recommend teaching students strategies for requesting clarification and assistance when faced with comprehension difficulties.

In line with the way activities and tasks are sequenced in the textbook, we suggest that instructors outline strategies for reducing the learner's processing demands, such as moving from nonlinguistic to linguistic output, moving from words to sentences to connected discourse, breaking down a complex task into manageable subtasks, and allowing for ample preparation and planning.

The activities proposed in this textbook have been flexibly designed so that they can be used in both face-to-face teacher-led classrooms and through the integration of specific web-based technologies in an online environment. Since the identification of technologies may prove challenging for instructors, each lesson features recommendations on which technology is most suitable for enhancing the activities' pedagogical effectiveness. We privilege socio-collaborative web-based applications, such as online bulletin boards and virtual mind mapping.

If the language course is taught in a blended or hybrid format, meaning a combination of online monitored instruction and face-to-face instruction in a teacher-led physical classroom, we recommend that instructors reserve the face-to-face meetings for meaningful, communicative language use and online meetings for autonomous learning. As such, the benefits of both face-to-face and online environments can be maximized, as indicated below.

Section	A little bit more about the topic . . . کمی درباره موضوع
Recommended instructional environment	Online
Sequence in the lesson	Preliminary
Purpose	Providing general information on the topic of the lesson
Section	**I. Introducing the Topic and Exploring Key Words** ۱. معرفی موضوع و بررسی کلیدواژه ها
Recommended instructional environment	Online
Role of the student	Autonomous, performing "non communicative" learning activities
Sequence in the lesson	Precede the presentation of the main aural/written text of the lesson (input)
Purpose	• Introduction to the topic: activating background knowledge • Awareness-raising: exploring new grammar structures and vocabulary • Discovery learning: preparing for the comprehension of the input

Section	II. Studying the Topic
	۲. مطالعه موضوع
Recommended instructional environment	Face to face
Role of the student	Active in pairs or small groups, benefiting from a prolonged and repeated input exposure for comprehension
Sequence in the lesson	During and immediately after input exposure
Purpose	• Comprehension of input • Exposure to new language structures and vocabulary in context

Section	III. Language Structures and Vocabulary
	۳. ساختارهای دستوری زبان و واژگان
Recommended instructional environment	Online
Role of the student	Autonomous, completing the scaffolded activities in order to: • Focus on isolated language structures and vocabulary • Incrementally build language skills • Recognizing both meaning and form of the new linguistic features
Sequence in the lesson	After input comprehension
Purpose	Controlled and guided practice

Section	IV. Project
	۴. پروژه
Recommended instructional environment	Online
Role of the student	Active in groups, negotiating meaning through role-play, discussions, and debates
Sequence in the lesson	Culminating, open-ended task
Purpose	Use the lesson's vocabulary and grammar structures and integrate multiple skills in collaborative virtual environments to develop inquiry learning and critical thinking in Persian

References

ACTFL. (2020). *World-readiness standards for learning languages.* Retrieved April, from https://www.actfl.org/resources/world-readiness-standards-learning-languages

Grabe, W., & Stoller, F. (1997). Content-based instruction: Research foundations. In M. Snow & D. Brinton (Eds.), *The content-based classroom: Perspectives on integrating language and content* (pp. 5–21). New York, NY: Longman.

Krueger, M., & Frank, R. (1993). Resituating foreign languages in the curriculum. In M. Kreuger & R. Frank (Eds.), *Language and content: Discipline- and content-based approaches to language study*. Lexington, MA: D.C. Heath.

Marsh, D. (2012). *Blended learning: Creating learning opportunities for language learners*. New York, NY: Cambridge University Press.

Paribakht, T. S., & Wesche, M. B. (1993). The relationship between reading comprehension and second language development in a comprehension-based ESL program. *TESL Canada Journal, 11*(1), 9–29.

Parviz Brookshaw, D., & Shabani-Jadidi, P. (2012). *The Routledge intermediate Persian course*. London, UK: Routledge.

Straight, H. S. (Ed.). (1994). *Languages across the curriculum: Invited essays on the use of foreign languages throughout the postsecondary curriculum (Translation Perspectives VII)*. Binghamton, NY: SUNY Center for Research in Translation.

VanPatten, B., & Sanz, C. (1995). From input to output: Processing instruction and communicative tasks. In F. R. Eckman, D. Highland, P. W. Lee, J. Mileham, & R. R. Weber (Eds.), *Second language acquisition theory and pedagogy* (pp. 169–185). Mahwah, NJ: Erlbaum.

Walz, J. (1998). Meeting standards for foreign language learning with World Wide Web activities. *Foreign Language Annals, 31*(1), 103–114.

UNIT 1
Upheaval

بخش ۱

آشوب

1

REVOLUTION

درس ۱
انقلاب

What will I learn in this lesson?			
TOPIC	**SKILL**	**STRUCTURES**	**VOCABULARY**
Revolution	• Listening	• Comparative forms of adjectives • Superlative forms of adjectives • Simple past tense (usage and construction)	Arrest, democracy, execution, exile, freedom, hostage, independence, Islamist, leader, protest, reform, revolution
GRAMMAR SHEETS			
Comparative Adjectives			
Superlative Adjectives			
The Simple Past Tense			
RECOMMENDED TECHNOLOGY: https://voicethread.com/			

منابع درس ۱
به منابع زیر دسترسی خواهید داشت:
- بخش های ویدیو برگرفته از :

https://www.youtube.com/watch?v=wi59Z9hipGY

- ویدیو برگرفته از :

https://www.youtube.com/watch?v=Fs2di1oalWw

کمی درباره موضوع . . .

By the end of 1978, protests against the Shah had turned into a revolution, commonly known as the Iranian Revolution or the 1979 Revolution. On January 16, 1979, the Shah fled the country, which ended more than 2,000 years of Persian monarchy.

DOI: 10.4324/9780429437090-3

Under the new government, with Khomeini as its leader, the country was transformed into an Islamic republic, and many opposition leaders were jailed or executed, while many former prisoners were released. The country started on a new path – one that brought it to war with its neighbor and ongoing conflict with the West.

اواخر سال ۱۹۷۸، اعتراض‌ها علیه شاه تبدیل به انقلابی شد که به انقلاب اسلامی ایران معروف است. روز ۱۶ ژانویه ۱۹۷۹، شاه کشور را ترک کرد، و این پایان بیش از ۲۰۰۰ سال پادشاهی در ایران بود.

در دولت جدید به رهبری خمینی، کشور تبدیل به جمهوری اسلامی شد. بسیاری از رهبران مخالفان زندانی یا اعدام شدند، در حالی که بسیاری از زندانیان سیاسی سابق آزاد شدند. کشور راه جدیدی را پیش گرفت ـ راهی که منجر به جنگ با کشور همسایه و درگیری مداوم با غرب شد.

منابع:

Gökmen, O. (2016, April 30). Five years after the Arab uprisings: An interview with Asef Bayat. *Jadaliyya.* https://www.jadaliyya.com/Details/33222/Five-Years-After-the-Arab-Uprisings-An-Interview-with-Asef-Bayat

Iran 1979: Anatomy of a revolution. (2019, February 1). *Al Jazeera.* https://www.aljazeera.com/programmes/specialseries/2017/11/iran-1979-anatomy-revolution-171112085321494.html

۱. معرفی موضوع و بررسی کلیدواژه‌ها

(I)1. Instructions: Reflect on the sentences below referring to the lack of freedom under the Shah's regime and under the Islamic Republic, respectively:

(فعالیت فردی)۱. راهنما: به جمله‌های زیر درباره عدم آزادی در دوران رژیم شاه و جمهوری اسلامی فکر کنید:

الف. «از لحاظ سیاست‌های داخلی، رژیم شاه یک دیکتاتوری بود. هیچ آزادی وجود نداشت».

ـ محسن میردامادی، سیاستمدار ایرانی ("Iran 1979: Anatomy of a Revolution")

ب. «جوانان . . . می‌خواهند "جوانی" خود را، این میل به زندگی کردن مثل یک جوان، را پس بگیرند، تا دنبال علایق خود، فردیت خود بروند، به دور از مراقبت‌های بزرگ‌ترها، دور از اقتدار اخلاقی و سیاسی. این بعد زندگی جوانان، بر تنش‌های اجتماعی موجود در ایران می‌افزاید.»

ـ عاصف بیات، محقق ایرانی-آمریکایی (Gökmen, 2016)

(G)2. Instructions: Under the guidance of your instructor, ask your class-mates the following survey questions and note their responses in the spaces provided.

(فعالیت کلاسی) ۲. راهنما: با راهنمایی معلم تان، از همکلاسی‌های خود سوال‌های پرسش نامه را بپرسید وپاسخ‌های آن‌ها را در ستون مربوطه بنویسید.

پرسش نامه		
۱. اسم‌شما چیست؟	**۲. چرا این کلاس را برداشتید؟**	**۳. چند واقعه مهم یا یک نقطه عطف مهم در تاریخ معاصر ایران را نام ببرید.**

(P)3.

(فعالیت دونفره) ۳.

KEY WORDS: Freedom, Protest, Revolution, Complaint

کلیدواژه‌ها: آزادی، اعتراض، انقلاب، شکایت

Instructions: Based on your previous knowledge, name some pivotal events in contemporary Iranian history that may be related to the pictures below (Figure 1.1.1). Check your answers with a partner.

راهنما: با استفاده از دانش قبلی خود، برخی از وقایع مهم تاریخ معاصر ایران را که ممکن است مربوط به تصاویر زیر(شکل ۱.۱.۱) باشد، نام ببرید. پاسخ های خود را با همکلاسی تان چک کنید.

شاه رفت

اطلاعات

• نمایندگان مجلسین واعضای شورای سلطنت خارج شوند
• کشاورزان بیشتر بکارند وجلوی خروج گندم رابگیرید
ارتش جلوی بیرون بردن سلاحهای امریکارابگیرد
• بانکهای اسلامی به کشاورزان کمک کنند
• اربعین راتبدیل به وسیع ترین تظاهرات ملی کنید

رئیس مستشاران نظامی امریکا رادرایران بدار آویختند...

مصر امروز منتظر شاه است

دستورات انقلابی امروز امام خمینی

بازجوئی از ارتشبد نصیری آغاز شد

کارکنان سفارت امریکا اردشیر زاهدی راراه نمیدهند

تکلیف پرداخت حقوق کارکنان دولت دراین ماه

جزئیات موضوع در اطلاعات امروز

مواظب سرعت حرکت باشید

نوشته: علی اصغر حاج سید جوادی

اظهارات بختیار روابط ایران وشوروی را تیره می کند

تردید بسیار در مسائل پس از سفر شاه

عراق احساس دشمنی باامام خمینی ندارد

راه پیمائی جامعه هیئت علمی دانشگاه تهران

FIGURE 1.1.1 The Islamic Revolution of Iran.

شکل ۱.۱.۱ انقلاب اسلامی ایران.

Source: © Photos from Wikimedia and Getty Images

انقلاب اسلامی ایران

FIGURE 1.1.1 (Continued)

سخنرانی امام در فرودگاه

با نگ «الله اکبر»
و «خمینی امام ماست»
فرودگاه را به لرزه در آورد

امام آمد

اطلاعات

پنجشنبه ۱۲ بهمن‌ماه ۱۳۵۷ - شماره ۱۵۷۷۴ - تکشماره ۱۰ ریال

پس از ۱۵ سال
درساعت ۹ و ۲۷
دقیقه و ۳۰ ثانیه
صبح امروز پای
امام خمینی بخاک
وطن رسید

لحظات حرکت در فرودگاه شارل دوگل

آخرین پیام امام
خمینی در پاریس

پخش
مستقیم
تلویزیون

کردها نباید روی
کمکهای فعلی
صدام حسین
حساب کنند

● اساس حکومت در اسلام
شور است

در صفحه ۱۲

● امریکا و
شوروی
ابرقدرتهائی
هستند که بر دنیا
حاکمند و می
خواهند جهان
سوم اسمی
بی‌مسما باشد

● آیا صدام
حسین یک روز
ملت کرد را
نخواهد فروخت؟

ضد انقلاب یک اتوبوس را
در ارومیه منفجر کرد

● دانشجویان مسلمان پیرو امام: ملت
مسلمان ایران، بیائید به ندای امام پاسخ دهید
که می‌گوید: «بیائید متحد شویم و دست
جنایتکاران چپ و راست را که در رأس آن
آمریکاست قطع کنیم»

● مجاهدین انقلاب: آمریکای جنایتکار باید
بداند که تا یک قطره خون در رگ توده‌های
مسلمان بویژه جوانان انقلابی پیرو مشی امام
جریان دارد چپاولگریها و سلطه‌طلبی‌های او و
دیگر امپریالیست‌ها در این خاک امکان تکرار
نخواهد داشت.

● حزب جمهوری اسلامی: این واقعیت
انقلاب ماست که حضور انقلابی خود را علیه
منافع امپریالیزم در هر صحنه ابراز می‌دارد

● حوزه علمیه قم: این صدای رعدآسای ملت
علیه آمریکاست.

دکتر یزدی در گفتگوی
تلفنی با جمهوری
اسلامی:

ژنرال
جیاپ
به ایران
می آید

۱۲ صفحه

جمهوری اسلامی

دوشنبه ۱۴ آبان ماه ۱۳۵۸ - ۱۴ ذیحجه ۱۳۹۹ - شماره ۱۲۹ - تکشماره ۱۵ ریال

کارکنان سفارت اسناد
محرمانه را در آتش سوزاندند

مطالبات اراضی
موات بی اعتبار شد

● کلیه اوراق و اسنادی که از بابت معاملات
و دین مذکور و یا تضمین آن رد و بدل شده
است از درجه اعتبار ساقط می‌باشد

در صفحه ۱۲

مصاحبه جمهوری اسلامی با علی
گلزاده غفوری، اسلام کاظمیه و
زهرا رهنورد

ویژگیهای انقلاب
اسلامی ایران

اشغال انقلابی
سفارت آمریکا

● بهشتی: جوانان ما ایمان بیش از
این تاب نیاوردند و بعنوان اعتراض

FIGURE 1.1.1 (Continued)

(I)4. Instructions: The pictures below (Figure 1.1.2) depict revolutions from around the world. Match each picture on the right-hand side with its respective country listed on the left-hand side.

(فعالیت فردی)۴. راهنما: تصاویر زیر (شکل ۲.۱.۱)، انقلاب‌های جهان را نشان می‌دهند. هر یک از تصاویر ستون سمت راست را با کشور مربوطه خود در ستون سمت چپ تطبیق دهید.

تصاویر	**کشورها**
الف.	کوبا
ب.	ایران

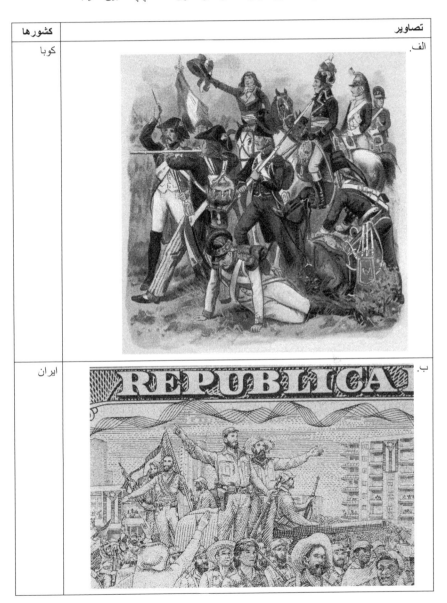

FIGURE 1.1.2 Photos depicting revolutions from around the world.

شکل ۲.۱.۱ تصاویری از انقلاب های جهان.

تصاویر	کشورها
پ.	فرانسه
ت.	آمریکا

FIGURE 1.1.2 (Continued)

(P)5. Instructions: The statements below refer to revolutions from around the world. Match each statement on the right-hand side with the corresponding revolution listed on the left-hand side. Check your answers with a partner.

(فعالیت دونفره)۵. راهنما: عبارت‌های زیر به انقلاب‌های جهان اشاره دارند. هر یک از عبارت های ستون سمت راست را با انقلاب مرتبط با کشورهای ستون سمت چپ وصل کنید. پاسخ‌های خود را با هم‌کلاسی‌تان چک کنید.

عبارت ها	انقلاب
الف. برابری، برادری، آزادی	روسیه
ب. انقلاب فرهنگی	ایران
پ. انقلاب کارگری	فرانسه
ت. استقلال، آزادی، جمهوری اسلامی	چین
ث. نافرمانی مدنی، مسالمت آمیز	الجزایر
ج. جنگ خونین طولانی بین مستعمره و استعمارگر	هندوستان

(P)6. Instructions: Watch the video titled "Key Events" via the link provided (www.routledge.com/9781138347199 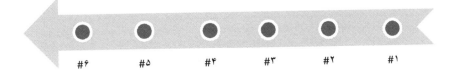). Pay close attention to the important events mentioned from Iran's contemporary history in Activity 3 (I), then come up with at least three relevant key words (e.g., coup d'état, etc.). Check your key words with a partner.

(فعالیت دونفره)۶. راهنما: ویدیو با عنوان «رویدادهای کلیدی» را از طریق لینک مقابل (www.routledge.com/9781138347199 ▶)

ببینید. به رویدادهای مهم درباره تاریخ معاصر ایران در تمرین ۳(۱) دقت کنید و سپس با توجه به آن، دست کم سه کلیدواژه مرتبط (مثل کودتا و غیره) را بنویسید. کلیدواژه‌ها را با همکلاسی‌تان چک کنید.

_____

_____

_____

_____

_____

(C)7. Instructions: Read the statements below. Under the guidance of your instructor, complete the following timeline with all key events mentioned in the statements.

(فعالیت کلاسی)۷. راهنما: عبارت‌های زیر را بخوانید. با راهنمایی معلم‌تان، جدول زمانی زیر را با تمام رویدادهای کلیدی ذکر شده در عبارات کامل کنید.

«من صدای انقلاب شما را شنیدم» – شاه در یک پیام تلویزیونی گفت. کمی بعد، شاه ایران را ترک کرد و خمینی، رهبر انقلاب اسلامی، از تبعید به ایران بازگشت.

«من دولت انتخاب می‌کنم» – خمینی در سخنرانی مهمی در تهران گفت. ده روز بعد از رسیدن خمینی به ایران، رژیم پادشاهی سقوط کرد و انقلاب اسلامی به پیروزی رسید.

Adapted from the video https://www.youtube.com/watch?v=Fs2di1oalWw
برگرفته از ویدیو https://www.youtube.com/watch?v=Fs2di1oalWw

Timeline

جدول زمانی

#۶   #۵   #۴   #۳   #۲   #۱

۲. مطالعه موضوع

منابع صوتی و ویدیو

– بخش های ویدیو برگرفته از:

https://www.youtube.com/watch?v=wi59Z9hipGY
https://www.youtube.com/watch?v=Fs2di1oalWw

الف. فرضیه پردازی

(I)1. Instructions: Read the title of the video: "VOA Report on Iranian Revolution" ("گزارش صدای آمریکا درباره انقلاب ایران") and watch it in its entirety without sound via the link provided (www.routledge.com/9781138347199 ▶). Fill in only the right-hand side of the table below (Column "Expected Issues") with issues that you expect to be covered in the segment.

(فعالیت فردی)۱. راهنما: عنوان ویدیو «گزارش صدای آمریکا درباره انقلاب ایران» را بخوانید و ویدیورا از طریق لینک ارائه شده

(www.routledge.com/9781138347199 ▶)

به طور کامل و بدون صدا ببینید. سپس ستون راست جدول زیر (موضوعات مورد انتظار) را با موضوعاتی که فکر می‌کنید در ویدیو آمده پر کنید.

موضوعات مورد انتظار	موضوعات دیگر

(P)2. Instructions: Watch the video again in its entirety and without sound. Then answer the questions below based on your opinion informed by previous knowledge. Compare your answers with a partner.

(فعالیت دو نفره)۲. راهنما: ویدیو را دوباره به طور کامل و بدون صدا ببینید. سپس با استفاده از نظر و دانش قبلی خود به پرسش های زیر پاسخ دهید. پاسخ‌های خود را با همکلاسی‌تان چک کنید.

الف. چرا انقلاب اتفاق می‌افتد؟

____

____

ب. چرا انقلاب اسلامی اتفاق افتاد؟ مهمترین علت آن چه بود؟

___

___

پ. چرا دانشجویان سفارت امریکا را تسخیر کردند؟

___

___

ت. آیا در ایران پیش از انقلاب، در رژیم شاه آزادی وجود داشت؟

___

___

ث. آیا پس از انقلاب، در جمهوری اسلامی آزادی وجود دارد؟

___

___

ب. گوش دادن کلی

منابع برای گوش دادن

- بخش های ویدیو برگرفته از:

https://www.youtube.com/watch?v=wi59Z9hipGY

- ویدیو برگرفته از:

https://www.youtube.com/watch?v=Fs2di1oalWw

KEY SKILL: LISTENING FOR THE GIST

In order to get the gist of the video, try to follow along even if you cannot understand every word or grammatical structure. Helpful clues can be found in the title of the video you read in Activity A1 (II). Activities B1 (II) and B2 (II) below will help you get the main idea of the video and confirm the issues you expected in the previous section (**A. Formulating Hypotheses**).

مهارت کلیدی: گوش دادن برای درک اصل مطلب

برای فهمیدن خلاصه داستان ویدیو، سعی کنید داستان را دنبال کنید حتی اگر همه واژها یا ساختارهای دستوری را نمی دانید. نکات مفیدی را می توانید در عنوان ویدیو در تمرین الف۱ (۲) بیابید. تمرین ب۱(۲) و ب۲(۲) نیز به شما کمک می کند تا به ایده اصلی داستان پیش از دیدن کامل ویدیو پی ببرید و موضوعات مورد انتظارتان در بخش قبل (**الف. فرضیه پردازی**) را تأیید کنید.

(C)1. Instructions: Watch the video in its entirety with sound via the link provided (www.routledge.com/9781138347199 ▣) without paying attention to new words and grammatical structures. Under the guidance of your instructor, summarize to the rest of the class the main idea the video conveys in a short sentence or only with some key words.

(فعالیت کلاسی) ۱. راهنما: ویدیو «گزارش صدای آمریکا درباره انقلاب ایران» را از طریق لینک مقابل (www.routledge.com/9781138347199 ▣)

به طور کامل و با صدا ببینید و به واژه ها و ساختارهای دستوری جدید توجه نکنید. سپس با راهنمایی معلم تان، ایده اصلی ویدیو را در یک جمله کوتاه یا با استفاده از چند واژه کلیدی برای کل کلاس خلاصه کنید.

Main idea:

ایده اصلی:

(P)2. Instructions: Watch the video again in its entirety with sound. Check off the expected issues you entered in the right-hand side of the table in Activity A1 (II). In the left-hand side of the same table, fill in any additional issues that were missing. Check your answers with a partner.

(فعالیت دو نفره)۲. راهنما: ویدیو را دوباره به طور کامل و با صدا ببینید. سپس موضوعات مورد انتظارتان را که در سمت راست جدول تمرین الف۱(۲) وارد کرده اید، علامت بزنید. در ستون سمت چپ همان جدول را با موضوعات دیگری که قبلا ننوشتید پر کنید. پاسخ‌های خود را با همکلاسی‌تان چک کنید.

پ. گوش دادن هدفمند

KEY SKILL: LISTENING FOR SPECIFIC INFORMATION

When listening for details, you are interested in specific pieces of information, for example a date or a name. Thus, you can ignore other information that does not sound relevant. Activities C1 (II) and C2 (II) below will help you narrow down your search and get the details you need.

مهارت کلیدی: گوش دادن برای اطلاعات خاص

هنگامی که به جزئیات مطلبی گوش می دهید، در واقع به دنبال یافتن اطلاعات خاصی هستید، به عنوان مثال یک تاریخ یا یک نام. بنابراین می توایند از هر اطلاعاتی که مرتبط با آن جزئیات نیست چشم پوشی کنید. تمرین های پ۱(۲) و پ۲(۲) در زیر به شما کمک می کند تا دایره جستجوی خود را محدود کنید و به جزئیاتی که دنبالش هستید دست یابید.

(I)1. Instructions: Watch the video again in its entirety with sound. Write down any words or phrases you hear that you think are related to the following: *terrorism, revolutionary slogans, Islamicists, achievements of the Iranian government, changes after the revolution, protests, opposition groups, government systems.*

(فعالیت فردی)۱. راهنما: ویدیو رو دوباره به طور کامل و با صدا ببینید. هر گاه واژه‌های مرتبط با عبارت های مقابل را در ویدیو می شنوید در جدول زیر و در ستون مربوطه بنویسید: تروریسم، شعار انقلاب، اسلام گرایان، دستاوردهای حکومت ایران، تغییرات پس از انقلاب، اعتراض ها، گروهای مخالف، سیستم های حکومتی

تروریسم	شعار انقلاب	اسلام گرایان	دستاوردهای حکومت‌ایران	تغییرات پس از انقلاب	اعتراض‌ها	گروه‌های مخالف	سیستم‌های حکومتی

(P)2. Instructions: Watch the video segments listed below with sound and answer the questions that follow. Check your answers with a partner and rewatch the video segments to confirm.

(فعالیت دو نفره)۲. راهنما: قسمت‌هایی از ویدئوی بالا را با صدا ببینید و به پرسش‌های زیر پاسخ دهید. پاسخ‌های خود را با همکلاسی‌تان چک کنید و برای تأیید پاسخ‌ها، دوباره ویدیو را ببینید.

بخش ۱

الف. .پیش از انقلاب اسلامی، چه نوع حکومتی در ایران حاکم بود؟
ب. چه نوع حکومتی بعد از انقلاب اسلامی در ایران برقرار شد؟
پ. مخالفان شاه چه کسانی بودند؟

بخش ۲

الف. چرا حکومت شاه نامحبوب شد؟

بخش ۳

الف. علت اعتراض‌ها چه بود؟
ب. اعتراض‌ها از کجا آغاز شد؟
پ. شاه چه تاریخی ایران را ترک کرد؟
ت. خمینی چه تاریخی به ایران بازگشت؟ خمینی تا آن زمان کجا بود؟
ث. هواداران خمینی او را چگونه رهبری می‌دانستند؟
ج. هدف انقلاب چه بود؟
چ. پیامدهای اولیه انقلاب چه بود؟

بخش ۴

الف. به گفته حکومتگران ایران، بزرگترین دستاورد انقلاب چیست؟
ب. به گفته حکومتگران ایران، کشور به چه افتخار می‌کند؟

بخش ۵

الف. جنگ ایران و عراق چقدر طول کشید؟
ب. چند نفر از هرطرف کشته شدند؟

بخش ۶

الف. شعار انقلاب چه بود؟

بخش ۷

الف. چرا ایران حامی تروریسم شناخته شده است؟

(I)3. Instructions: Confirm your answers given in Activity C2 (II) above by reading the transcript of the video segments below.

(فعالیت فردی)۳. راهنما: صحت پاسخ‌های خود در تمرین پ۲(۲) در بالا را با خواندن متن ویدیو زیر تأیید کنید.

بخش ۱

انقلاب اسلامی ۵۷ نظام ایران را از پادشاهی به حکومت دینی تغییر داد و اسلام سیاسی را به نیرویی بدل کرد که مواجهه می‌طلبد. در آستانه انقلاب اسلامی تنش میان محمدرضا شاه پهلوی ومخالفان وی بالا گرفت. مخالفانی که طیف گسترده‌ای را شامل می‌شدند: از مارکسیسیت‌ها تا اصلاح‌طلبان مشروطه‌خواه و اسلام‌گرایان محافظه‌کار.

بخش ۲

حکومت شاه در میان اتهام‌های ارتشای فراگیر، سرکوب سیاسی و اصلاحاتی که بسیاری پذیرا نشده بودند، به گونه‌ای فزاینده نامحبوب شده بود. خانم پیس می‌افزاید که از دید بسیاری از ایرانیان، شاه دست‌نشانده غرب بود که نفت مملکت را به سود قشری خاص از ایرانیان می‌فروخت.

بخش ۳

بازاریان از تورم ناراضی بودند که بی‌رویه افزون می‌شد. روحانیان از آن‌چه بی‌اعتنایی شاه به دیانت اسلام می‌خواندند و دانشجویان از آن روی ناخشنود بودند که از آزادی و دموکراسی کافی در مملکت‌شان برخوردار نبودند.

اعتراض‌های منتج به انقلاب از شهر قم آغاز شد و به مرور به دیگر نقاط کشور کشیده شد. ۲۶ دی ماه ۵۷ شاهد ترک ایران توسط شاه بود. سفری بی‌بازگشت. ۱۲ بهمن شاهد پای‌نهادن آیت‌الله خمینی بود به ایران از تبعید. بازگشتی که با استقبال مردمی روبه‌رو شد که به پیشواز قهرمانی آمده‌بودند و وی را رهبر بی‌چون‌وچرای انقلاب می‌دانستند.

ساختار اسلامی حکومت شکل گرفت. انقلاب بنا بود آینده‌ای روشن‌تر را به ارمغان آورد. تغییر حاصل شد اما نه به شکلی که بسیاری در آرزوی آن بودند. تغییر با اعدام آمد و دستگیری‌های گسترده و هرج و مرج و از کار بی‌کار شدن شماری. به دنبال آن گروگان‌گیری روی داد و ۴۴۴ روز ادامه یافت. واشنگتن روابط سیاسی رسمی خود را با تهران قطع کرد و ایران را تحت تحریم اقتصادی قرار داد.

بخش ۴

حکومت‌گران در ایران معتقدند که یکی از بزرگترین موفقیت‌های انقلاب به طور مشخص استقلال ایران از امریکا بوده‌است. آن‌ها به این توفیق می‌بالند. ملت ایران مغرور است به این‌که در برابر قدرت‌های مسلط جهان ایستاده‌است.

بخش ۵

انقلاب اسلامی آبستن دورانی دشوار بود. همسایه ایران در سال ۵۹ به آن حمله کرد و طی هشت سال جان یک میلیون تن را در دوسوی مرز گرفت. قدرت اسلام‌گرایان در ایران قوام یافت و وضع قوانینی سخت‌گیرانه آزادی‌های فردی و اجتماعی را محدود ساخت.

بخش ۶

شعار انقلاب، استقلال و آزادی بود و به ما وعده می‌دادند که در جمهوری اسلامی به این هردو خواهیم رسید.

بخش ۷

انقلاب اسلامی ۵۷ اسلام سیاسی را به عنوان قدرتی که مواجهه می‌طلبد به دنیا معرفی کرد. از جنس اسلامی که مورد حمایت ایران است و همان دیانتی است که گروه ستیزه‌جوی شیعی حزب‌الله لبنان، آن را باور دارد. اما به همین سبب ایران برچسب حامی تروریست خورده‌است. پیگیری برنامه هسته‌ای آن کشور که قابلیت تولید جنگ‌افزار اتمی دارد از سوی جامعه جهانی محکوم شده و آن کشور را با تحریم‌های گسترده‌تر رودر رو کرده است.

۳. ساختارهای دستوری زبان و واژگان

الف. یادگیری ساختارهای دستوری زبان

(I)1.

(فعالیت فردی) ۱.

COMPARATIVE FORMS OF ADJECTIVES

Comparative forms of adjectives are used when making comparisons between two things:

1st TERM OF COMPARISON (noun, pronoun, numeral) + ADJECTIVE -TAR + PREPOSITION از (from, of, than) + 2nd TERM OF COMPARISON (noun, pronoun, numeral)

صفت برتر(تفضیلی)

برای مقایسه کردن دو چیز با هم از صفات برتر استفاده می کنیم:

طرف اول مقایسه (اسم، ضمیر، عدد) + صفت -تر = صفت برتر (صفت تفضیلی) + حرف اضافه 'از' + طرف دوم مقایسه (اسم، ضمیر، عدد)

مثال:

انقلاب اسلامی آبستن دورانی دشوارتر بود.

SUPERLATIVE FORMS OF ADJECTIVES

Superlative forms of adjectives are used when making comparisons among three or more things:

ADJECTIVE -TARIN

صفت برترین (عالی)

برای مقایسه کردن سه چیز و یا بیشتر با هم از صفات برترین (عالی) استفاده می کنیم:

صفت -ترین = صفت برترین (صفت عالی)

مثال:

یکی از بزرگ ترین موفقیت‌های انقلاب به طور مشخص استقلال ایران از امریکا بوده است.

Instructions: Refer to the information you collected from the survey in Activity 2 (I) and the information provided in the transcript of the video in Activity C3 (II) to complete the following tasks.

a.   In the chart below, rank three events from the survey and the video based on their level of importance in Iran's contemporary history.

b.   Justify your ranking by filling in the blanks below to complete the statements comparing the importance of the three events. Reflect on the formation of the comparative adjective and the superlative adjective.

راهنما: برای انجام تمرین‌های زیر، به اطلاعاتی که از مقاله در تمرین ۲(۱) و متن ویدیودر تمرین پ۳(۲) به دست آوردید مراجعه کنید.

الف. در نمودار زیر، سه رویدادی را که در مقاله و ویدیو آمده را نام برده و آن ها را بنابر درجه اهمیت شان در تاریخ معاصر ایران رتبه بندی کنید.

نمودار

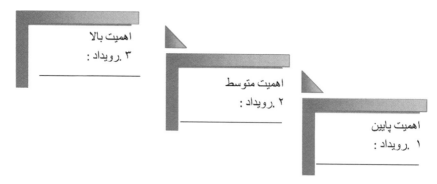

اهمیت بالا

۳. رویداد :

اهمیت متوسط

۲. رویداد :

اهمیت پایین

۱. رویداد :

ب. دلیل خود را برای رتبه‌بندی اهمیت سه رویداد بالا توضیح دهید و جاهای خالی زیر را درباره اهمیت این رویداد ها پر کنید. به شکل‌گیری صفت تفضیلی و صفت عالی توجه کنید.

رویداد ــــ از رویداد ــــ مهمتر است
رویداد ــــ مهمترین رویداد است.

(I)2.

(فعالیت فردی)۲.

> ## PAST TENSES
>
> Past tenses are used to refer to things that happened or existed in the past.
>
> **زمان های گذشته فعل**
>
> برای بیان اتفاقاتی که در گذشته رخ داده و یا وجود داشته از زمان گذشته استفاده می کنیم.

Instructions: Organize the events below into the appropriate columns: "Before the Revolution" on the right and "After the Revolution" on the left. When placing events before or after this point of reference, reflect on the function of the verb tense along with the content of the rest of the sentences to interpret when the event occurred.

راهنما: رویداد های زیر را در ستون مناسب قرار دهید: «قبل از انقلاب» در ستون سمت راست و «بعد از انقلاب» در ستون سمت چپ. هنگام قرار دادن رویداد ها قبل و بعد از این نقطه مرجع، برای یافتن زمان وقوع این حوادث به زمان فعل‌ها و محتوای بقیه جمله توجه کنید.

کی اتفاق افتاد؟	
بعد از انقلاب	**قبل از انقلاب**

نفوذ غرب در ایران محو شد. یکی از بزرگترین موفقیت های انقلاب استقلال بود.
برنامه هسته ای ایران محکوم شده است. گروگان گیری روی داد (اتفاق افتاد).
خمینی به ایران برگشت (آمد). آزادی زیادتر بود. شاه دست نشانده غرب بود.
حکومت شاه نامحبوب شده بود. حکومت ایران تروریسم و حزب الله را حمایت می کند.

(I)3. Instructions: In the transcript of the video segments, highlight or underline all verbs that refer to actions or events in the past. Observe how the past tense is formed and try to explain it in your own words.

(فعالیت فردی)۳. راهنما: در متن بخش های ویدیو، زیر تمام افعالی که به عمل و رویدادی در زمان گذشته اشاره دارد، خط بکشید. به نحوه ساختن فعل در زمان گذشته دقت کنید و سعی کنید آن را با کلمات خود توضیح دهید.

(I)4.

(فعالیت فردی)۴.

SIMPLE PAST TENSE (USAGE)

The simple past tense is used to:

a.   Indicate an action that was done once and completed in the past.

زمان گذشته ساده (کاربرد)

از زمان گذشته ساده استفاده می شود:

الف. برای نشان داده عملی که در گذشته یک بار اتفاق افتاده و پایان یافته است.

Instructions: In the video segment transcripts, underline all verbs indicating an action done once and completed in the past. Form sentences with them below using the appropriate collocations.

راهنما: در متن ویدیو، تمام فعل‌هایی را که نشان‌دهنده کاری است که در گذشته انجام و تمام شده است را مشخص کنید. با این فعل‌ها و عبارت‌های همنشین مناسب آن‌ها در زیر جمله بسازید.

_____

_____

_____

_____

_____

(I)5.

(فعالیت فردی)۵.

---

b.   Indicate a state that ended in the past.

ب.   برای نشان دادن وضعیت و حالتی که در گذشته به پایان رسیده است.

Instructions: In the video segment transcripts, identify all verbs indicating a state that ended in the past. Form sentences with them below using the appropriate collocations.

راهنما: در متن ویدیو، تمام فعل‌هایی که بیانگر وضعیتی است که در گذشته پایان یافته است را مشخص کنید. با این فعل‌ها و عبارت‌های همنشین مناسب آن‌ها در زیر جمله بسازید.

(I)6.

(فعالیت فردی) ۶.

SIMPLE PAST TENSE (CONSTRUCTION)

PAST STEM ENDING IN د– or ت– + PAST ENDINGS
(FOR EACH SUBJECT OF THE VERB: /م/ ی /**Ø**//یم/ ید/ ند)

زمان گذشته ساده (ساختار)

بن گذشته که به -د یا -ت ختم می شود + شناسه های گذشته

(مطابق با فاعل فعل: م/ ی/ Ø / یم/ ید/ ند)

Instructions: Conjugate the verbs in parentheses into simple past tense.

راهنما: فعل‌های داخل پرانتز را با استفاده از زمان گذشته ساده صرف کنید.

الف. شما طرفدار انقلاب (بودن) ___________؟
ب. او زمان انقلاب جوان (بودن) ___________.
پ. تو زمان انقلاب کجا (بودن) ___________؟
ت. من ایران (بودن) ___________.
ث. قبل از انقلاب بیشتر مردم ایران در تظاهرات خیابانی (شرکت کردن)___________.
ج. کارگران و کارمندان (اعتصاب کردن)___________.
چ. دانشجویان به دلیل نداشتن آزادی (اعتراض کردن)___________.
ح. روحانیون به علت رعایت نکردن قوانین اسلامی (سخنرانی کردن)___________.
خ. تجار، بازرگانان و بازاریان به دلیل نرخ بالای تورم (ناراضی بودن)___________.
د. شاه از ایران (رفتن)___________.
ذ. خمینی به ایران (آمدن). ___________.
ر. خمینی از تبعید به ایران (برگشتن)___________.
ز. ارتش ایران به مردم ایران (پیوستن)___________.
ژ. انقلاب (شدن)___________.
س. دانشجویان خط اما سفارت امریکا را (گرفتن)___________.
ش. بحران گروگان‌گیری بیشتر از یک سال (طول کشیدن)___________.
ص. جنگ ایران با عراق (شروع شدن)___________.

ب. بررسی واژگان

(I)1. Instructions: Match the words on the right-hand side with the words on the left-hand side to form proper collocations.

(فعالیت فردی)۱. راهنما: واژه های سمت راست را به واژه های سمت چپ وصل کنید تا عبارت های همنشین مناسبی تشکیل شود.

		عبارت های همنشین
	اسلامی	جمعه
	پادشاهی	انقلاب
	هسته‌ای	نفوذ
	غرب	جنگ
	انقلاب	اسلام
	(خونین ، سیاه)	برنامه
	سیاسی	نظام
	تحمیلی	رهبر
	امام خمینی	حکومت
	نظامی	سخنرانی

(I)2. Instructions: Fill in the left hand-side columns of the table below with words from the video segments that can be used with each word provided in the right hand-side column ("Word Provided") to form proper collocations, following the example provided.

(فعالیت فردی)۲. راهنما: ستون های سمت چپ جدول زیر را با واژه هایی از بخش های ویدیو پرکنید که می توانند مانند مثال های ارائه شده، با واژه های ارائه شده در ستون سمت راست («واژه های ارائه شده»)عبارت های همنشین مناسبی بسازند.

					عبارت های همنشین
	واژه هایی از بخش های ویدیو				واژه های ارائه شده
تحریم	جنگ افزار	انقلاب	اصلاح	آزادی	ـ انقلاب اسلامی
					ـ اسلامی/اتمی
					ـ طلبان/ اقتصادی
					ـ فردی و اجتماعی

(I)3. Instructions: Form sentences using the words below and conjugating each verb into the simple past tense. Modify or add elements as needed.

(فعالیت فردی)۳. راهنما: با واژه‌های زیر جمله بسازید. هر فعل را در زمان گذشته ساده به کار ببرید. در صورت نیاز واژه‌های دیگری را اصلاح یا اضافه کنید.

الف. انقلاب – تنش – مخالفان – افزایش یافتن

_____

ب. شاه – حکومت – سرکوب – بودن

_____

پ. ایرانیان – ایران – آزادی – دموکراسی – ناراضی – بودن

_____

ت. تبعید – ایران – شاه – خمینی– بازگشت – زمان

_____

ث. انقلاب – اعدام – دستگیری – هرج و مرج – بیکاری – بحران گروگان گیری – به دنبال

_____

ج. مردم – اسلامگراها – آزادی – به قدرت رسیدن – محدود

_____

چ. انقلاب – شعار – استقلال – آزادی – بودن

_____

ح. ایران – جامعه بین‌المللی – حامی – تروریسم – هسته‌ای – برنامه – محکوم

_____

۴. پروژه: تاریخ‌دانان مشغول رتبه‌بندی رویدادهای تاریخی

An Iranian historical society has asked your team of three historians to rank key events in modern Iranian history. Using the chart provided below, rank the events by importance based on your team's consensus. Before ranking the key events, complete the following tasks:

a. Key information chart

Designate one team member to each of the following activities:

- Gather and organize key information from the survey.
- Gather and organize key information from the video.
- Complete and review the resulting chart for accuracy.

b. Written report

As a group, write a brief written report (one paragraph of 150–200 words) in which key events are ranked. Justify the rankings by comparing the importance of the events using comparative and superlative adjectives and the ranking chart provided below.

c. Oral report

Finally, share the content of the written report with the rest of the class via VoiceThread, with one team member presenting the report orally in a speech of no longer than two minutes.

یک نهاد مربوط به تاریخ ایران، از تیم سه نفره شما تاریخدانان خواسته است که رویدادهای مهم تاریخ معاصر ایران را رتبه‌بندی کنید. با استفاده از جدول زیر، رویدادها را بر اساس اهمیت تاریخی آنها و اتفاق نظر تیم رتبه بندی کنید. قبل از شروع رتبه بندی رویدادها، کار های زیر را انجام دهید:

الف. نمودار اطلاعات کلیدی

هر یک از اعضای تیم را برای انجام یکی از فعالیتهای زیر تعیین کنید:

- جمع‌آوری و دسته‌بندی اطلاعات مهم از نظرسنجی،
- جمع‌آوری و دسته‌بندی اطلاعات ویدیو،
- تکمیل و بررسی دقیق صحت جدول نهایی.

ب. گزارش نوشتاری

به عنوان یک گروه، یک گزارش کوتاه (یک پاراگراف با حدود ۱۵۰ تا ۲۰۰ واژه) بنویسید که در آن رویدادهای کلیدی رتبه بندی شده اند. برای انجام این کار با توجه به نمودار رتبه بندی زیر و با استفاده از صفات تفضیلی و عالی اهمیت رویدادها را مقایسه کنید.

پ. گزارش شفاهی

در پایان، گزارش کتبی خود را با بقیه اعضای کلاس از طریق VoiceThread به اشتراک بگذارید. از یکی از اعضای تیم تان بخواهید که گزارش را در دو دقیقه به صورت شفاهی ارائه دهد.

نمودار رتبه بندی رویدادها

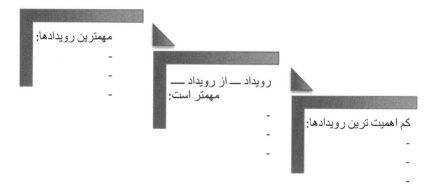

مهمترین رویدادها:
-
-
-

رویداد ـــ از رویداد ـــ مهمتر است:

کم اهمیت ترین رویدادها:
-
-
-

2

TERRORISM

درس ۲
تروریسم

What will I learn in this lesson?			
TOPIC	**SKILLS**	**STRUCTURE**	**VOCABULARY**
Terrorism	• Reading • Listening	• Past imperfect tense (usage and construction)	Army, attack, battlefield, conflict, diplomacy, enemy, hero, military, negotiations, opponents, terrorist, opponents, outbreak, protesters
GRAMMAR SHEET			
The Past Imperfect Tense			
RECOMMENDED TECHNOLOGY: https://www.pbworks.com/ https://docs.google.com/			

<u>منابع درس ۲</u>
به منابع زیر دسترسی خواهید داشت:
- گزیده های مقاله برگرفته از :

https://farsi.euronews.com/2020/01/03/qassem-soleimani-biography-national-hero-became-commander-of-repression-iraq-war

- ویدیو برگرفته از :

https://fa.euronews.com/2020/01/03/qassem-soleimani-biography-national-hero-became-commander-of-repression-iraq-war?jwsource=cl

کمی درباره موضوع . . .

Since the 1979 Islamic Revolution, support for the Islamic Revolutionary Guard Corps (IRGC) has been an important part of Iran's foreign policy. Reflect on the following excerpt from the article "How Terrorism Helps – and Hurts – Iran."

The United States has long labeled Iran the "world's leading sponsor of terrorism." . . .

DOI: 10.4324/9780429437090-4

The U.S. drone strike that killed Maj. Gen. Qasem Soleimani, the head of the paramilitary Quds Force of the Islamic Revolutionary Guard Corps (IRGC), high-lighted the centrality of support for terrorist, insurgent and other substate groups in Iran's foreign policy . . .

از زمان انقلاب اسلامی ۱۹۷۹، حمایت از سپاه پاسداران انقلاب اسلامی بخش مهمی از سیاست خارجی ایران بوده است. به گزیده زیر از مقاله «تروریسم چطور به ایران کمک می‌کند – و به آن آسیب می‌رساند» توجه کنید.

. . . ایالات متحده همواره ایران را به «‌مهم‌ترین حامی تروریسم در دنیا» متهم کرده است . . . حمله پهپاد امریکایی که سردار قاسم سلیمانی، فرمانده کلیدی نیروی قدس سپاه پاسداران را کشت، نشان‌دهنده اهمیت حمایت از تروریسم و گروه‌های شبه‌نظامی در سیاست خارجی ایران است . . .

منبع:

Byman, D. L. (2020, January 6). How terrorism helps – and hurts – Iran. *Order from Chaos* (blog), Brookings Institution. https://www.brookings.edu/blog/order-from-chaos/2020/01/06/how-terrorism-helps-and-hurts-iran/

۱. معرفی موضوع و بررسی کلیدواژه‌ها

(C)1. Instructions: The map below (Figure 1.2.1) shows the territories covered in this lesson. Under the guidance of your instructor, label the territories using the word bank below. (Hint: you can find the corresponding English names of the territories on the map.)

Word bank: ISIL forces, Iran–Iraq War, Islamic Republic of Iran, Kurdish forces, **IRCG**, Quds Force, Bashar al-Assad regime, extremist Islamist group, Peshmerga forces

---

(فعالیت کلاسی) ۱. راهنما: نقشه زیر (شکل ۱.۲.۱)، سرزمین‌هایی که این درس به آنها می‌پردازد را نشان می‌دهد. این

مناطق را با استفاده از واژه‌های زیر بر روی نقشه مشخص کنید. پاسخ‌های خود را با همکلاسی‌تان چک کنید. (راهنمایی: نام‌های انگلیسی مرتبط با مناطق روی نقشه آمده است)

بانک واژگان: نیروهای داعش، جنگ ایران-عراق، نیروهای کرد، سپاه پاسداران انقلاب اسلامی، سپاه قدس، رژیم بشار اسد، گروه تندروی اسلامگرا، نیروهای پیشمرگه

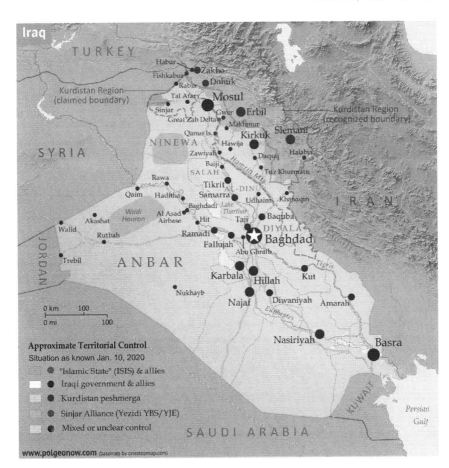

FIGURE 1.2.1 Territories.

شکل ۱.۲.۱ سرزمین ها.

Source: © Political Geography Now

(I)2. Instructions: Match the following words with the appropriate pictures (Figure 1.2.2) on the right-hand side.

Army, attacks, battlefield, conflict, crackdown, destruction, diplomatic negotiations, enemy, military efforts, military, operation, opponents, outbreak, paramilitary, protesters, sword

(فعالیت فردی)۲. راهنما: از میان واژه های مقابل، واژه‌های مرتبط با هر یک تصاویر (شکل ۲.۲.۱) در سمت راست نمودار زیر را پیدا کرده و مقابل آن بنویسید.

ارتش، تخریب، تلاش‌های مسلحانه، حملات، درگیری، دشمن، سرکوب، شمشیر، شیوع، گروه شبه‌نظامی، عملیات، مخالفان، مذاکرات دیپلماتیک، معترضان، میدان جنگ، نیروهای مسلح

واژگان	تصویرها
	الف. 
	ب. 
	پ. 
	ت. 

FIGURE 1.2.2 Photos for matching exercise.

شکل ۱.۲.۲ تصاویر مربوط به تمرین وصل کردن.

Source: © Adobe Stock

واژگان	تصویرها
	ث. 
	ج. 
	چ. 
	ح. 

FIGURE 1.2.2 (Continued)

واژگان	تصویرها
	خ. 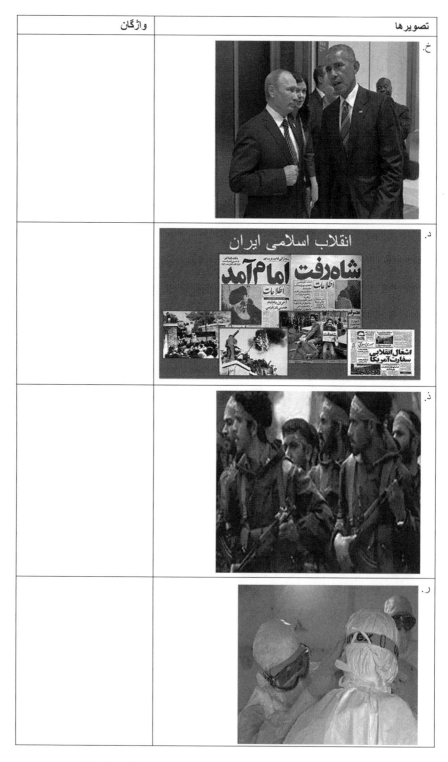
	د.
	ذ.
	ر.

FIGURE 1.2.2 (Continued)

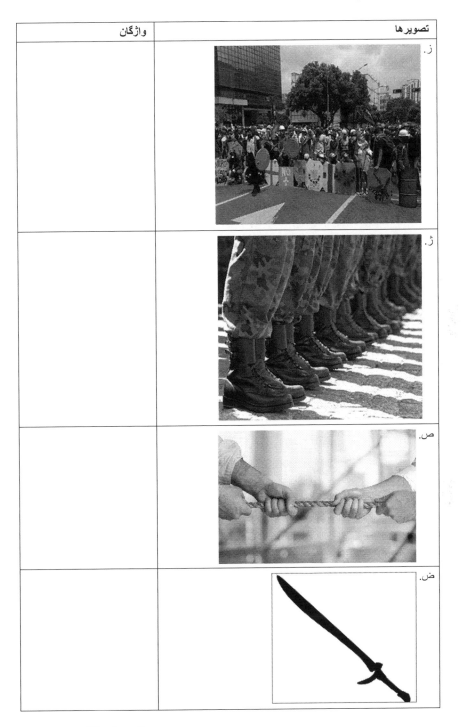

واژگان	تصویرها
	ز.
	ژ.
	ص.
	ض.

FIGURE 1.2.2 (Continued)

(P)3. Instructions: With a partner, fill out the Venn diagram below with the words you used in Activity 2 (I) above, based on how their meaning relates to the military and diplomatic fields.

(فعالیت دو نفره)۳. راهنما: با کمک همکلاسی خود، نمودار ون زیر را با استفاده از واژه هایی که در تمرین ۲(۱) دربالا استفاده کردید و براساس چگونگی ارتباط معنی آن ها با حوزه دیپلماتیک و حوزه نظامی کامل کنید.

Venn Diagram

نمودار ون

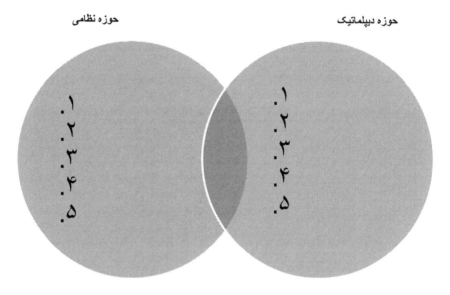

حوزه نظامی

حوزه دیپلماتیک

(P)4.

(فعالیت دونفره)۴.

KEY WORDS: Hero, Terrorist	
	کلیدواژه‌ها: تروریست، قهرمان

Instructions: With a partner, check off the appropriate column on the left-hand side of the table below to determine whether each revolutionary leader pictured (Figure 1.2.3) is considered a "national hero to remember" or a "terrorist to condemn."

راهنما: با همکلاسی‌تان در ستون سمت چپ مشخص کنید که هر یک از رهبران انقلابی که در تصاویر زیر آمده (شکل ۳.۲.۱) آیا «قهرمان ملی ماندگار» محسوب می شود یا «تروریست محکوم».

تروریست‌های محکوم	قهرمانان ملی ماندگار	رهبران انقلابی
		الف.
		ب.
		پ.
		ت.

FIGURE 1.2.3 Photos of revolutionary leaders.

شکل ۳.۲.۱ تصاویر رهبران انقلابی.

۲. مطالعه موضوع

منابع مطالعه

— گزیده های مقاله برگرفته از :

https://farsi.euronews.com/2020/01/03/qassem-soleimani-biography-national-hero-became-commander-of-repression-iraq-war

— ویدیو تکمیلی مقاله موجود در لینک زیر :

https://fa.euronews.com/2020/01/03/qassem-soleimani-biography-national-hero-became-commander-of-repression-iraq-war?jwsource=cl

الف. فرضیه پردازی

(I)1. Instructions: Based on the title of the article "Qassem Soleimani: Iran's Double-Edged Sword in the Middle East"
(»قاسم سلیمانی؛ شمشیر دو لبه ایران در درگیری‌های خاورمیانه«) and the Euronews video titled "Qassem Soleimani" supplementing the article in this lesson (https://per. euronews.com/2020/01/03/qassem-soleimani-biography-national-hero-became-commander-of-repression-iraq-war ▶), list three issues you expect to be central to a discussion about Qassem Soleimani.

(فعالیت فردی)۱. راهنما: براساس عنوان مقاله »قاسم سلیمانی، شمشیر دولبه ایران در درگیری های خاورمیانه« و ویدیوی یورونیوز با عنوان »قاسم سلیمانی« .https://per.euronews com/2020/01/03/qassem-soleimani-biography-national-hero-became-commander-of-repression-iraq-war (▶) که تکمیلی مقاله این درس است، سه موضوع محوری قابل بحث درباره قاسم سلیمانی را مشخص کنید.

۱. _____

۲. _____

۳. _____

ب. خواندن اجمالی

KEY SKILL: SKIMMING THE TEXT FOR MAIN IDEAS

Skimming entails reading a text quickly to get a general idea of its contents. In Activities B1 (II) and B2 (II) below, there is no need to read every word. You can skim to get a general idea of what the article excerpts are about.

مهارت کلیدی: خواندن اجمالی متن برای درک ایده های اصلی
خواندن اجمالی متن مستلزم خواندن سریع متن می باشد تا به ایده کلی درباره محتوای آن دست یابید. در تمرین های ب۱(۲) و ب۲(۲) در زیر، نیازی به خواندن هر واژه نیست. می توانید نگاهی اجمالی به متن بیاندازید تا ایده کلی متن که گزیده های مقاله به آن می پردازند را پیدا کنید.

(P)1. Instructions: Skim the first article excerpt and answer the questions that follow. Check your answers with a partner.

(فعالیت دونفره) ۱. راهنما: اولین گزیده مقاله را به طور اجمالی بخوانید و به پرسش‌های زیر پاسخ دهید. پاسخ‌های خود را با همکلاسی‌تان چک کنید.

عنوان مقاله:

قاسم سلیمانی، شمشیر دولبه ایران در خاورمیانه

گزیده ۱

او در طول جنگ ایران و عراق فرماندهٔ لشکر کرمان بود . . . و درحالی که همچنان فرماندهی این لشکر را برعهده داشت، جنگ با اشرار و قاچاقچیان مواد مخدر در مرزهای شرقی ایران را آغاز کرد.

این فعالیت تا سال ۷۶ خورشیدی که به فرماندهی نیروی قدس سپاه پاسداران انقلاب اسلامی منصوب شد، ادامه داشت.

مهارت‌های قاسم سلیمانی برای سپاه، در جریان جنگ ایران و عراق و انجام ماموریت‌های شناسایی در خاک دشمن روشن شده بود. با پذیرش این مسئولیت جدید بود که او توانست به تدریج نفوذی بی‌سابقه در دستگاه نظامی، سیاسی و سیاست خارجی ایران را آغاز کند.

از نظر برخی تحلیلگران، قاسم سلیمانی را می‌توان نمایندهٔ واقعی جمهوری اسلامی ایران در عراق دانست؛ سرزمینی که به او فرصت داد تا بطور گسترده استعدادهای نظامی خود را به نمایش بگذارد.

قاسم سلیمانی پس از حملهٔ سنگین نیروهای داعش به شمال عراق و تصرف برخی از شهرهای کلیدی آن از جمله موصل و تکریت، به کمک ارتش ناتوان و ازهم پاشیدهٔ این کشور رفت و به ادعای برخی رسانه‌های بین‌المللی همچون نیویورک تایمز، فرماندهی این ارتش رو به نابودی را برعهده گرفت.

سلیمانی و مشاوران ارشد او علاوه بر آموزش همچنین برنامه ریزی عملیات برای ارتش عراق، بسیج نیروهای مردمی و طایفه‌ای را نیز در این کشور آغاز کردند. قاسم سلیمانی کمک قابل توجهی نیز به نیروهای کرد اقلیم کردستان عراق برای دفع حملات داعش به اربیل کرد.

الف. قاسم سلیمانی کیست؟

____

____

ب. به نظر شما چرا قاسم سلیمانی را را می‌توان نمایندهٔ واقعی جمهوری اسلامی ایران در عراق دانست؟

____

____

____

____

____

(P)2. Instructions: Skim each article excerpt below. In the table provided, identify the main idea of each excerpt and check off the appropriate column to determine if they refer to Qassem Soleimani as a “national hero to remember” or “terrorist to condemn.” Check and justify your answers with a partner.

(فعالیت دو نفره)۲. راهنما: هر یک از گزیده های مقاله زیر را به طور اجمالی بخوانید. سپس، در جدول ارائه شده ایده اصلی هر گزیده را مشخص کنید و در ستون مربوطه مشخص کنید که گزیده آیا قاسم سلیمانی را به عنوان «قهرمان ملی ماندگار» می شناسد یا «تروریست محکوم». صحت پاسخ های خود را با همکلاسی تان چک کنید.

ایده اصلی	قاسم سلیمانی . . . است	
	• یک تروریست محکوم	• یک قهرمان ملی ماندگار

گزیده ۲

فرماندهٔ سپاه قدس در سال‌های پایانی عمرش به ستاره‌ای در رسانه‌های ایران تبدیل شد. در این دوران از او با نام‌های زیادی یاد می‌شد؛ از «حاج قاسم» سپاهی‌ها گرفته تا فرماندهٔ سایه، مالک‌اشتر زمان، شبح فرمانده، ژنرال بین‌المللی و درنهایت «شهید زنده» که علی خامنه‌ای او را اینگونه توصیف کرد.

و پس از چند دهه فعالیت پنهان در پشت صحنه سیاست ایران، در سال ۲۰۱۱ میلادی با آغاز درگیری‌های سوریه و حمایتهای گسترده ایران از رژیم بشار اسد، توجه رسانه‌ها را جلب کرد. موضوع نقش ایران در تحولات عراق و سوریه نیز نام او را وارد رسانه‌های بین‌المللی کرد.

عکس‌های قاسم سلیمانی در میدان‌های جنگ نیز در شبکه‌های مجازی دست به دست می‌شد. در این سالها چند مستند درباره او ساخته شد، به دنیای انیمیشن راه یافت و قهرمان یا ضدقهرمان بازی‌های کامپیوتری در منطقه خلیج فارس شد.

قاسم سلیمانی همچنین در سال ۲۰۱۷ میلادی از سوی مجلهٔ آمریکایی تایم در فهرست ۱۰۰ شخصیت تاثیرگذار جهان قرار گرفت. در آن زمان کنت پولاک، تحلیلگر پیشین سیا در توصیف او نوشت: «برای شیعیان خاورمیانه، قاسم سلیمانی ترکیبی از جیمز باند، اروین رومل و لیدی گاگا بوده است.»

بر اساس تحقیقی که در سال ۲۰۱۸ میلادی توسط موسسه «IranPoll» و دانشگاه مریلند انجام شد ۸۳ درصد پاسخ دهندگان ایرانی اعلام کرده بودند که از نظر آنها قاسم سلیمانی شخصیتی محبوب‌تر از حسن روحانی و محمد جواد ظریف است.

ایده اصلی	قاسم سلیمانی . . . است	
	• یک تروریست محکوم	• یک قهرمان ملی ماندگار

گزیده ۳

در حالی که بسیاری قاسم سلیمانی را برای سال‌ها به دلیل فعالیت‌هایش در زمان اوج حملات داعش در عراق، کمک به نیروهای پیشمرگه در اقلیم کردستان عراق و حمایت از رژیم بشار اسد در مقابل گروه‌های تندروی اسلامگرا در آن کشور «قهرمان ملی» می‌دانستند و می‌ستودند؛ اما تحولات خونینی که در نیمه دوم سال ۲۰۱۹ میلادی ایران و عراق روی داد تلاش‌های نظامی او را تحت الشعاع قرار داد.

سرکوب خونین معترضان عراقی در بغداد و دیگر شهرهای این کشور که به شبه‌نظامیان تحت حمایت ایران نسبت داده شد، همچنین حضور پررنگ قاسم سلیمانی در ماههای اخیر در کنار سیاستگذاران عراقی و تحت فشار قراردادن آنها برای ادامهٔ حمایت‌هایشان از مهره‌های تحت حمایت ایران، چهرهٔ این فرماندهٔ کهنه‌کار را در کشور همسایه حتی با وجود تبلیغات گستردهٔ حکومت ایران به‌شدت مخدوش کرد.

ایده اصلی	قاسم سلیمانی . . . است.	
	• یک تروریست محکوم است.	• یک قهرمان ملی ماندگار است

پ. گوش دادن و خواندن هدفمند

KEY SKILL: LISTENING FOR SPECIFIC INFORMATION

Now that you have a general idea of the article excerpts, you are ready to listen for specific information included in the supplementary video. Activities C1 (II) and C3 (II) below will help you listen for specific factual information, such as names and dates.

مهارت کلیدی: گوش دادن برای درک اطلاعات خاص

اکنون که یک ایده کلی درباره گزیده های مقاله دارید، آماده شنیدن اطلاعات خاصی هستید که در ویدیو آمده و گزیده ها را تکمیل می کند. تمرین های پ۱(۲) و پ۳(۲) در زیر به شما کمک می کند تا به اطلاعات خاصی که ماهیت واقعی دارند، مانند نام ها و تاریخ ها، گوش دهید.

KEY SKILL: SCANNING THE TEXT

Scanning requires you to read and find specific information, such as figures or names. When scanning, have questions in your mind. The questions in Activities C4 (II), C5 (II), and C6 (II) below require that you read the excerpts only to find the answers and ignore unrelated information.

مهارت کلیدی: مرور کردن متن و فایل صوتی با تمرکز

برای مرور کردن متن، شما باید طوری آن را بخوانید تا اطلاعات خاصی مانند ارقام یا نام ها را پیدا کنید. هنگام مرور کردن متن، پرسش هایی در ذهن خود آماده داشته باشید. پرسش های موجود در تمرین های پ۴(۲)، پ۵(۲) و پ۶(۲) در زیر از شما می خواهد که گزیده های مقاله را فقط برای یافتن پاسخ ها و با چشم پوشی از اطلاعات غیر مرتبط بخوانید.

(I)1. Instructions: Referencing the video supplementing the article via the link provided (www.routledge.com/9781138347199 ▶), write down key words you understand that are related to Qassem Soleimani's biographical information and military activity.

(فعالیت فردی) ۱. راهنما: از طریق لینک ارائه شده

(www.routledge.com/9781138347199 ▶)

به ویدیویی که در ابتدای درس آمده مراجعه کنید و سپس کلیدواژه‌های مرتبط با زندگی و فعالیت نظامی قاسم سلیمانی را بنویسید.

____

____

____

____

(P)2. Instructions: Organize the words you collected in Activity C1 (II) above. In the right hand-side of the table below, write the words related to biographical information. In the left-hand side, write the words related to military activity. Check your answers with a partner.

(فعالیت دو نفره)۲. راهنما: واژه‌هایی را که در تمرین پ۱(۲) جمع آوری کردید را مرتب کنید. در سمت راست جدول زیر، واژه های مربوط به اطلاعات بیوگرافی را بنویسید. سپس واژه‌های مربوط به فعالیت‌های نظامی را در سمت چپ جدول بنویسید. پاسخ های خود را با همکلاسی تان چک کنید.

فعالیت نظامی	اطلاعات زندگی‌نامه

(P)3. Instructions: Play the supplementary video and pause it as needed. Mark the following statements on Qassem Soleimani as true or false. Check your answers with a partner.

(فعالیت دو نفره)۳. راهنما: ویدیو تکمیلی مقاله که در ابتدای این بخش آمده را تماشا کنید. هرجا لازم بود ویدیو را متوقف کنید و درست یا نادرست بودن جمله‌های زیر درباره قاسم سلیمانی را علامت بزنید. پاسخ‌های خود را با همکلاسی‌تان چک کنید.

نادرست	درست	الف. به گفته سفیر پیشین آمریکا از نظر قاسم سلیمانی، جنگ ایران و عراق هنوز تمام نشده است.
نادرست	درست	ب. قاسم سلیمانی در شکست داعش موثر بود.
نادرست	درست	پ. قاسم سلیمانی جانشین خامنه‌ای بود.
نادرست	درست	ت. قاسم سلیمانی طراح سیاست‌های استراتژیک ایران در خاورمیانه بود.
نادرست	درست	ث. به جز ایران و عراق، فعالیت‌های نظامی سلیمانی به لبنان، افغانستان، کشمیر، یمن، و سوریه گسترش پیدا کرده بود.
نادرست	درست	ج. دررسانه‌های اجتماعی، قاسم سلیمانی خودش را حریف رییس‌جمهور ترامپ معرفی کرد.
نادرست	درست	چ. خامنه‌ای قاسم سلیمانی را یکی از تاثیرگذارترین افراد در جهان و «شهید زنده» نامیده بود.
نادرست	درست	ح. فقط قاسم سلیمانی و ابومهدی مهندس در ساعت یک و بیست دقیقه بامداد جمعه سیزده دی در حمله نیروهای امریکایی کشته شدند.

(P)4. Instructions: Scan the article excerpts in Activity B2 (II) and mark the following statements on Qassem Soleimani as true or false. Check your answers with a partner.

(فعالیت دونفره)۴. راهنما: گزیده‌های مقاله در تمرین ب۲(۲) را مرور کنید و درست یا نادرست بودن جمله‌های زیر درباره قاسم سلیمانی را مشخص کنید. پاسخ‌های خود را با همکلاسی‌تان چک کنید.

الف. وقتی قاسم سلیمانی به فرماندهی نیروی قدس سپاه پاسداران انقلاب اسلامی منصوب شد، نفوذ زیادی روی امور نظامی، سیاسی و سیاست خارجی ایران داشت.	درست	نادرست
ب. قاسم سلیمانی به عراق علیه داعش کمک کرد.	درست	نادرست
پ. طبق نظرسنجی‌های داخلی و بین‌المللی، محبوبیت حسن روحانی و جواد ظریف کمتر از قاسم سلیمانی بود.	درست	نادرست
ت. در ایران و سایر کشورها، قاسم سلیمانی یک قهرمان ملی شناخته می شود چون علیه گروهای اسلامگرای تندرو جنگید.	درست	نادرست
ث. شهرت قاسم سلیمانی به خاطر سرکوب خونین معترضان عراقی، در ایران و کشورهای همسایه خدشه‌دار شد.	درست	نادرست

(P)5. Instructions: With the help of additional information you can gather from the video, scan the article excerpts again and complete the following table. Scan for information related to the following:

- Names given to Qassem Soleimani (e.g., by Khamenei and *Time Magazine*)
- Titles attributed to him (e.g., commander)
- Military activities in which he was involved
- Respective locations of those military activities
- Rationale for each military activity

Check your answers with a partner.

(فعالیت دونفره)۵. راهنما: با کمک اطلاعات تکمیلی ویدیو، گزیده‌های مقاله را دوباره مرور کنید و جدول زیر را کامل کنید. هنگام خواندن گزیده ها، به دنبال اطلاعاتی درباره این فعالیت‌ها بگردید:

- القابی که به سلیمانی نسبت داده شده (مثل لقب‌هایی که خامنه‌ای یا مجله تایم به او نسبت دادند)
- عنوان‌هایی که به او داده شده (مثل فرمانده)
- فعالیت‌های نظامی که او در آن ها شرکت داشته
- محل فعالیت های نظامی او
- منطق هرکدام از این فعالیت‌های نظامی

سپس، پاسخ‌های خود را با همکلاسی تان چک کنید.

القاب	عناوین	فعالیت‌های نظامی	محل فعالیت	منطق فعالیت

(G)6. Instructions: Scan the article excerpts once again and, with the help of the information you organized in Activity C5 (II) above, in groups of three students reconstruct the personal and military life of Qassem Soleimani. For each stage in his life listed in the right-hand column ("Life Stages") of the table below, organize information in the left-hand columns related to:

- Actions
- Events
- Specific persons involved, if applicable
- Dates, if applicable
- Responsibilities, if applicable

(فعالیت گروهی)۶. راهنما: گزیده‌های مقاله را دوباره مرور کنید. سپس در گروهای سه نفره، با استفاده از اطلاعات تمرین پ۵ (۲) دربالا، زندگی شخصی و نظامی قاسم سلیمانی را بازسازی کنید. سپس، اطلاعات مربوط به هر یک از مراحل زندگی او که در ستون سمت راست جدول زیر آورده شده («مراحل زندگی») را در ستون های سمت چپ جدول مرتب کنید:

- افعال
- رویدادها
- در صورت وجود، اشخاص مربوط
- در صورت وجود، تاریخ‌ها
- در صورت وجود، مسئولیت‌های مربوط به مراحل مختلف زندگی سلیمانی

مسئولیت‌ها	تاریخ‌ها	اشخاص مربوط	رویدادها	فعالیت ها	مراحل زندگی
					تولد
					جنگ ایران و عراق
					سال‌های آخر عمر
					مرگ

۳. ساختارهای دستوری زبان و واژه‌ها

الف. یادگیری ساختارهای دستوری زبان

(I)1.

(فعالیت فردی)۱.

PAST IMPERFECT TENSE (USAGE)

Used to express an action that is in some way continued or repeated in the past.

زمان گذشته استمراری (کاربرد)

زمان گذشته استمراری برای بیان عملی که در گذشته ادامه داشته و یا تکرار شده باشد.

Instructions: Play the video titled "Qassem Soleimani" supplementing the article excerpts (https://fa.euronews.com/2020/01/03/qassem-soleimani-biography-national-hero-became-commander-of-repression-iraq-war?jwsource=cl) and identify the verbs in the past imperfect tense. Reflect on the purposes for which this tense is used, what elements in the sentence trigger its use, and how this tense is formed.

راهنما: ویدیوی تکمیلی گزیده های مقاله، با عنوان «قاسم سلیمانی» را ببینید (https://fa.euronews.com/2020/01/03/qassem-soleimani-biography-national-hero-became-commander-of-repression-iraq-war?jwsource=cl[2])

و افعال به کار رفته در زمان گذشته استمراری را مشخص کنید. درباره مقاصدی که این زمان به کار رفته است، اینکه چه عناصری در جمله باعث استفاده از آن شده و نحوه شکل گیری این زمان، تأمل کنید.

(I)2. Instructions: Record below the verbs in the past imperfect tense both in the video and in the article excerpts in Activity B2 (II).

(فعالیت فردی)۲. راهنما: فعل های به کار رفته در زمان گذشته استمراری در ویدیو و گزیده‌های مقاله در تمرین ب۲(۲) را مشخص کنید و در زیر بنویسید.

PAST HABITUAL ACTIONS (Example: "I used to go to the store") **انجام دادن/داشتن عادتی در گذشته** (مثال: «من قبلا به مغازه می‌رفتم»)

(I)3.

(فعالیت فردی)۳.

PAST IMPERFECT TENSE (CONSTRUCTION)

1. می PREFIX + 2. PAST STEM + 3. PAST ENDINGS
(FOR EACH SUBJECT OF THE VERB: م /ی/Ø/ یم/ ید/ ند)

زمان گذشته استمراری (ساختار)

۱. پیشوند می + ۲. بن گذشته + ۳. شناسه گذشته
(مطابق با فاعل فعل: م/ ی/Ø / یم/ ید/ ند)

Instructions: Review the article excerpts and underline the verbs in the past imperfect tense. Reflect on the formation of this tense by separating the prefix, the past stem, and the past endings.

راهنما: گزیده‌های مقاله را مرور کنید و زیر افعال به کار رفته در زمان گذشته استمراری خط بکشید. برای فهم بهتر ساختار فعل در این زمان، پیشوند، بن گذشته و شناسه ی گذشته هر فعل را جدا کنید.

فعل در زمان گذشته استمراری	پیشوند	بن گذشته	شناسه های گذشته

(I)4.

(فعالیت فردی)۴.

SIMPLE PAST TENSE vs. PAST IMPERFECT TENSE

گذشته ساده در مقابل گذشته استمراری

Instructions: Review the article excerpts. Circle all verbs in the simple past tense and compare them with the verbs in the past imperfect tense you had underlined.

Reflect on:

- How the simple past tense is formed
- How the past imperfect tense is formed
- For what types of past actions the simple past tense is generally used
- For what types of past actions the past imperfect tense is generally used

راهنما: گزیده‌های مقاله را مرور کنید. دور تمام افعال به کار رفته در زمان گذشته ساده خط بکشید و سپس، آن ها را با افعال به کار رفته در زمان گذشته استمراری که زیر آن ها خط کشیدید، مقایسه کنید.

به این موارد توجه کنید:

- گذشته ساده چطور ساخته می‌شود
- گذشته استمراری چطور ساخته می‌شود
- چه زمانی گذشته ساده استفاده می‌شود
- چه زمانی گذشته استمراری استفاده می‌شود

ب. بررسی واژگان

(I)1. Instructions: Find the following words in the contexts of the article and video. Find a synonym or another form of each word in either source.

- Army _____
- Attacks _____
- Conflict _____
- Destruction _____
- Enemy _____
- Negotiations _____
- Outbreak _____
- Protesters _____

(فعالیت فردی)۱. راهنما: واژه‌های زیر را در متن ویدیو و گزیده‌های مقاله پیدا کنید. سپس کلمه مترادف یا شکل دیگر هر یک از واژه‌ها را در این دو منبع بیابید.

- ارتش _____
- تخریب _____
- حملات _____
- درگیری _____
- دشمن _____
- شیوع _____
- مذاکرات _____
- معترضان _____

(I)2. Instructions: Find the following verbs in the contexts of the article and video. Then write the words used in conjunction with them to form collocations.

- To disintegrate _____
- To plan _____
- To remember _____
- To mobilize _____
- To support _____
- To defeat _____
- To command _____
- To kill _____
- To provide assistance _____
- To condemn _____
- To target _____

(فعالیت فردی)۲. راهنما: افعال زیر را در متن ویدیو و گزیده‌های مقاله پیدا کنید. سپس، واژه‌هایی را که همراه این افعال به کار رفته تا با آنها عبارت‌های همنشین بسازند را بنویسید.

- از هم پاشیدن

_____

- برنامه‌ریزی کردن

_____

- به خاطر سپردن

_____

- بسیج کردن

_____

- حمایت کردن

_____

- شکست دادن

_____

- فرماندهی کردن

_____

- کشتن

_____

- کمک کردن

_____

- محکوم کردن

_____

- هدف گرفتن

_____

(I)3. Instructions: Form meaningful sentences using the collocations you wrote in Activity B2 (III) above. Modify or add elements as needed.

(فعالیت فردی)۳. راهنما: با استفاده از عبارت های همنشینی که در تمرین ب۲(۳) در بالا نوشتید، جمله‌های معنی‌دار بسازید. در صورت لزوم کلماتی را اصلاح یا اضافه کنید.

_____
_____
_____
_____
_____
_____
_____
_____
_____
_____
_____

۴.   پروژه: عمل جنایتکارانه یا موجه؟

The Trump administration did not kill Qassem Soleimani on a battlefield but deliberately targeted him in a drone strike. Is this a criminal or justified act?

You are called to argue whether Soleimani's assassination was a criminal or justified act. In order to do so, complete the following tasks:

a.   Revision of key words/phrases

In groups of three, review the article excerpts and highlight important words and phrases that you can use to argue whether Soleimani's assassination was a criminal or justified act. For example, to argue that it was a criminal act, look for words and expressions that point out negative aspects of what transpired.

b.   Class wiki

In your class wiki, write your group's statements of fact (i.e., supported by statements in the article or video) on the right-hand side and statements of opinion (i.e., not supported by statements in the article or video) on the left-hand side.

c.   In-class discussion

Be prepared to narrate each factual event using both simple past and past imperfect tenses and support your opinion during the ensuing in-class discussion.

کابینه ترامپ، قاسم سلیمانی را در میدان جنگ نکشت، بلکه عمدا او را با پهپاد مورد حمله قرار داد. آیا این عملی جنایتکارانه است یا موجه؟

از شما دعوت شده که درباره اینکه ترور سلیمانی عملی جنایتکارانه است یا موجه بحث کنید. در این راستا، کارهای زیر را انجام دهید:

الف.   بازنگری واژه‌ها/عبارت‌های کلیدی

در گروه‌های سه‌نفره، گزیده‌های مقاله را مرور کنید. سپس واژه‌ها و عبارت‌های مهمی که می‌توانید با استفاده از آن‌ها بحث کنید که آیا ترور سلیمانی یک عمل جنایتکارانه بود یا موجه را مشخص کنید. برای مثال، برای استدلال درباره جنایتکارانه بودن عمل، دنبال واژه‌ها و عبارت‌هایی بگردید که به ابعاد منفی این اتفاق اشاره می‌کنند.

ب.   ویکی کلاس

در ویکی کلاس خود، جملات مبنی بر واقعیت (یعنی جمله‌هایی که با جمله‌های ویدیو و مقاله تأیید می‌شوند) گروه خود را در سمت راست بنویسید و سپس جمله‌های مبنی بر اظهار نظر گروه خود (یعنی جمله‌هایی که لزوماً در ویدیو یا مقاله بیان نشده و تأیید نمی‌شوند) را در سمت چپ بنویسید.

پ. **بحث در کلاس**

آماده باشید تا هر رویداد واقعی را با استفاده از زمان گذشته ساده و گذشته استمراری روایت کنید و در بحث بعدی در کلاس از نظر خود دفاع کنید.

To express a fact, make sure to use one of the phrases below.

برای بیان واقعیت، حتماً از یکی از عبارت‌های زیر استفاده کنید.

KEY EXPRESSIONS: EXPRESSING A FACT

اصطلاحات کلیدی: برای بیان واقعیت

* According to . . .

  * طبق . . .

* Sources indicate that . . .

  * بنا به گفته منابع . . .

* Given that . . .

  * با توجه به اینکه . . .

* Based on . . .

  * بر اساس . . .

In order to express an opinion, make sure to use one of the phrases below.

برای بیان عقیده از عبارت‌های زیر استفاده کنید.

KEY EXPRESSIONS: EXPRESSING AN OPINION

اصطلاحات کلیدی: برای بیان اظهار نظر

* Our view/opinion/belief/impression/conviction is that . . .

  * عقیده ما این است که . . . /دیدگاه/باور/نظر/اعتقاد

* In my opinion . . .

  * به نظر من . . .

* In our opinion . . .

  * به نظر ما . . .

* From our point of view . . .

  * از دیدگاه ما . . .

- As for us . . .

- از نگاه ما . . .

- It seems to us that . . .

- به نظر مان می‌رسد که . . .

- Be sure to include key vocabulary from the lesson.

- حتما از کلیدواژه‌های این درس استفاده کنید.

UNIT 2
War

بخش ۲

جنگ

1

GROUND WARFARE

درس ۱
جنگ زمینی

What will I learn in this lesson?				
TOPIC	**SKILLS**	**STRUCTURES**	**VOCABULARY**	**USE**
Ground warfare	• Reading • Speaking	• Past perfect tense (usage and construction)	Aggression, ally, attack, background information, border, causes, ceasefire, coup d'état, deadlock, disarray, event, invasion, legacy, law, military forces, occupation, power, resolution, territory, threat, victory, war, weapon	• Iranian Solar Calendar • Numerals above 100
GRAMMAR & VOCABULARY SHEETS				
The Past Perfect Tense				
Persian Numbers above 100				
RECOMMENDED TECHNOLOGY: https://www.pbworks.com/ https://docs.google.com/ https://voicethread.com/ https://www.lucidchart.com/ https://bubbl.us/ https://tobloef.com/text2mindmap/				

<u>منابع درس ۱</u>
به منابع زیر دسترسی خواهید داشت:
– گزیده های مقاله برگرفته از:

https://www.radiofarda.com/a/F8_IRAQ_IRAN_WAR_IDEOLOGIES_STRATEGIES/2173209.html
https://www.radiofarda.com/a/f2_Iran_Iraq_war_report_origins_Choobin_Banisadr_history_Khomeini/2166005.html

DOI: 10.4324/9780429437090-6

https://www.radiofarda.com/a/F7_Iran_Iraq_War_Part5/2175000.html
https://www.radiofarda.com/a/F12_War_analysis_Khorramshahr/2169355.html
https://www.radiofarda.com/a/b52-35th-anniversary-of-war/27266462.html
https://www.radiofarda.com/a/F8_IRAQ_IRAN_LONGEST_CLASSIC_WAR/2176502.html

کمی درباره موضوع . . .

According to specialists in the field, the Iran–Iraq War has shaped the Iranian politics of today and tomorrow. The death of General Qassem Soleimani underscored the crucial importance of this war, which gave rise to his legitimacy as a defender of Iran. Soleimani began his career as a soldier in the Iranian Revolutionary Guard fighting the Iraqis in the 1980s. The war shaped his views on the region as well as the United States. For Iranians, including Soleimani himself, the Iran–Iraq War was an "imposed war" created by the United States to throttle the Islamic Revolution.

به گفته متخصصان، جنگ ایران و عراق، صحنه سیاسی امروز و آینده ایران را شکل داده است. مرگ سردار قاسم سلیمانی، تاثیر مهم این جنگ را یادآوری می‌کند، چرا که میراث سلیمانی به عنوان محافظ ایران در دوران جنگ شکل گرفت. سلیمانی فعالیت حرفه‌ای خود را در مبارزه با عراقی‌ها و به عنوان سرباز سپاه پاسداران انقلاب اسلامی در دهه ۱۹۸۰ آغاز کرد. جنگ دیدگاه‌های او را درباره منطقه و به خصوص امریکا شکل داد. برای ایرانیان، از جمله خود سلیمانی، جنگ ایران و عراق، یک «جنگ تحمیلی» بود که امریکا ایجاد کرد تا انقلاب اسلامی را از بین ببرد.

منبع:

Riedel, B. (2020, January 9). How the Iran-Iraq war shaped the trajectories of figures like Qassem Soleimani. *Order from Chaos* (blog), Brookings Institution. https://www.brookings.edu/blog/order-from-chaos/2020/01/09/how-the-iran-iraq-war-shaped-the-trajectories-of-figures-like-qassem-soleimani/

۱. معرفی موضوع و بررسی کلیدواژه ها

(C)1.

(فعالیت کلاسی)۱.

KEY WORDS: Traditional War, Cyber War

کلیدواژه‌ها: جنگ کلاسیک، جنگ سایبری

Instructions: With the help of your instructor and the images below (Figure 2.1.1), try to define the main characteristics of a "traditional war" versus a "cyber war." Provide a definition to the rest of the class using full sentences or a series of key words.

راهنما: با کمک تصاویر زیر (شکل ۲.۱.۱) و با راهنمایی معلم تان سعی کنید ویژگی‌های اصلی «جنگ کلاسیک» در مقابل «جنگ سایبری» را تعریف کنید. سپس تعریفی از آن را با استفاده از کلیدواژه‌ها در جمله‌های کامل به بقیه کلاس ارائه دهید.

جنگ سایبری   جنگ کلاسیک

تعریف: تعریف:

FIGURE 2.1.1 Photos of war.

شکل ۱.۱.۲ تصاویری از جنگ

Source: @ Adobe Stock

(P)2.

۲. (فعالیت دو نفره)

KEY WORDS: Background Information, Causes, Legacy

کلیدواژه‌ها: اطلاعات پیشینه، عوامل و میراث

Instructions: With a partner, match each piece of information on the right-hand side of the table below (Column "Description") with the stage of the Iran–Iraq War to which it corresponds.

راهنما: با کمک همکلاسی خود، هر یک از اطلاعات ستون سمت راست جدول زیر (ستون «توصیف») را به مرحله‌ی مرتبط با جنگ ایران و عراق وصل کنید.

مرحله	توصیف
اطلاعات پیشینه	پایان آن در ۱۸ ژوئیه انجام شد، زمانی که ایران قطعنامه سازمان ملل را پذیرفت و خواستار آتش بس فوری شد.
عوامل	هنگامی که رئیس جمهور عراق صدام حسین جنگ را آغاز کرد، ایران از یک سو به خاطر انقلاب اخیر خود بسیار بی نظم بود، اما از سوی دیگر به شدت توسط آن انرژی گرفت.
نتیجه و میراث	دلایل جنگ به اختلافات ارضی و سیاسی بین عراق و ایران مربوط می شد.

(P)3.

۳. (فعالیت دو نفره)

KEY WORD: Key events

کلیدواژه‌ها: رویدادهای کلیدی

Instructions: Read the following quotations from Ayatollah Khomeini. Many of the remarks relate to a specific date and key event in contemporary Iranian history. With a partner, place each underlined key event into the timeline below. Then provide a short description of what you think had happened.

راهنما: نقل قول های زیر را از آیت الله خمینی بخوانید. بسیاری از سخنان مربوط به یک تاریخ خاص و یک واقعه مهم در تاریخ معاصر ایران است. با یک همکلاسی، هر یک از رویدادهای مهم را که زیر آن خط کشیده شده در جدول زمانی زیر قرار دهید، سپس توصیف کوتاهی از آنچه فکر می کنید اتفاق افتاده ارائه دهید.

الف. روز ۱۳ فوریه ۱۹۸۰، اولین سالگرد انقلاب، آیت‌الله خمینی گفت:

«ما باید به هرقیمتی شده، انقلاب خود را به همه کشور های اسلامی وتمام دنیا صادر کنیم.»

ب. روز ۲۸ مارس ۱۹۷۹، دو هفته پس از انقلاب، در ملاقات یک هیات کویتی شیعه با آیت‌الله خمینی و در حضور آقای مهری، آیت‌الله خمینی بر نیاز به وحدت کشور های اسلامی تاکید کرد:

« . . . یک کشور عظیم اسلامی باید بر تمام دنیا سلطه یابد. اینها کشور هایی هستند که تمام کشور های منطقه را ترسانده‌اند.»

پ. روز ۲۱ مارس ۱۹۸۰، چهار ماه پیش از حمله نظامی عراق به ایران، آیت‌الله خمینی هنگام نقل مکان از قم به جماران گفت:

«شما باید اسلام را گسترش دهید و انشاالله اسلام را به تمام دنیا صادر کنید و قدرت اسلام را به همه قدرت‌ها نشان دهید.»

منبع:

ـ نیوشا بقراطی، «یک جنگ، صدها هزار قربانی، سی سال بعد؛ ریشه‌های آغاز جنگ»، مهر ۱، ۱۹۸۹، https://www.radiofarda.com/a/f2_Iran_Iraq_war_report_origins_Choobin_Banisadr_history_Khomeini/2166005.html

(C)3. Instructions: Ayatollah Khomeini's remarks quoted above made lasting impacts on key events that followed. Based on your understanding of these remarks and your prior knowledge of the events, read the questions below. Discuss possible answers with the rest of the class under the guidance of your instructor.

(فعالیت کلاسی)۳. راهنما: سخنان آیت‌الله خمینی که در بالا ذکر شد تاثیر عمیقی روی رویدادهای کلیدی بعدی داشت. با توجه به برداشت خود از این سخنان و اطلاعات پیشینه خود از این رویدادها پرسش‌های زیر را بخوانید. سپس با راهنمایی معلم تان، پاسخ های ممکن را با بقیه کلاس مطرح کنید.

الف. آیا این سخنان جنبه پروپاگاندا داشت یا برای تاثیرگذاری مطرح می‌شد؟

ب. پس از این سخنان، آیا کنش یا واکنش مهمی در منطقه اتفاق افتاد؟

پ. این سخنان را چطور تعبیر می‌کنید؟ کلمه مورد نظر را در زیر انتخاب کنید:

آشتی‌جویانه   در جهت تبلیغ دین   برانگیزنده   ضروری   تحریک‌آمیز

۲.   مطالعه موضوع

منابع برای خواندن

ـ گزیده های مقاله برگرفته از:

https://www.radiofarda.com/a/F8_IRAQ_IRAN_WAR_IDEOLOGIES_STRATEGIES/2173209.html

https://www.radiofarda.com/a/f2_Iran_Iraq_war_report_origins_Choobin_Banisadr_history_Khomeini/2166005.html
https://www.radiofarda.com/a/F7_Iran_Iraq_War_Part5/2175000.html
https://www.radiofarda.com/a/F12_War_analysis_Khorramshahr/2169355.html
https://www.radiofarda.com/a/b52-35th-anniversary-of-war/27266462.html
https://www.radiofarda.com/a/F8_IRAQ_IRAN_LONGEST_CLASSIC_WAR/2176502.html

الف. فرضیه پردازی

(P)1. Instructions: Read the title of each article excerpt you will read in the "General Reading" section that follows. Make a list of issues that you think might appear in each article excerpt. Be sure to make use of the key words provided in the previous activities.

(فعالیت دو نفره)۱. راهنما: عنوان هریک از گزیده‌های مقاله در بخش «خواندن اجمالی» در زیر را بخوانید. سپس فهرستی از موضوعاتی درست کنید که فکر می‌کنید در هر گزیده مقاله آمده است. سعی کنید از کلیدواژه‌های ارائه شده در تمرین های قبلی استفاده کنید.

۱. «یک جنگ، صدها هزار قربانی، سی سال بعد؛ ایدئولوژی‌ها و استراتژی‌ها»
۲. «یک جنگ، صدها هزار قربانی، سی سال بعد؛ ریشه‌های آغاز جنگ»
۳. «یک جنگ، صدها هزار قربانی، سی سال بعد؛ ابعاد جهانی جنگ»
۴. «یک جنگ، صدها هزار قربانی، سی سال بعد؛ جنگ ۶+۲ ساله»
۵. «از «دفاع مقدس» تا «جام زهر»؛ روایت یک نبرد»
۶. «یک جنگ، صدها هزار قربانی، سی سال بعد؛ پایان طولانی‌ترین جنگ قرن»

۱. ____________________
۲. ____________________
۳. ____________________
۴. ____________________
۵. ____________________
۶. ____________________

ب. خواندن اجمالی

KEY SKILL: SKIMMING THE TEXT FOR MAIN IDEAS

The activities proposed below will offer you an effective way of understanding the main idea of the article excerpts. Activity B1 (II) will require you to read the first sentences of each excerpt, and Activity B2 (II) will ask you to prepare two mind maps to reconstruct the organizational pattern.

مهارت کلیدی: خواندن اجمالی متن برای درک ایده های اصلی

تمرین های مطرح شده در زیر راهی موثر برای درک ایده اصلی گزیده مقاله ارائه می دهد. تمرین ب۱(۲) شما را ملزم به خواندن اولین جملات هر متن می کند و تمرین ب۲(۲) از شما می خواهد دو نقشه ذهنی برای بازسازی الگوی سازمانی تهیه کنید.

(C)1. Instructions: Reading only the first lines of each excerpt below, categorize the information based on the four column headings ("Background Information," "Causes," "Key Events," and "Legacy"). Check your answers with the rest of the class under the guidance of your instructor.

(فعالیت کلاسی) ۱. راهنما: با خواندن خط اول هر گزیده مقاله در زیر، اطلاعات آن ها را بر اساس چهار عنوان ستون های زیر («اطلاعات پیشینه»، «عوامل»، «رویدادهای کلیدی» و «میراث») طبقه‌بندی کنید. با راهنمایی معلم تان، پاسخ‌های خود را با بقیه کلاس چک کنید.

- وقتی که انقلاب ۵۷ رخ داد، یک سری از کارهایی که می‌توانست وضع ارتش را بدتر کند، انجام گرفت. برای نمونه اعدام‌ها، اخراج، بازنشستگی‌های اجباری، زندان، فرار تعداد بسیار زیادی از افسران. برای نمونه نیروی دریایی که حدود ۲۵ هزار نفر پرسنل داشت، دویست نفر از افسران و ۳۰۰ نفر از درجه‌داران کارآزموده یا اخراج شدند یا برکنار. تعداد زیادی از افسران که در ماموریت خارج بودند - نزدیک به ۱۵۰ نفر - به ایران باز نگشتند. یک سال بعد از جنگ، ۹۵ نفر از افسران دوباره برکنار شدند. یعنی یک چیزی حدود ۶۵۰ نفر از افسران زبده و درجه‌داران زبده از یک نیروی دریایی با استعداد حدود ۲۵ هزار نفر یا اخراج شدند یا برکنار. شما این را تعمیم بدهید به نیروی زمینی و همینطور به نیروی هوایی. یعنی موقعی که جنگ شروع شد، ارتش در تشتت به طور کامل بود.

- کسی به ایران اسلحه نمی‌دهد. ارتش در مضیقه است. پاکسازی‌ها روند پرشتاب‌تری یافته، و روز به روز از توان استراتژیک ارتش کاسته می‌شود. در مقابل، نیرویی دیگر در حال رشد است؛ سپاه پاسداران انقلاب اسلامی. نهادی که یک سال پیش از جنگ به دستور مستقیم آیت الله خمینی تاسیس شده بود و اکنون رفته رفته بر شمار نفراتش افزوده می‌شود؛ با جوانانی عموماً فاقد تحصیلات آکادمیک نظامی اما مشتاق برای دفاع از مرزها. نیرویی که برخلاف ارتش، فارغ از اصطکاک سیاسی با حکومت مرکزی است، مطیع استراتژی‌های جمهوری اسلامی و سرشار از انگیزه‌های مذهبی.

- «بحران گروگانگیری همراه با بحث صدور انقلاب منجر به انزوای ایران در منطقه شد که نهایتاً بر چگونگی اداره جنگ هم تاثیر مستقیمی گذاشت. ایران در جریان جنگ در منطقه به جز سوریه حامی دیگری نداشت. کشورهای منطقه به شکل مستقیم یا غیرمستقیم از عراق حمایت می‌کردند. بعضی از کشورها با ارائه سلاح و برخی هم با در اختیار گذاشتن بنادرشان. ایران جنگ را به صورت نادرستی اداره کرد. در درجه اول ایران هدف جنگ را نه بر اساس از میان برداشتن صدام حسین، بلکه بر اساس آزاد کردن بیت‌المقدس تبیین کرده بود، که در واقع به این صورت از نگاه جامعه جهانی جای صدام حسین را می‌گرفت. اهداف جنگ برای قابلیت‌های محدود نظامی ایران بسیار بزرگتر از حد واقعیت بود. باید گفت که استراتژی سیاسی هم در راستای استراتژی نظامی به شکل نادرستی طراحی می‌شد که نتیجه‌اش دور شدن از کشورهای منطقه و غرب بود.»

- «یک زمینه بر می‌گشت به روابط میان دو کشور. از زمان شاه و به خصوص قرارداد ۱۹۷۵ که در آن ایران موفق شده بود عراق را وادار کند که بپذیرد خط تالوگ یا خط القَعر یا ژرفگاه، مرز آبی بین دو کشور در شط العرب یا اروند رود باشد. این موضوع اصلاً برای عراق مطلوب نبود. علت اینکه دولت عراق و به خصوص شخص صدام حسین در سال ۱۹۷۵ این ترتیبات را پذیرفته بود، این بود که ایران با همکاری کردهای عراقی فشار زیادی بر عراق وارد می‌کرد و حکومت صدام در شرف سقوط بود. البته شرایطی که ایران راجع به تالوگ پیشنهاد می‌کرد، چیزی غیر از اصل تالوگ که در حقوق بین‌الملل برای تعیین مرزهای آبی بین کشورها پذیرفته شده، نبود. ولی عراقی‌ها هیچوقت از این موضوع راضی نبودند و من خاطرم هست که دیپلمات‌های ایرانی که آن زمان درگیر انعقاد این قرارداد بودند، می‌گفتند عراقی‌ها به شدت از این موضوع ناراحت و متأثر هستند.»

- «ریشه‌های جنگ ایران و عراق را باید در شماری از تحولات ژئوپولیتیک دنبال کرد که البته در یک انقلاب عناصر و مؤلفه‌های همیشگی و کلاسیک محسوب می‌شوند. عناصری که ایران در یک سال پس از انقلاب درگیر آنها شد، مثل هر انقلاب دیگری در پی تغییر اساسی فرمول‌های سیاسی و اجتماعی کشور بودند. شالوده سیاسی ایران تا پیش از انقلاب، نظامی پادشاهی، طرفدار غرب، هم‌پیمان با کشورهای امیرنشین طرفدار غرب خلیج فارس، و درتعارض با حکومت بعث عراق بود که از حمایت

شوروی بهره می‌برد. انقلاب ایران تقریباً چیدمان تمامی این سیاست‌ها را عوض کرد و همچنین تمامی برداشتی را که همسایه‌های ایران از کشور داشتند.

رژیمی که در پی انقلاب در ایران به قدرت رسید نسبت به غرب، شرق، بعثی‌ها، تندروهای عرب و نظام های پادشاهی رویکردی خصمانه داشت. این حکومت دنبال راه دیگری بود؛ راه اسلامی. در سوی دیگر جریان، عراق هم با سقوط نظام پادشاهی در ایران خودش را در موقعیتی طلایی می‌دید تا با ضعیف شدن ایران به اصطلاح با همسایه خودش تسویه حساب کند. با توجه به هرج و مرج حاکم بر ایران، از بین رفتن اقتدار نظامی و از بین رفتن حمایت‌های غربی‌ها از تهران، رژیم عراق محاسبه کرده بود که با یک حمله همه جانبه کوبنده و کوتاه می‌تواند حکومت تهران را ساقط کند و خودش را به عنوان قدرت منطقه‌ای به تثبیت برساند.»

- انقلابی با رهبری مذهبی شیعه در مجاورت رقیبی سنتی با حکومت برآمده از سنیان و جمعیتی که ۶۰ تا ۶۵ درصد آن را شیعیان تشکیل می‌دادند، به وضوح زنگ خطری بود برای حکومت بعث صدام حسین. این هراس به گفته ناخدا حمید احمدی که مشاورت نظامی جنگ را از آغاز تا آزادسازی خرمشهر عهده‌دار بود، با تأکید چند باره شخص آیت‌الله خمینی بر لزوم گسترش انقلاب به خارج از مرزها رنگ و بوی جدی‌تری یافت.

- «وقتی عراق به ایران حمله کرد، گروگان‌های آمریکایی هنوز در ایران بودند. شورای امنیت علیه ایران قطعنامه صادر کرده بود و تقاضای آزادی گروگان‌ها را کرده بود. تهدیدهای اقتصادی علیه ایران وجود داشت و فشارهای زیاد برای انزوای ایران و عدم فروش اسلحه، جمهوری اسلامی را در موقعیت بین‌المللی هم از نظر نظامی و هم از نظر دیپلماسی بسیار تضعیف کرده بود. وقتی عراق به ایران حمله کرد، در اولین قطعنامه‌ای که شورای امنیت در این مورد تنظیم کرد، حمله عراق به ایران را که به طور خیلی روشن نفی و نقض قوانین بین‌المللی و تجاوز به خاک ایران بود، از نظر حقوقی، نادیده گرفت. یعنی حمله عراق به ایران را محکوم نکردند. حتی بالاتر از آن، نیروهای عراقی وارد خاک ایران شده بودند و بخش‌هایی از ایران را تسخیر کرده بودند. در آن موقع این قطعنامه حتی تقاضای خروج نیروهای عراقی از ایران را هم نکرد وتنها تقاضای این قطعنامه آتش‌بس در این جنگ بود؛ که در آن زمان حتی برای مخالفان جمهوری اسلامی هم آتش بسی که قوای عراقی را در ایران نگاه می‌دارد، و بر اساس آن، گفت‌وگو بین دو طرف زمانی شروع می‌شود که خاک ایران در تسخیر نیروهای عراقی است، قابل قبول نبود. خیلی جالب است که در آن زمان آن قدر وضع ایران از نظر بین‌المللی ضعیف بود، که حتی این ایران نبود که از شورای امنیت خواست به تجاوز عراق به خاک ایران توجه کند. این مکزیک و نروژ بودند که از شورای امنیت تقاضای تشکیل جلسه کردند، و در پی آن، اولین قطعنامه به این شکل بیرون آمد.»

- «ایران مجبور بود تجهیزات نظامی آمریکایی را به هر ترتیبی که شده تهیه کند. این مسئله‌ای است که از لحاظ اخلاقی بیشتر متوجه آمریکاست. اینکه از نقطه ضعف ایران استفاده کرد تا بتواند یک سازمان تروریستی ضد انقلابی در نیکاراگوئه را تقویت کند. برای ایران مسئله خیلی ساده بود. به دست آوردن موشک و مهمات برای تجهیزات نظامی آمریکایی‌اش. فکر نمی‌کنم در جریان جنگ بتوانیم نحوه قضاوت طراحان جنگ را به نقد بکشیم. آن هم در شرایطی که ایران با تمام وجود و در کمال نومیدی به دنبال خرید مهمات و تسلیحات بود. در حالی که عراق تسلیحات خود را به راحتی از طریق بازار آزاد و از کشورهای شوروی، فرانسه، برزیل، شیلی، آلمان و آمریکا تهیه می‌کرد، در مقابل ایران بسیار تنها بود. در این شرایط حتی می‌توانست با شیطان نیز هم‌پیمان شود. در هر حال چاره دیگری نداشت.»

- «دولت‌های بزرگ دنیا این جنگ را و فرسایشی کردن این جنگ را با منافع اقتصادی و نگرانی‌های امنیتی خودشان در تضاد نمی‌دیدند. به همین دلیل هم ۴۲ کشور به ایران یا عراق اسلحه فروختند. ۱۱ کشور از جمله هر پنج عضو دائمی شورای امنیت به هر دو طرف اسلحه فروختند. در آن موقع اتحاد شوروی، چین، آمریکا و کشورهای اروپایی هیچکدام نمی‌خواستند که یکی یا دیگری پیروز شود. هر وقت که یک طرف داشت قوی می‌شد که بخواهد موفق شود و توافق پیدا کند به آن طرف کمک می‌کردند و بالعکس.»

- «سعید محمودی، استاد حقوق بین‌الملل در استکهلم: «به نظر من مسئله اینست که بعد از پیروزی خرمشهر در ۱۹۸۲ عراق به طور رسمی به دبیرکل سازمان ملل نوشت که ما آماده عقب‌نشینی هستیم؛

و تنها این را ننوشت، بلکه عملاً هم شروع به عقب‌نشینی کرد. در واقع هدفش این بود که با عقب‌نشینی قضیه را حل کند. کشورهای عربی هم همزمان با توجه به پیشروی ایران و بازپس‌گیری خرمشهر متوجه خطر ادامه جنگ شدند. بنابراین پیشنهاد کردند به ایران هزینه تمام خسارات ایران را بدهند و قضیه به صورت صلح‌آمیز حل شود. ولی ایران این مسئله را عملاً نپذیرفت و به جنگ ادامه داد. در واقع آن را تشدید کرد.»

- به گفته او: «دو سال اول، حمله نظامی عراق به ایران، و دفاع میهنی ایرانیان در برابر تجاوز صدام است. اما از سی و یک تیرماه ۶۱ یعنی حدود یک ماه و نیم بعد از آزادسازی خرمشهر اولین حمله نظامی ایران و وارد شدن به خاک عراق صورت می‌گیرد، که در آن فرماندهی با سپاه پاسداران است، و مدیریت جنگ از ارتش به سپاه منتقل می‌شود. از این تاریخ تا پایان جنگ، به مدت حدود شش سال، جنگ تجاوزی ایران علیه رژیم عراق است. از نظر حقوق بین‌الملل جمهوری اسلامی در آن شش سال متجاوز است و به همین دلیل در تصویب قطعنامه ۵۹۸ هرگز عراق متجاوز شناخته نمی‌شود برای اینکه هر دو کشور متجاوزند.»

- زنجیره حوادث جنگ هشت ساله ایران و عراق را شاید بتوان در نگاهی کلی به شش مرحله تقسیم کرد:
- ابتدای جنگ تا مهر ۶۰ و توقف پیشروی ارتش عراق
- مهر ۶۰ تا خرداد ۶۱ و شروع حملات ایران تا آزاد سازی خرمشهر
- تابستان ۶۱ تا زمستان ۶۴ با رشته عملیات‌های عموماً ناموفق
- سال ۶۴ و اوجگیری ناگهانی موفقیت‌های ایران با فتح فاو
- ۶۴ تا ۶۶ و دوره فرسایشی برای هر دو سو
- فاصله ۶۶ تا تیر ۶۷ و اوجگیری حملات مرگبار عراق

- . . . این به اعتقاد بسیاری، راه را برای هرچه منزوی‌تر شدن ایران از یک سو و هرچه جهانی‌تر شدن جنگ از سوی دیگر هموار کرد؛ تا جایی که پس از هشت سال، جنگ در وضعیتی به پایان می رسد که پای قدرت های بزرگ به شکلی بی‌واسطه‌تر به جنگ باز شده‌است و ایران دیگر خود را نه تنها رو در روی عراق تحت پشتیبانی کشورهای غربی و منطقه، بلکه خود را مستقیما در مقابل صفی از هم‌پیمانان قدرتمند بغداد می‌یابد.

- علاوه بر کشیده شدن جنگ به رویارویی نظامی با قدرت‌های جهانی، یکی دیگر از عوامل موثر در قبول آتش‌بس از سوی ایران را باید در عدم توازن میان قدرت تسلیحاتی ایران و عراق طی دوره پایانی جنگ دنبال کرد . . . عراق که با کمک‌های هنگفت کشورهای دیگر، ماشین نظامی‌اش را به طوردائم به روز کرده، ایران تحت تحریم را در تنگنا قرار داده است. اما ضربه آخر هنگامی فرود می‌آید که بغداد عملاً نشان می‌دهد برای شکست رقیب سنتی‌اش در منطقه واهمه‌ای از دست بردن به تسلیحات غیر متعارف نیز ندارد. بهمن آقایی دیبا تحلیلگر سیاسی مقیم آمریکا و دیپلمات سابق استفاده عراق از سلاح‌های شیمیایی را یکی از دلایل موثر در پایان جنگ ارزیابی می‌کند:

- «یکی از مهمترین عوامل پایان جنگ به نظر من این بود که عراقی‌ها با توجه به اینکه چند سال داشتند روی کاربرد سلاح‌های شیمیایی کار می‌کردند، در آن مقطع به کاربرد و تولید سلاح‌های شیمیایی در سطح انبوه دست یافته بودند. موقعی که جنگ تمام شد می‌توانم بگویم ایران دیگر نیروی هوایی نداشت. در جبهه‌های جنگ هم عراقی‌ها با استفاده از سلاح‌های شیمیایی مشغول قلع و قمع نیروهای ایرانی در سطح گسترده‌ای بودند. در عرض چند ماه قبل از پایان جنگ تمام نیروهای ایرانی تقریباً از خاک عراق پس زده شدند. به نظر من وضعیتی که باعث پایان جنگ شد وضعیت نامناسب جبهه‌های جنگ بود.»

- وضعیت نامناسب جبهه‌ها و استفاده عراق از سلاح‌های غیرمتعارف را شاید بتوان پرهزینه‌ترین عامل پایان جنگ دانست.

- «جنگ عراق و ایران در بطن جنگ سرد اتفاق می‌افتد. در جنگ سرد دو ابرقدرت آمریکا و شوروی وجود داشتند. این دو ابر قدرت در مورد جنگ عراق و ایران به نوعی، نگاه همسو داشتند. نتیجه مطلوب برای آنها نه پیروز مشخص و نه بازنده مشخص بود. اما هنگامی که هر دو به این نتیجه رسیدند که این جنگ دیگر تاریخ مصرفش به سر آمده و کاری بیشتر از این نمی‌تواند انجام دهد، در مورد تهیه قطعنامه ۵۹۸ همکاری زیادی کردند، و برای پذیرش آن فشار زیادی هم بر عراق و ایران وارد آوردند.

عراق آتش‌بس را پذیرفت چون در زمان جنگ به خواسته‌هایش، دست پیدا نکرد، و رژیم عراق حتی در جریان جنگ در معرض خطر جدی هم قرار گرفت. از طرفی ایران هم وقتی از لحاظ نظامی به بن بست رسید، و در داخل هم فشارها بر دولت و گردانندگان جنگ زیاد شد که ادامه جنگ به سود ایران نیست، و به خصوص بعد از دخالت آمریکا در انهدام سکوهای نفتی ایران در خلیج فارس و ایرباس ایرانی، بالاخره جمهوری اسلامی هم به این نتیجه رسید که ادامه جنگ ممکن است به جنگ بین ایران و آمریکا منتهی شود و در چنین شرایطی، خطر بسیار جدی برای جمهوری اسلامی ایران و ادامه حیاتش وجود داشت. در نتیجه قطعنامه از جانب ایران پذیرفته شد.»

(I)2. Instructions: Skim all excerpts and organize your ideas into two mind maps: the first map must include at least one cause of a key event of your choice, and the second map must include at least one legacy and conclusion of the same key event. You may leave room for information you might add when completing the "Focused Reading" section that follows.

(فعالیت فردی)۲. راهنما: تمام گزیده های مقاله را به طور اجمالی بخوانید و ایده‌های خود را در دو نقشه ذهنی مرتب کنید. نقشه اول باید حداقل شامل یک عامل مؤثر بر رویداد کلیدی منتخب شما باشد. نقشه دوم باید حداقل یکی از میراث ها یا نتایج همان رویداد کلیدی را مشخص کند. برای اطلاعاتی که از تکمیل بخش «خواندن هدفمند» در زیر به دست می آورید جای خالی بگذارید.

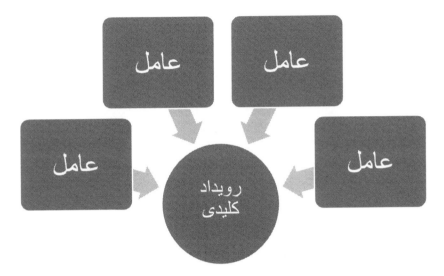

MIND MAP 1

نقشه ذهنی ۱

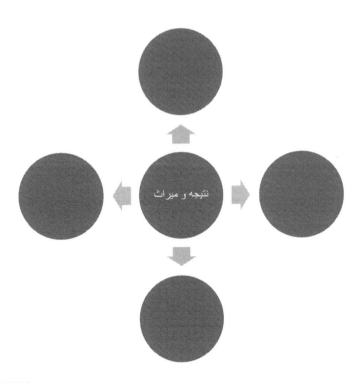

MIND MAP 2

نقشه ذهنی ۲

پ. خواندن هدفمند

KEY SKILL: SCANNING THE TEXT

The activities below will ask you to locate specific information in the article excerpts. Activities C1 (II), C2 (II), and C3 (II) will ask you to locate specific information in the excerpts titled "Background Information," Activities C4 (II) and C5 (II) in the excerpts titled "Causes," Activities C6 (II), C7 (II), C8 (II), and C10 (II) in the excerpts titled "Key Events," and C11 (II) in the excerpts titled "Conclusion and Legacy."

مهارت کلیدی: مرور متن

تمرین های زیر از شما می خواهد تا اطلاعات خاصی را در گزیده های مقاله پیدا کنید. از شما خواسته خواهد شد که در تمرین های پ۱(۲)، پ۲(۲) و پ۳(۲) اطلاعات خاصی را در گزیده های با عنوان «اطلاعات پیش زمینه» پیدا کنید، و در تمرین های پ۴(۲) و پ۵(۲) اطلاعات خاصی را در گزیده های با عنوان «عوامل»، و در تمرین های پ۶(۲)، پ۷(۲)، پ۸(۲) و پ۱۰(۲) اطلاعات خاصی را در گزیده های با عنوان «وقایع کلیدی» و در تمرین پ۱۱(۲) اطلاعات خاصی را در گزیده های با عنوان «نتیجه گیری و میراث» پیدا کنید.

(P)1. Instructions: Scan the article excerpts you have grouped under "Background Information" in Activity B1 (II). While you read the excerpts, you can listen to the narration via the link provided (www.routledge.com/9781138347199 🔊). Using the table below, write all the relevant information you can find in the excerpts that refers to naval, ground, and air military forces. Check your answers with a partner.

(فعالیت دو نفره)۱. راهنما: گزیده مقاله‌هایی را که در بخش «اطلاعات پیشینه» در تمرین ب۱(۲) طبقه‌بندی کردید، مرور کنید. در حالی که گزیده ها را مرور می کنید، می توانید به روایت متن آن ها از طریق لینک ارائه شده (🔊 www.routledge.com/9781138347199) گوش دهید. جدول زیر را با اطلاعات مربوط به نیروهای دریایی، زمینی و هوایی پرکنید. پاسخ های خود را با همکلاسی‌تان چک کنید.

نیروهای نظامی		
دریایی	زمینی	هوایی

(P)2. Instructions: Scan the same article excerpts again and write all the relevant information you can find that corresponds to the numerical figures below. Check your answers with a partner.

(فعالیت دونفره)۲. راهنما: همان گزیده مقاله‌های تمرین ب۱(۲) را دوباره مرور کنید. هر اطلاعاتی که به اعداد زیر مربوط می‌شود را بنویسید. پاسخ‌های خود را با همکلاسی‌تان چک کنید.

25,000 ۲۵۰۰۰ ________________
200 ۲۰۰ ________________
300 ۳۰۰ ________________
150 ۱۵۰ ________________
95 ۹۵ ________________

(P)3. Instructions: Scan the same article excerpts one last time. Categorize key words related to the Iranian Army on the right-hand side of the table below and/or the Islamic Revolutionary Guard Corps on the left-hand side, specifically regarding the different situations each side faced during the Revolution of 1979. Check your answers with a partner.

(فعالیت دونفره)۳. راهنما: گزیده مقاله‌های تمرین ب۱(۲) را دوباره مرور کنید. کلیدواژه های مرتبط با ارتش ایران و یا سپاه پاسداران انقلاب اسلامی به ویژه آنهایی که به موقعیت های مختلف هر یک از طرفین در انقلاب ۱۹۷۹ مربوط می شود را طبقه بندی کرده و در جدول زیر بنویسید. پاسخ های خود را با همکلاسی تان چک کنید.

سپاه پاسداران انقلاب اسلامی	ارتش ایران

(I)4. Instructions: Scan the article excerpts you have grouped under "Causes" in Activity B1 (II). While you read the excerpts, you can listen to the narration via the link provided (www.routledge.com/9781138347199 🔊). Based on information from the excerpts, complete the following sentences to reconstruct the causes of the Iran–Iraq War.

(فعالیت فردی)۴. راهنما: گزیده مقاله‌هایی را که در بخش «عوامل» در تمرین ب۱(۲) طبقه‌بندی کردید مرور کنید. در حالی که گزیده ها را مرور می کنید، می توانید به روایت متن آن ها از طریق لینک ارائه شده (🔊) گوش دهید. بنابر اطلاعات این گزیده‌ها، جمله‌های زیر را درباره علل جنگ ایران و عراق، کامل کنید.

الف. تا پیش از انقلاب، ایران نظامی پادشاهی، طرفدار غرب بود. طرفدار غرب بودن دو معنی داشت:

____

ب. صدام حسین و دولت عراق قرارداد الجزیره در ۱۹۷۵ را پذیرفت چون . . .

____

پ. پس از انقلاب رژیمی در ایران حاکم شد که رویکرد خصمانه‌ای داشت به. . . .

____

ت. با سقوط نظام پادشاهی ایران، عراق فرصت جدیدی دید برای . . .

____

ث. انقلاب ایران زنگ خطری برای رژیم بعث صدام حسین بود چون. . . .

____

(G)5. Instructions: In small groups consulting the sentences above, list the causes of the Iran-Iraq War in four to five full sentences below.

(فعالیت گروهی)۵. راهنما: در گروه های کوچک و به کمک جمله‌های بالا، عوامل جنگ ایران و عراق را در ۴ تا ۵ جمله کامل بنویسید.

____

____

____

____

____

____

____

____

(P)6. Instructions. Scan the article excerpts you have grouped under "Key Events" in Activity B1 (II) and mark the statements below as true or false. While you read the excerpts, you can listen to the narration via the link provided (www.routledge.com/9781138347199 🔊). Check your answers with a partner.

(فعالیت دو نفره)۶. راهنما: گزیده مقاله‌هایی را که در بخش «رویدادهای کلیدی» در تمرین ب۱(۲) طبقه‌بندی کردید را مرور کنید. در حالی که گزیده ها را مرور می کنید، می توانید به روایت متن آن ها از طریق لینک ارائه شده (🔊 www.routledge.com/9781138347199) گوش دهید. سپس درست یا نادرست بودن جمله‌های زیر را مشخص کنید. پاسخ‌های خود را با همکلاسی‌تان چک کنید.

الف. در زمان حمله عراق، ایران همه گروگان‌های امریکایی را آزاد کرده بود. درست نادرست

ب. زمانی که عراق به ایران حمله کرد، تهدیدها و فشارهای اقتصادی جمهوری اسلامی را از لحاظ نظامی و دیپلماتیک تضعیف کرده بود. درست نادرست

پ. اولین قطعنامه شورای امنیت عراق را به خاطر حمله به ایران محکوم کرد و خواستار عقب‌نشینی نیروهای عراقی شد. درست نادرست

ت. مکزیک و نروژ از شورای امنیت تقاضای تشکیل جلسه برای اولین قطعنامه کردند، زیرا ایران از نظر بین‌المللی بسیار ضعیف بود. درست نادرست

ث. درحالی‌که ایران از خرید مهمات و تجهیزات ارتباطی عاجز شده بود، عراق می‌توانست به آسانی در بازار آزاد سلاح تهیه کند. درست نادرست

ج. به دنبال آزادسازی خرمشهر در ۱۹۸۲ ایران به نیروهای عراقی اجازه عقب‌نشینی داد و پایان جنگ را پذیرفت. درست نادرست

چ. روز ۲۱ ژوئیه ۱۹۸۱ آخرین حمله ایران و ورود ایران به خاک عراق بود. درست نادرست

ح. به دنبال حمله ایران به عراق در سال ۱۹۸۱ایران به عنوان متجاوز ۶ سال باقی جنگ شناخته شد. درست نادرست

خ. عراق و ایران با مفاد قطعنامه ۵۹۸ شورای امنیت سازمان ملل موافقت کردند. درست نادرست

د. جنگ ایران و عراق به خاطر پیچیدگی مخاصمه نمی‌تواند به دو مرحله تقسیم شود. درست نادرست

ذ. انزوای ایران و ابعاد جهانی جنگ عوامل اصلی بودند که به بهم ریختگی اوضاع جنگ دامن زدند. درست نادرست

ر. علی‌رغم اینکه ایران با عراقی روبه‌رو بود که حمایت غرب و کشورهای منطقه را داشت، بغداد همچنان ضعیف بود. درست نادرست

(P)7. Instructions: According to many, the liberation of Khorramshahr is a turning point in the Iran–Iraq War. In the article excerpts you have grouped under "Key Events" in Activity B1 (II), revisit the statements made by Saeed Mahmoudi, a professor of international law in Stockholm. Organize his ideas to create a mind map with the liberation of Khorramshahr in 1982 as the main starting point. Check your mind map with a partner and add more information if needed.

(فعالیت دونفره)۷. راهنما: به نظر بسیاری از متخصصان آزادسازی خرمشهر نقطه عطفی در جنگ ایران و عراق است. در گزیده مقاله‌هایی که در بخش «رویدادهای کلیدی» در تمرین ب۱(۲) طبقه‌بندی کردید، به گفته‌های سعید محمودی، استاد حقوق بین‌الملل در استکهلم، رجوع کنید. ایده‌های او را در یک نقشه ذهنی مرتب کنید، به صورتی که آزادسازی خرمشهر نقطه شروع باشد. نتیجه را با همکلاسی‌تان چک کنید. در صورت نیاز، اطلاعات بیشتری به آن اضافه کنید.

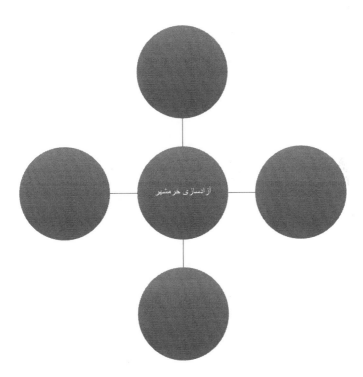

MIND MAP

نقشه ذهنی

(I)8. Instructions: From Saeed Mahmoudi's point of view, the liberation of Khorramshahr marked the midpoint of the war. In the article excerpts you have grouped under "Key Events" in Activity B1 (II), and focusing especially on Saeed Mahmoudi's statements, identify vocabulary that refers to each half of the war, following the example provided.

(فعالیت فردی)۸. راهنما: به نظر سعید محمودی، آزادسازی خرمشهر، عملا جنگ را به دو دوره تقسیم کرد: پیش از آزادی خرمشهر و پس از آن. در گزیده مقاله‌هایی که در قسمت «رویدادهای کلیدی» تمرین ب۱(۲) درباره گفته های سعید محمودی طبقه‌بندی کردید واژگان مربوط به نیمه اول و دوم جنگ را شناسایی کنید. به مثال ارائه شده در زیر توجه کنید:

واژگان: آزادی خرمشهر	
پیش از آزادی	**پس از آزادی**
مثال: تجاوز	مثال: عقب‌نشینی

(I)9. Instructions: One of the article excerpts under "Key Events" in Activity B1 (II) divides the Iran–Iraq War into six stages. Complete the table below by adding the war events described in each stage taking place before and after the liberation of Khorramshahr.

(فعالیت فردی)۹. راهنما: یکی از گزیده مقاله‌هایی بخش «رویدادهای کلیدی» در تمرین ب۱(۲) جنگ ایران و عراق را به شش مرحله تقسیم کرده است. جدول زیر را با رویدادهای مربوط به مراحل مختلف جنگ که پیش و پس از آزادی خرمشهر اتفاق افتاده پر کنید.

آزادی خرمشهر: مراحل جنگ	
قبل از آزادی	**بعد از آزادی**
مثال: شروع جنگ (سپتامبر ۱۹۸۰)	مثال: عراق آماده برای عقب نشینی (۱۹۸۲)

(C)10. Instructions: When reviewing the completed tables in Activities C8 (II) and C9 (II) above, you should have enough information to compare and contrast the situations before and after the liberation and participate in a class discussion led by your instructor. You may use the following questions as a guide.

(فعالیت کلاسی)۱۰. راهنما: با مرور کردن جدول‌های پرشده در تمرین‌های پ۸ (۲) و پ۹ (۲) باید اطلاعات کافی برای مقایسه و تقابل دو موقعیت مختلف قبل و بعد از آزادی خرمشهر را داشته‌باشید. سپس با راهنمایی معلم تان، در بحث کلاسی شرکت کنید. از پرسش‌های زیر به عنوان راهنما استفاده کنید.

الف. بعد از آزادی خرمشهر چه تغییراتی در رهبری ایران و عراق رخ داد؟
ب. با آزادی خرمشهر، سازمان‌دهی نیروهای نظامی ایران چه تغییری کرد؟
پ. با آزادی خرمشهر، پویایی نظامی بین ایران و عراق چه تغییری کرد؟

(C)11. Instructions: Scan the article excerpts that you have grouped under "Conclusion and Legacy" in Activity B1 (II) and reflect on the following questions in order to participate in a discussion led by your instructor. While you read the excerpts, you can listen to the narration via the link provided (www.routledge.com/9781138347199 🔊).

(فعالیت کلاسی) ۱۱. راهنما: گزیده مقاله‌هایی را که در بخش «نتیجه گیری و میراث» در تمرین ب۱(۲) طبقه‌بندی کردید دوباره مرور کنید. درباره پرسش های زیر تامل کنید و در بحث کلاسی که توسط معلم تان هدایت می شود شرکت کنید. در حالی که گزیده ها را مرور می کنید، می توانید به روایت متن آن ها از طریق لینک ارائه شده (🔊 www.routledge.com/9781138347199) گوش دهید.

الف. امریکا و شوروی در جنگ ایران و عراق که در میانه جنگ سرد بود، چه نقشی داشتند؟ پیش نویس قطعنامه ۵۹۸ چه تغییری را بوجود آورد؟
ب. چرا ایران و عراق آتش‌بس را پذیرفتند؟ دلایل هر کدام چه بود؟

۳. ساختارهای دستوری و واژگان زبان

الف. بررسی ساختارهای دستوری زبان

۱. (فعالیت فردی)

> **SIMPLE PAST TENSE vs. PAST IMPERFECT TENSE**
>
> گذشته ساده در مقابل گذشته استمراری

Instructions: Review all the article excerpts. Underline all verbs in the simple past tense and circle all the verbs in the past imperfect tense. Compare them and reflect on:

- How the simple past tense is formed
- How the past imperfect tense is formed
- For what types of past actions the simple past tense is generally used
- For what types of past actions the past imperfect tense is generally used

راهنما: همه گزیده‌های مقاله را مرور کنید. ابتدا زیر تمام افعال به کار رفته در زمان گذشته ساده خط بکشید و سپس دور تمام افعال به کار رفته در زمان گذشته استمراری خط بکشید. سپس، آن ها را با هم مقایسه کنید و درباره موارد زیر تأمل کنید.

- گذشته ساده چطور ساخته می‌شود
- گذشته استمراری چطور ساخته می‌شود
- چه زمانی گذشته ساده استفاده می‌شود
- چه زمانی گذشته استمراری استفاده می‌شود

(فعالیت فردی)۵.

PAST PERFECT TENSE (USAGE)

When talking about two actions happening in succession in the past, the action that occurred first takes the past perfect.

زمان گذشته کامل (کاربرد)

وقتی صحبت از دو عمل می شود که در گذشته پشت سر هم اتفاق افتاده اند، عملی که قبل از عمل دیگر اتفاق افتاده به شکل گذشته کامل بیان می شود.

Instructions: In the excerpt titled "Key Events" below, underline all verbs indicating an action that occurred before another action in the past. Form sentences with them below using the appropriate collocations.

راهنما: در گزیده مقاله با عنوان «رویدادهای کلیدی»، زیر تمام فعل‌هایی که عملی در گذشته را نشان می دهد و قبل از عمل دیگری در گذشته اتفاق افتاده خط بکشید. با استفاده از عبارت‌های همنشین آنها در زیر جمله مناسب بسازید.

«وقتی عراق به ایران حمله کرد، گروگان‌های آمریکایی هنوز در ایران بودند. شورای امنیت علیه ایران قطعنامه صادر کرده بود و تقاضای آزادی گروگان‌ها را کرده بود. تهدیدهای اقتصادی علیه ایران وجود داشت و فشارهای زیاد برای انزوای ایران و عدم فروش اسلحه، جمهوری اسلامی را در موقعیت بین‌المللی هم از نظر نظامی و هم از نظر دیپلماسی بسیار تضعیف کرده بود. وقتی عراق به ایران حمله کرد، در اولین قطعنامه‌ای که شورای امنیت در این مورد تنظیم کرد، حمله عراق به ایران را که به طور خیلی روشن نفی و نقض قوانین بین‌المللی و تجاوز به خاک ایران بود، از نظر حقوقی، نادیده گرفت. یعنی حمله عراق به ایران را محکوم نکردند. حتی بالاتر از آن، نیروهای عراقی وارد خاک ایران شده بودند و بخش‌هایی از ایران را تسخیر کرده بودند. در آن موقع این قطعنامه حتی تقاضای خروج نیروهای عراقی از ایران را هم نکرد وتنها تقاضای این قطعنامه آتش‌بس در این جنگ بود؛ که در آن زمان حتی برای مخالفان جمهوری اسلامی هم آتش بسی که قوای عراقی را در ایران نگاه می‌دارد، و بر اساس آن، گفتوگو بین دو طرف زمانی شروع می‌شود که خاک ایران در تسخیر نیروهای عراقی است، قابل قبول نبود. خیلی جالب است که در آن زمان آن قدر وضع ایران از نظر بین‌المللی ضعیف بود، که حتی این ایران نبود که از شورای امنیت خواست به تجاوز عراق به خاک ایران توجه کند. این مکزیک و نروژ بودند که از شورای امنیت تقاضای تشکیل جلسه کردند، و در پی آن، اولین قطعنامه به این شکل بیرون آمد.»

(I)3.

۳.(فعالیت فردی)

PAST PERFECT TENSE (CONSTRUCTION)

1. PAST PARTICIPLE OF THE VERB (the past stem + ه‍-e) + 2. "TO BE" IN THE
PAST TENSE + 3. ENDINGS FOR EACH SUBJECT OF THE VERB (م/ ی/ Ø/ یم/ ید/ ند)

زمان گذشته کامل (ساختار)

۱. صفت مفعولی (بن گذشته + ـه) + ۲. بود (گذشته فعل «بودن») +
۳. شناسه گذشته (مطابق با فاعل فعل: م/ ی/ Ø/ یم/ ید/ ند)

Instructions: Review the excerpt titled "Key Events" above and copy the verbs
in the past perfect tense in the right-hand side column ("Verbs in Past Perfect")
of the table below. Reflect on the formation of this tense by separating the past
particle and the verb "to be" in the past tense, according to the example provided.

راهنما: گزیده‌های مقاله با عنوان «رویدادهای کلیدی» را مرور کنید و افعال به کار رفته در زمان گذشته
کامل را در ستون سمت راست جدول زیر («افعال در زمان گذشته کامل») بنویسید. مانند مثال ارائه
شده، برای درک ساختار فعل در این زمان، صفت مفعولی، گذشته فعل «بودن» و شناسه ی گذشته هر
فعل را جدا کنید.

شناسه ی گذشته	گذشته فعل «بودن»	صفت مفعولی	افعال در زمان گذشته کامل
Ø	بود	صادر کرده	صادر کرده بود

۴. (فعالیت فردی)

(I)4. Instructions: In the excerpts titled "Causes" below, underline all verbs
in past perfect tense. Form sentences with them below using the appropriate
collocations.

راهنما: در گزیده مقاله با عنوان «عوامل»، زیر تمام افعال به کار رفته در زمان گذشته کامل خط بکشید.
با استفاده از عبارت‌های همنشین آن‌ها در زیر جمله مناسب بسازید.

«یک زمینه بر می‌گشت به روابط میان دو کشور. از زمان شاه و به خصوص قرارداد ۱۹۷۵ که در
آن ایران موفق شده بود عراق را وادار کند که بپذیرد خط تالوگ یا خط القَعر یا ژرفگاه، مرز آبی بین دو
کشور در شط العرب یا اروند رود باشد. این موضوع اصلاً برای عراق مطلوب نبود. علت اینکه دولت
عراق و به خصوص شخص صدام حسین در سال ۱۹۷۵ این ترتیبات را پذیرفته بود، این بود که ایران
با همکاری کردهای عراقی فشار زیادی بر عراق وارد میکرد و حکومت صدام در شرف سقوط بود.

البته شرایطی که ایران راجع به تالوگ پیشنهاد می‌کرد، چیزی غیر از اصل تالوگ که در حقوق بین‌الملل برای تعیین مرزهای آبی بین کشورها پذیرفته شده، نبود. ولی عراقی‌ها هیچوقت از این موضوع راضی نبودند و من خاطرم هست که دیپلمات‌های ایرانی که آن زمان درگیر انعقاد این قرارداد بودند، می‌گفتند عراقی‌ها به شدت از این موضوع ناراحت و متأثر هستند.»

«قرارداد الجزیره در ۱۹۷۵ از دید عراق یک قرارداد تحمیلی بود. ضمن اینکه از نظر حقوقی ایران کاملاً نظرش صحیح بود، ولی عراقی‌ها با میل این قرارداد را نپذیرفته بودند و بنابراین در اولین فرصتی که توانستند، قرارداد را ملغی کردند.

«ریشه‌های جنگ ایران و عراق را باید در شماری از تحولات ژئوپولیتیک دنبال کرد که البته در یک انقلاب عناصر و مؤلفه‌های همیشگی و کلاسیک محسوب می‌شوند. عناصری که ایران در یک سال پس از انقلاب درگیر آنها شد، مثل هر انقلاب دیگری در پی تغییر اساسی فرمول‌های سیاسی و اجتماعی کشور بودند. شالوده سیاسی ایران تا پیش از انقلاب، نظامی پادشاهی، طرفدار غرب، هم‌پیمان با کشورهای امیرنشین طرفدار غرب خلیج فارس، و درتعارض با حکومت بعث عراق بود که از حمایت شوروی بهره می‌برد. انقلاب ایران تقریباً چیدمان تمامی این سیاست‌ها را عوض کرد و همچنین تمامی برداشتی را که همسایه‌های ایران از کشور داشتند.

رژیمی که در پی انقلاب در ایران به قدرت رسید نسبت به غرب، شرق، بعثی‌ها، تندروهای عرب و نظام های پادشاهی رویکردی خصمانه داشت. این حکومت دنبال راه دیگری بود؛ راه اسلامی. در سوی دیگر جریان، عراق هم با سقوط نظام پادشاهی در ایران خودش را در موقعیتی طلایی می‌دید تا با ضعیف شدن ایران به اصطلاح با همسایه خودش تسویه حساب کند. با توجه به هرج و مرج حاکم بر ایران، از بین رفتن اقتدار نظامی و از بین رفتن حمایت‌های غربی‌ها از تهران، رژیم عراق محاسبه کرده بود که با یک حمله همه جانبه کوبنده و کوتاه می‌تواند حکومت تهران را ساقط کند و خودش را به عنوان قدرت منطقه‌ای به تثبیت برساند.»

ب. بررسی واژگان

(I)1.

(فعالیت فردی) ۱.

THE IRANIAN SOLAR CALENDAR In Farsi-speaking countries, the Iranian calendar is used to express and write calendar dates. **تقویم شمسی** در کشورهای فارسی زبان، برای نوشتن و بیان تاریخ‌ها از تقویم شمسی استفاده می شود.

Instructions: In the excerpts titled “Key Events” below, collect all key dates following the day-month-year format and organize them in the calendar below.

راهنما: در گزیده مقاله با عنوان «رویدادهای کلیدی»، تمام تاریخ‌های مهم را به ترتیب روز-ماه-سال جمع‌آوری کنید و آن‌ها را در جدول تقویمی زیر مرتب کنید.

به گفته او: «دو سال اول، حمله نظامی عراق به ایران، و دفاع میهنی ایرانیان در برابر تجاوز صدام است. اما از سی و یک تیرماه ۶۱ یعنی حدود یک ماه و نیم بعد از آزادسازی خرمشهر اولین حمله نظامی ایران و وارد شدن به خاک عراق صورت می‌گیرد، که در آن فرماندهی با سپاه پاسداران است، و مدیریت جنگ از ارتش به سپاه منتقل می‌شود. از این تاریخ تا پایان جنگ، به مدت حدود شش سال، جنگ تجاوزی ایران علیه رژیم عراق است. از نظر حقوق بین‌الملل جمهوری اسلامی در آن شش سال متجاوز است و به همین دلیل در تصویب قطعنامه ۵۹۸ هرگز عراق متجاوز شناخته نمی‌شود برای اینکه هر دو کشور متجاوزند.»

زنجیره حوادث جنگ هشت ساله ایران و عراق را شاید بتوان در نگاهی کلی به شش مرحله تقسیم کرد:

- ابتدای جنگ تا مهر ۶۰ و توقف پیشروی ارتش عراق
- مهر ۶۰ تا خرداد ۶۱ و شروع حملات ایران تا آزاد سازی خرمشهر
- تابستان ۶۱ تا زمستان ۶۴ با رشته عملیات‌های عموماً ناموفق
- سال ۶۴ و اوج‌گیری ناگهانی موفقیت‌های ایران با فتح فاو
- ۶۴ تا ۶۶ و دوره فرسایشی برای هر دو سو
- فاصله ۶۶ تا تیر ۶۷ و اوج‌گیری حملات مرگبار عراق

۱-بهار
فروردین
(March 21 – April 20)
اردیبهشت
(April 21 – May 20)
خرداد
(May 21 – June 20)

۲- تابستان
تیر
(June 21 – July 20)
مرداد
(July 21 – August 20)
شهریور
(August 21 – September 20)

۳- پاییز، خزان
مهر
(September 21 – October 20)
آبان
(October 21 – November 20)
آذر
(November 21 – Dec. 20)
۴- زمستا
دی
(December 21 – January 20)
بهمن
(January 21 – February 20)

اسفند
(February 21 – March 20)

بهار		
فروردین	اردیبهشت	خرداد
تابستان		
تیر	مرداد	شهریور
پاییز، خزان		
مهر	آبان	آذر
زمستان		
دی	بهمن	اسفند

(I)2.

(فعالیت فردی)۲.

NUMERALS

- Numbers from 100 to 900 (Audio)
- Numbers above 900 (Audio)

اعداد

- اعداد ۱۰۰ تا ۹۰۰ (فایل صوتی)
- -اعداد بالای ۹۰۰ (فایل صوتی)

Instructions: After listening to the narration of the numbers, try to read aloud the numbers below.

150, 200, 300, 598, 1981, 1987, 1985, 1989, 1982, 25,000

راهنما: پس از گوش‌دادن به خوانش اعداد بالا، اعداد زیر را با صدای بلند بخوانید.

۱۵۰، ۲۰۰، ۳۰۰، ۵۹۸، ۱۹۸۱، ۱۹۸۷، ۱۹۸۵، ۱۹۸۹، ۱۹۸۲، ۲۵۰۰۰

(I)3. Instructions: For the words found in the article excerpts listed below, complete the table by writing the words used in conjunction with them to form collocations.

(فعالیت فردی)۳. راهنما: برای واژه های موجود در گزیده مقاله که در جدول زیر آمده، واژه هایی که همراه با آن ها کار می روند را بنویسید تا عبارت های همنشین بسازند.

عبارت های همنشین	
واژه‌ها	واژه های همراه
افسر	
انقلاب	
تهدیدها	
حمایت	
حمله	
رژیم	
سلاح	
قانون	
قدرت	
قطعنامه	
قلمرو	
مرز	
نظامی	

(I)4. Instructions: Fill in Chart 1 and Chart 2 below by grouping words related to military forces and military equipment, following the example provided.

(فعالیت فردی)۴. راهنما: نمودار ۱ و ۲ در زیر را با واژه های مربوط به نیروها و تجهیزات نظامی پرکنید. به مثال ارائه شده در زیر توجه کنید.

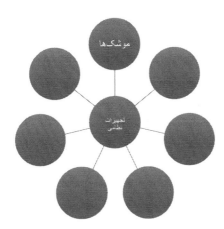

CHART 1

نمودار ۱

CHART 2

نمودار ۲

(I)5. Instructions: Identify antonyms of the following nouns, adjectives, verbs, and adverbs found in the article excerpts.

(فعالیت فردی)۵. راهنما: واژه های متضاد اسم‌ها، صفت‌ها، فعل‌ها و قیدهای به کار رفته در گزیده های مقاله را در زیر بنویسید.

- آغاز کردن

  _____

- افزایش یافتن

  _____

- به طور دیپلماتیک

  _____

- پیروزی

  _____

- تضعیف کردن

  _____

- تجاوز

  _____

- حمله/اشغال

  _____

- سرنگون کردن

_____

- متحد

_____

- متحد با

_____

(I)6. Instructions: Complete the following sentences by filling the blanks with words from the article excerpts provided in the word bank below.

> **Word bank:** Ceasefire, coup d'état, deadlock, disarray, thalweg

(فعالیت فردی)۶. راهنما: با استفاده از واژه های موجود در گزیده های مقاله که در بانک واژگان زیر ارائه شده، جاهای خالی جملات زیر پر کنید.

> **بانک واژگان:** آتش‌بس، کودتا، بن‌بست، فروپاشی، خط القعر

الف. ارتش در حال. . . . بود زیرا نمی‌توانست از کشور در برابر حمله عراق محافظت کند.

ب. طبق حقوق بین‌الملل بین ایران و عراق . . . برقرار شد. اما این مساله عراقی‌ها را تحت‌تاثیر قرار داد.

پ. بنا به یک معاهده رسمی،. . . . بین ایران و عراق درخواست پایان اقدامات متجاوزانه و بازگشت هرکشور به مرزهای بین‌المللی را داد.

ت. با این. . . . ، رژیم عراق می‌خواست هم حکومت ایران را سرنگون کند و هم خود را به عنوان قدرت منطقه‌ای تثبیت کند.

ث. به خاطر . . . نظامی، ادامه جنگ تهدیدی برای بقای جمهوری اسلامی ایران بود.

۴. پروژه: بایدها و نبایدهای معاهدات صلح پایدار

You are part of a three-member team of the United Nations Department of Political Affairs. The team is in charge of crafting and presenting a document titled "The Dos and Don'ts of Sustainable Ceasefire Agreements." The purpose of this document is to examine the aspects of a ceasefire agreement that are important to avoid implementation failure.

With this purpose in mind, the team must identify aspects of the failed Iran–Iraq ceasefire that could serve as lessons learned for the creation of future peace accords by completing the following tasks:

a. Team wiki

Relying on your knowledge about the first Iran–Iraq ceasefire, write on your team's wiki a list of factors behind the ceasefire's failure to avoid in the future.

Past failures to avoid in the future

What factors cause ceasefire failure and should be avoided in the future? You may use the Iran–Iraq ceasefire as a starting point to reflect on factors causing ceasefires in general.

- . . .
- . . .
- . . .
- . . .

b.   Team written presentation

Then, prepare a written presentation (on a Word document or PowerPoint – PPT– presentation) about important lessons learned from a specific sustainable ceasefire agreement. The presentation must contain a minimum of three slides and include all the points listed below.

Lessons learned for future success

1.   *Who, What, When, and Where*

- Members of the armed forces affected
- Dates and times imposed by the ceasefire
- Geography of the ceasefire (e.g., land borders, thalweg . . .)

2.   *Organization of Armed Forces*

- General codes of conduct for all military forces involved
- Clear command and control over all military forces from the highest level

3.   *Humanitarian Issues*

- Remove any sources of danger to the local civilian population

c.   Oral presentation

Finally, designate one team member to deliver the presentation via VoiceThread in a 45-second speech. When necessary during your speech, make sure you use the appropriate past tense among those covered so far (simple past, past imperfect, past perfect).

شما عضو یک هیات سه‌نفره کمیسیون امور سیاسی سازمان ملل متحد هستید. تیم شما مسئول نوشتن و ارائه کردن سندی به نام «بایدها و نبایدهای معاهدات صلح پایدار» است. هدف این سند، بررسی جنبه‌هایی از توافق آتش بس است که برای اجرای موفق معاهده ضروری است.

با در نظر داشتن این هدف، گروه شما باید با انجام کارهای زیر جنبه‌هایی از آتش‌بس شکست خورده ایران و عراق را که می‌تواند حاوی درس‌های مهمی برای ایجاد توافق‌های صلح آینده باشد شناسایی کند:

الف. ویکی گروه

با کمک معلومات خود درباره اولین آتش‌بس بین ایران و عراق، در ویکی گروه‌تان فهرستی از عواملی که از شکست آتش‌بس در آینده جلوگیری می کند را بنویسید.

شکست های گذشته که در آینده باید از آن ها اجتناب کرد

چه عواملی باعث شکست آتش بس می شود و باید در آینده از آنها اجتناب شود؟ شما می توانید از آتش بس ایران و عراق به عنوان نقطه شروع استفاده کنید و درباره عواملی که به طور کلی باعث ایجاد آتش بس می شوند تأمل کنید.

- . . .
- . . .
- . . .
- . . .

ب. اسلاید های گروه

سپس، یک ارائه نوشتاری (بر روی فایل Word یا پاورپوینت-PPT) آماده کنید که درباره ی درس های مهم آموخته شده از یک توافق نامه آتش بس پایدارخاص باشد. ارائه باید حداقل شامل سه اسلاید باشد و همچنین تمام نکاتی که در زیر ذکر شده را دربرداشته باشد.

درس های آموخته برای موفقیت آینده

۱. چه کسی و چه چیزی و کی و کجا

- تحت تاثیر قرارگرفتن نظامیان
- تاریخ و زمان آتش‌بس
- جغرافیای آتش‌بس (مرزهای زمینی، خط القعر، . . .)

۲. سازمان‌دهی نیروهای مسلح

- مقررات رفتاری تمام نیروهای نظامی درگیر
- کنترل همه‌جانبه در بالاترین سطح روی همه نیروهای نظامی

۳. مسائل بشردوستانه

- حذف کردن هرگونه منبع خطرزا از جمعیت غیرنظامی

پ. ارائه شفاهی

در آخر، یکی از اعضای گروه‌تان را برای یک ارائه ۴۵ ثانیه ای از طریق VoiceThread تعیین کنید. در صورت لزوم در حین ارائه خود، سعی کنید از افعال گذشته مناسبی از میان افعالی که تاکنون یاد گرفته اید (گذشته ساده، گذشته استمراری، گذشته کامل) استفاده کنید.

2

CYBER AND SPACE WARFARE

درس ۲
جنگ سایبری و فضایی

What will I learn in this lesson?			
TOPIC	**SKILLS**	**STRUCTURE**	**VOCABULARY**
Cyber and space warfare	• Reading • Listening	• Past perfect tense (time of reference)	Air, battlefield, cyberattack, cyberwar, hacker, land, operation, peace, sea, space, resolution, security, threat, virus
RECOMMENDED TECHNOLOGY: https://www.pbworks.com/ https://docs.google.com/ https://www.lucidchart.com/ https://bubbl.us/ https://tobloef.com/text2mindmap/			

منابع درس ۲
به منابع زیر دسترسی خواهید داشت:
-گزیده های مقاله برگرفته از:

https://per.euronews.com/2019/09/29/zarif-foreign-minister-says-cyber-war-exist-between-iran-us
https://www.radiofarda.com/a/space-race-ussf-outer-space-force/30441643.html (Read-aloud)

کمی درباره موضوع . . .

• **Cyber Warfare**

According to Bruce Sussman, the concepts of traditional and cyber warfare are merging. An example of this occurred on June 20, 2019, when Iran fired a surface-to-air missile at an unmanned U.S. surveillance drone flying over the Strait of Hormuz and shot it out of the sky. In response to this act of physical warfare came an act of cyber warfare. The U.S. President gave Cyber Command the green light to launch a cyberattack against Iran, targeting Iranian computer systems that control missile and rocket launches.

DOI: 10.4324/9780429437090-7

• جنگ سایبری

به گفته بروس ساسمن، مفاهیم جنگ سنتی و جنگ سایبری در حال ادغام شدن هستند. یک مثال در این زمینه روز ۲۰ ژوئن ۲۰۱۹ اتفاق افتاد، هنگامی که ایران با شلیک یک موشک زمین به هوا، یک پهپاد جاسوسی امریکایی که بالای تنگه هرمز در حال پرواز بود را ساقط کرد. پاسخ به این حمله فیزیکی، یک حمله سایبری بود. رییس‌جمهور امریکا به مرکز فرماندهی سایبری اجازه حمله سایبری به ایران را داد. سیستم‌های کامپیوتری ایران را که کنترل موشک‌ها را برعهده داشتند، مورد هدف قرار دادند.

منبع:

Sussman, B. (2019, December 27). Cyber war vs. Traditional war: The difference is fading. *SecureWorld*. https://www.secureworldexpo.com/industry-news/cyber-war-vs-traditional-war.

• **Space Warfare**

NATO has recognized space as a "new" operational domain. In December 2019, Allied leaders welcomed the recognition of space as a new operational domain – alongside air, land, sea and cyberspace. Although there was some speculation in the media that this flurry of space activity at NATO had been triggered by President Trump's initiative to establish a United States Space Force (USSF), the Allied decision was based on years of careful and thorough reflection and debate. Some of the underlying factors that drove the decision to create the USSF, also influenced the Alliance's decisions on space policy and space domain. Coincidentally, France has also adopted its first Defense Space Strategy, and is set to reorganize its Air Force into Air and Space Force.

• جنگ فضایی

ناتو فضا را به عنوان حوزه «جدید» فعالیت جنگی شناخته است. در دسامبر ۲۰۱۹ رهبران کشور هم‌پیمان ناتو از شناختن فضا به عنوان عرصه جدید عملیاتی – در کنار هوا، زمین، دریا، و فضای سایبری - استقبال کردند.

با اینکه رسانه‌ها حدس می‌زدند اقدام ناتو با اقدام رییس‌جمهور ترامپ برای ایجاد نیروی فضایی امریکا مرتبط باشد، تصمیم هم‌پیمانان ناتو نتیجه سال‌ها بحث و بررسی دقیق بود. عواملی که منجر به ایجاد نیروی فضایی ایالات متحده شد، روی تصمیم ناتو هم تاثیر داشت. همزمان، امریکا استراتژی دفاعی خود در فضا را به تصویب رساند و قرار شد که نیروی هوایی خود را به نیروی هوایی و فضایی تقسیم کند.

منبع:

Paulauskas, K. (March 13, 2020). Space: NATO's latest frontier. *NATO Review*. https://www.nato.int/docu/review/articles/2020/03/13/space-natos-latest-frontier/index.html.

۱. معرفی موضوع و بررسی کلیدواژه ها

(I)1.

(فعالیت فردی) ۱.

کلیدواژه‌ها: حملات سایبری موفق | ناموفق

Instructions: Read the announcement from Iranian Communication and Information Technology Minister Mohammad Javad Azari Jahromi on his personal Twitter page. Summarize the main idea of the statement in one sentence.

راهنما: اطلاعیه ی وزیر ارتباطات و فناوری اطلاعات ایران، محمدجواد آذری جهرمی، را در صفحه توییتر شخصی اش بخوانید. در یک جمله ایده اصلی این توییت وزیر ارتباطات را بیان کنید.

MJ Azari Jahromi
✓@azarijahromi

رسانه‌ها از صحت حمله سایبری ادعایی به ایران پرسیدند. باید بگویم که مدتهاست ما با تروریسم سایبری -مثل استاکس‌نت- و یکجانبه‌گرایی-مثل تحریمها- مواجهیم. نه یک حمله، بلکه در سال گذشته ۳۳میلیون حمله را با سپر دژفا خنثی کردیم. حمله موفقی از آنها صورت نگرفته، هرچند تلاشهای زیادی می‌کنند.

3,043

10:31 PM – June 23, 2019

منبع:

Azari Jahromi, M. J. (2019, June 23). (@azarijahromi) [رسانه‌ها از صحت حمله سایبری ادعایی به ایران پرسیدند . . . . (The Media questioned the veracity of the alleged cyber attack on Iran .(.. First line/sentence of tweet]. *Twitter*.

(C)2.

(فعالیت کلاسی)۲.

Instructions: Read the statement by former U.S. Secretary of Defense James Mattis (2017–2018) below. Under the guidance of your instructor, discuss with your classmates what you think are the issues involved in Mattis's statement on space (e.g., possible conflict in space).

راهنما: بیانیه وزیر دفاع سابق آمریکا جیمز متیس (۲۰۱۸-۲۰۱۷) را در زیر بخوانید. سپس با راهنمایی معلم تان، درباره ی مسائلی که فکر می کنید در بیانیه متیس به فضا اشاره می‌کند (برای مثال: جنگ احتمالی در فضا) با همکلاسی های خود بحث کنید.

«باید این واقعیت را بپذیریم که فضا به طور فزاینده‌ای به میدان جنگ تبدیل شده است.»
- جیمز نورمن متیس

منبع:

Remarks by Secretary Mattis on the national defense strategy. (2018, January 19). U.S. Department of Defense.

۲.   مطالعه موضوع

منابع برای خواندن

-گزیده های مقاله برگرفته از:

https://per.euronews.com/2019/09/29/zarif-foreign-minister-says-cyber-war-exist-between-iran-us

منابع برای گوش دادن

-بخش های صوتی برگرفته از:

https://www.radiofarda.com/a/space-race-ussf-outer-space-force/30441643.html

الف ۱. فرضیه پردازی

(I)1. Instructions: Read the title of the article that you will be analyzing in the "General Reading" and "Focused Reading" sections that follow and reflect on the issues you think might be covered in the article. Create a mind map to organize your ideas. After reading the article excerpts in Activity $B_1$1 (II), revisit your mind map and add more information if needed.

(فعالیت فردی) ۱. راهنما: عنوان مقاله‌ای که در دو بخش خواندن اجمالی و خواندن هدفمند در زیر تحلیل خواهید کرد را بخوانید و حدس بزنید مقاله به چه موضوعاتی می‌پردازد. ایده‌های خود را در یک نقشه ذهنی مرتب کنید. بعد از خواندن گزیده مقاله‌ها در تمرین ب ۱ (۲)، نقشه ذهنی خود را مرور کنید و با اطلاعات بیشتر آن را کامل کنید.

عنوان مقاله

ظریف: ایران درگیر جنگ سایبری با آمریکاست

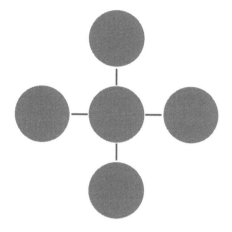

MIND MAP

نقشه ذهنی

ب۱. خواندن اجمالی

KEY SKILL: SKIMMING THE TEXT FOR MAIN IDEAS

Activities B$_1$1 and B$_1$2 (II) below will help you sort through the details of a passage to identify its main ideas. Such ideas are usually found in the first and last sentences of each article excerpt.

مهارت کلیدی: خواندن اجمالی متن برای درک ایده های اصلی

تمرین های ب, ۱ و ب, ۲(۲) در زیر به شما کمک می کند تا میان جزئیات یک متن جستجو کرده و ایده های اصلی آن را شناسایی کنید. چنین ایده هایی معمولاً در اولین و آخرین جملات هر گزیده مقاله آمده است.

(P)1. Instructions: Skim the article excerpts below by reading the first and the last lines, then identifying key words conveying the main idea of each excerpt. Check your key words with a partner.

(فعالیت دو نفره)۱. راهنما: جمله اول و آخر گزیده‌های مقاله را به طور اجمالی بخوانید و سپس کلیدواژه‌هایی که بیان‌کننده ایده اصلی هر پاراگراف هستند را شناسایی کنید. کلیدواژه‌ها را با همکلاسی تان چک کنید.

گزیده ۱

محمد جواد ظریف، وزیر خارجه ایران روز یکشنبه در گفت‌وگو با شبکه خبری ان‌بی‌سی آمریکا از در جریان بودن یک جنگ سایبری میان ایران و آمریکا خبر داد.

آقای ظریف خاطرنشان کرد که ایالات متحده این جنگ سایبری را با حمله به تاسیسات هسته‌ای ایران که می‌توانست به قیمت جان میلیون ها انسان تمام شود، آغاز کرده و این جنگ همچنان ادامه دارد.

گزیده ۲

او با اشاره به ویروس‌های طراحی شده توسط آمریکا و اسرائیل از جمله استاکس نت و زِرو دِی در قالب عملیات المپیک با هدف اخلال در تاسیسات هسته‌ای ایران، کشورش را درگیر یک جنگ سایبری دانست ولی به ایالات متحده هشدار داد که پایان دهنده هر جنگی که آغاز کند، نخواهد بود.

گزیده ۳

همزمان خبرگزاری‌های ایران اعلام کردند که بیژن زنگنه، وزیر نفت ایران در پیام خود به مناسبت روز آتش‌نشانی و ایمنی تاکید کرده که همه شرکت‌ها و تاسیسات صنعت نفت ایران در شرایطی که تحریم‌ها صنعت نفت را نشانه گرفته‌اند باید در برابر تهدیدهای فیزیکی و سایبری هوشیاری کامل داشته باشند.

طی هفته‌های اخیر و در پی وقوع حمله ۱۴ سپتامبر به تاسیسات نفتی عربستان، بارها اخبار غیررسمی در مورد وقوع حملات سایبری به تاسیسات نفتی یا نظامی ایران منتشر شده که هر بار به طور رسمی از سوی مقام‌های ایرانی تکذیب شده است.

حتی اعلام رسمی وضعیت نارنجی در صنایع پتروشیمی ایران که روز ۲۰ سپتامبر رخ داد نیز بخشی از مانورهای دوره‌ای معمول برای حفظ آمادگی مدیریت بحران در این صنایع عنوان شد.

گزیده ۴

اما پیش از اعلام روز یکشنبهٔ وزرای خارجه و نفت ایران، محمدجواد آذری جهرمی وزیر ارتباطات و فناوری اطلاعات ایران نزدیک به سه ماه پیش در صفحه شخصی خود در توئیتر از وقوع ۳۳ میلیون حمله سایبری ناموفق خبر داده بود که نشان دهندهٔ وقوع بیش از یک حمله در هر ثانیه به تاسیسات ایران بود.

MJ Azari Jahromi
✓@azarijahromi

رسانه‌ها از صحت حمله سایبری ادعایی به ایران پرسیدند. باید بگویم که مدتهاست ما با تروریسم سایبری -مثل استاکس‌نت- و یکجانبه‌گرایی-مثل تحریمها- مواجهیم. نه یک حمله، بلکه در سال گذشته ۳۳میلیون حمله را با سپر دژفا خنثی کردیم. حمله موفقی از آنها صورت نگرفته، هرچند تلاشهای زیادی می‌کنند.

3,048
10:31 PM – June 23, 2019
Twitter Ads info and privacy

گزیده ۵

تهران برای نخستین بار در سال ۲۰۱۰ میلادی در بحبوحهٔ چالش هسته‌ای با غرب، آمریکا و اسرائیل را به انجام حملات سایبری علیه تاسیسات هسته‌ای خود متهم کرد. بر اساس این گزارش حملات یاد شده که توسط بدافزاری موسوم به «استاکس نت» طراحی و اجرا شده بود، افزون بر ویروسی کردن چندین هزار رایانه، سبب اختلال در سانتریفیوژهای مورد استفاده برای غنی‌سازی اورانیوم شده بود.

در مقابل مقام‌های دولت آمریکا نیز طی یک‌سال گذشته هکرهای ایرانی را به تلاش برای اخلال در سامانه‌های دولتی این کشور و نفوذ در سیستم انتخابات ایالات متحده متهم کرده‌اند.

شماره گزیده	کلیدواژه‌ها
۱	
۲	
۳	
۴	
۵	

(P)2. Instructions: Drawing from the key words you listed in in Activity B$_1$1 (II), write a suitable title for each article excerpt with a partner.

(فعالیت دو نفره)۲. راهنما: بر اساس کلیدواژه‌هایی که در تمرین ب۱٫(۲) پیدا کردید و با کمک همکلاسی خود، عنوان مناسبی برای هر گزیده مقاله بنویسید.

شماره گزیده	عنوان
۱	
۲	
۳	
۴	

پ۱. خواندن هدفمند

KEY SKILL: SCANNING THE TEXT

The series of activities below will help you scan the article excerpts for specific facts. To scan efficiently, read each question/statement completely before scanning. Activity C$_1$1 (II) will require you to scan all article excerpts to check the veracity of particular facts. Activity C$_1$2 (II) will require you to locate additional information relevant to specific facts. It will be easier to locate such facts first, then read the surrounding text carefully to determine its relevance. Activity C$_1$3 and C$_1$4 (II) will ask you to find mentions of Iranian officials and report information about them by reading the first sentences of each article excerpt only.

مهارت کلیدی: مرور متن

مجموعه تمرین‌های زیر به شما کمک می‌کند با دقت گزیده‌های مقاله را برای یافتن اطلاعات جزئی و حقایقی خاص مرور کنید. برای خواندن مؤثر متن، قبل از مرور آن، هر یک از پرسش‌ها و جمله‌ها را به طور کامل بخوانید. تمرین پ۱٫(۲) شما را ملزم می‌کند که برای بررسی صحت حقایق خاص، تمام گزیده‌های مقاله را

مرور کنید. تمرین پ، ۲(۲) شما را ملزم به یافتن اطلاعات بیشتری مرتبط با آن حقایق خاص می کند. آسان تر خواهد بود که در ابتدا چنین حقایقی را بیابید، و سپس متن پیرامون آن ها را با دقت بخوانید تا ارتباط آن ها را با موضوع مشخص کنید. تمرین پ، ۱۳ و پ، ۱۴(۲) از شما می خواهد که هر جا از مقامات ایرانی نام برده شده آن را مشخص کنید و اطلاعات مربوط به آنها را فقط با خواندن اولین جملات هر یک از گزیده های مقاله گزارش کنید.

(P)1. Instructions: Scan the article excerpts and mark the following statements as true or false. Check your answers with a partner.

(فعالیت دونفره)۱. راهنما: گزیده‌های مقاله را مرور کنید و درستی یا نادرستی گزاره‌های زیر را مشخص کنید. پاسخ‌های خود را با همکلاسی‌تان چک کنید.

الف. به گفته بیژن زنگنه، وزیر نفت، ایالات متحده در سال ۲۰۱۰ یک جنگ سایبری علیه تاسیسات هسته‌ای ایران آغاز کرد. (درست| نادرست) — درست — نادرست

ب. ایالات متحده از ویروس‌های کامپیوتری برای اخلال در تاسیسات هسته‌ای ایران استفاده کرده است (درست |نادرست) — درست — نادرست

پ. بارها اخبار درمورد وقوع حملات سایبری به تاسیسات نفتی یا نظامی ایران منتشر شده که هر بار به طور رسمی از سوی مقام‌های ایرانی تأیید شده است (درست|نادرست). — درست — نادرست

ت. وزیر ارتباطات و فناوری اطلاعات ایران در تلویزیون ملی از وقوع بسیاری حمله سایبری بین ژوئن ۲۰۱۸ و ژوئن ۲۰۱۹ خبر داد. (درست|نادرست) — درست — نادرست

ث. دولت‌های ایران و امریکا یکدیگر را به حملات سایبری متهم کرده‌اند. (درست|نادرست) — درست — نادرست

(P)2. Instructions: Scan the article excerpts again. List in the following table any information that refers to:

- Cyber war between Iran and the United States
- Computer viruses designed by the United States and Israel
- Cyberattacks on Iranian oil and military facilities
- Reciprocal accusations

Check your answers with a partner.

(فعالیت دونفره)۲. راهنما: گزیده‌های مقاله را دوباره مرور کنید. در جدول زیر اطلاعات مربوط به موارد زیر را فهرست کنید:

- جنگ سایبری بین ایران و امریکا
- ویروس‌های کامپیوتری ساخت اسرابیل و امریکا
- حملات سایبری به تاسیسات نفتی یا نظامی ایران
- اتهام‌زنی‌های متقابل

پاسخ های خود را با همکلاسی تان چک کنید.

جنگ سایبری بین ایران و امریکا	ویروس‌های کامپیوتری ساخت اسراییل و امریکا	حملات سایبری به تاسیسات نفتی یا نظامی ایران	اتهام‌زنی‌های متقابل

(I)3. Instructions: Focus on the first line of each excerpt and determine whether any Iranian official is mentioned. If so, write his/her name and respective title in the corresponding row under the Column "Iranian Official Name and Title" of the table below.

(فعالیت فردی)۳. راهنما: خط اول هر گزیده را با دقت بخوانید و مشخص کنید که آیا از مقام‌های ایرانی نامی برده شده است. در این صورت، نام و عنوان آن مقام ایرانی را در ردیف مربوطه و زیر ستون («نام و عنوان مقام ایرانی») جدول زیر بنویسید.

شماره گزیده	نام و عنوان مقام ایرانی
۱	
۲	
۳	
۴	
۵	

(P)4. Instructions: Read only the excerpts in which an Iranian official is mentioned. In the table below, record the name of each official and summarize his/her respective statement(s) with a partner.

(فعالیت دو نفره)۴. راهنما: فقط گزیده‌هایی را که در آن ها از مقام‌های ایرانی نام برده شده، بخوانید. در جدول زیر نام هر یک از این مقامات و خلاصه‌ای از سخنان شان را بنویسید.

نام مقام	سخن (سخنان)

الف۲. فرضیه پردازی

(C)1. Instructions: Indicate your preferences among the options listed below. Compare your responses with those of your classmates and discuss as a class with your instructor.

Outer space should be used for:

a. peacemaking purposes (e.g.: security, development)
b. military purposes (e.g.: anti-satellite weapons, disarmament, communication)
c. commercial purposes (e.g.: satellite navigation, satellite television, commercial satellite imagery)

(فعالیت کلاسی)۱. راهنما: ترجیح خود را درباره گزینه‌های زیر مشخص کنید. پاسخ‌های خود را با همکلاسی‌های‌تان مقایسه کرده و به همراه بقیه کلاس درباره آنها با معلم تان بحث کنید.

فضا باید برای این مقاصد استفاده شود:

الف. اهداف صلح‌آمیز (مثل امنیت و توسعه)

ب. اهداف نظامی (مثل سلاح ضدماهواره‌ای، خلع سلاح، ارتباطات)

پ. اهداف تجاری (مثل جهت‌یابی ماهواره‌ای، تلویزیون ماهواره‌ای، تصاویر ماهواره‌ای تجاری)

ب‌۲. گوش دادن کلی

KEY SKILL: LISTENING FOR GENERAL COMPREHENSION

Activities B$_2$1 (II) and B$_2$2 (II) below will ask you to identify some key words leading to the most important concept or argument of the passage as a whole.

مهارت کلیدی: گوش دادن برای درک کلی

تمرین ب‌, ۱(۲) و ب‌, ۲(۲) در زیر از شما می‌خواهد برخی از واژه های کلیدی که منجر به درک مهمترین مفهوم یا استدلال پاراگراف به طور کل می شود را شناسایی کنید.

(I)1. Instructions: Via the link provided (www.routledge.com/9781138347199 🔊), listen to the narrated excerpts from the article titled "Space Is Now the Newest Arena of War in the World" ("فضا، جدیدترین عرصه جنگ در جهان"). Then identify the key words that you think convey the main idea of the article.

(فعالیت‌فردی)۱. راهنما: از طریق لینک ارائه‌شده (www.routledge.com/9781138347199 🔊)، به روایت متن گزیده‌های مقاله با عنوان «فضا، جدیدترین عرصه جنگ در جهان» گوش دهید. سپس کلیدواژه‌هایی که ایده اصلی متن را می‌رسانند شناسایی کنید.

(P)2. Instructions: Based on the key words you listed in Activity B$_2$1 (II) above, summarize the main idea of the article in a few sentences with a partner.

(فعالیت دونفره)۲. راهنما: بر اساس کلیدواژه‌هایی که در تمرین ب۲ ۱(۲) در بالا پیدا کردید، با همکلاسی خود ایده اصلی مقاله را در چند جمله خلاصه کنید.

____
____
____
____

پ۲. گوش دادن هدفمند

KEY SKILL: LISTENING FOR SPECIFIC DETAILS

Activities $C_2$1 (II), $C_2$2 (II), and $C_2$3 (II) below will help you listen for specific information that is factual in nature, such as names and dates.

مهارت کلیدی: گوش دادن برای درک جزئیات خاص

تمرین پ۲ ۱(۲)، پ۲ ۲(۲) و پ۲ ۳(۲) در زیر به شما کمک می کند تا به اطلاعات خاصی که ماهیت واقعی دارند مانند نام ها و تاریخ ها گوش دهید.

(P)1. Instructions: Complete the following sentences based on the information you hear from the narrated article excerpts via the link provided (www.routledge.com/9781138347199 🔊). Check your answers with a partner.

(فعالیت دونفره)۱. راهنما: جمله‌های زیر را طبق اطلاعات گزیده‌های روایت شده مقاله که از طریق لینک ارائه شده (🔊 www.routledge.com/9781138347199) کامل کنید. پاسخ‌های خود را با یک همکلاسی چک کنید.

الف. بعد از پایان قرن بیستم جنگ‌ها دیگر فقط بر روی خاک و آب و هوا نیست. با ظهور (آمدن) ____

ب. ناتو در سال ۲۰۱۶ و سال گذشته دو حوزه را به حوزه های خود افزود. این حوزه ها ______ و ______ هستند و براین اساس ______________________________

پ. فضا برای قدرت های جهان جایی ______.

ت. طبق گفته ___ بنیاد "جهان امن" که تجهیزات فضایی را ثبت می کند، کشورهایی مانند ___ ___ و ___.

کارهایی برای ساخت ___ ___ انجام داده اند.

ث. در ۱۰ اکتبر ۱۹۶۷ در اوج جنگ سرد بین امریکا و شوروی پیمان (معاهده) فضایی ماورای جو به امضا رسید (اجرایی شد) و فضا به عنوان یک ______________________________

تعریف شد. قدرت های جهان از تأثیرفناوری های آینده بر مسائل ___ ، ___ و ___ تصوری نداشتند.

ج. این معاهده ____________ را ممنوع اعلام کرد، ولی برای ____________ که سلاح کشتار جمعی محسوب نمی شوند راهکاری ندارد.

(I)2. Instructions: Listen to the narrated article excerpts again and determine whether any international organization is mentioned. If so, write the respective name on the left-hand side of the table below.

(فعالیت فردی)۲. راهنما: دوباره به هریک از گزیده های روایت شده مقاله گوش دهید و مشخص کنید آیا نامی از سازمانی بین‌المللی برده می‌شود. در این صورت، نام آن سازمان را در سمت چپ جدول زیر بنویسید.

شماره گزیده	نام سازمان بین‌المللی
۱	
۲	
۳	

(P)3. Instructions: Listen only to the excerpts in which an international organization is mentioned. In the table below, record the name of each organization and describe what each organization has to do with outer space.

(فعالیت دونفره)۳. راهنما: به آن گزیده‌های صوتی مقاله که از سازمانی بین المللی نام برده اند گوش دهید. سپس در جدول زیر نام هر یک از سازمان ها و ارتباط شان با فضا را بنویسید.

نام سازمان	ارتباط آن با فضا

(I)4. Instructions: Confirm the answers given in the activities above by reading the excerpted article transcript below. While you read the transcript, you can listen to the narration via the link provided (www.routledge.com/9781138347199 🔊).

(فعالیت فردی)۴. راهنما: با خواندن متن مقاله گزیده شده در زیر، پاسخ‌های خود به تمرین های بالا را تأیید کنید. در حالی که متن را می خوانید، می توانید از طریق لینک ارائه شده (www.routledge.com/9781138347199 🔊) به روایت آن گوش دهید.

عنوان مقاله:

فضا، اکنون جدیدترین عرصه جنگ در جهان

گزیده ۱

جنگ‌ها تا پایان قرن بیستم بر روی خاک و آب و هوا ادامه داشت و با ظهور اینترنت، به فضای مجازی و جنگ سایبری کشیده شد. حال به گواه بسیاری از کارشناسان، فضا نیز به عرصه رویارویی قدرت‌های جهانی تبدیل شده است. ناتو که در سال ۲۰۱۶ فضای مجازی را به عنوان زمینه‌ای برای فعالیت‌های عملیاتی خود اضافه کرده بود سال گذشته فضای بیرون از زمین را نیز به حوزه‌های خود افزود و بر

این اساس حمله به تأسیسات فضایی یکی از کشورهای عضو می‌تواند واکنش تمام کشورهای عضو را برانگیزد.

گزیده ۲

فضا دیگر برای قدرت‌های جهان جایی خنثی برای فعالیت صلح‌آمیز در زمینه‌های اقتصادی و ارتباطی نیست. مدیر بنیاد «جهان امن»، نهادی که تجهیزات نظامی در فضا را ثبت می‌کند دو سال پیش گفته بود بیشتر تلاش‌ها برای ساخت سلاح‌های فضایی را روسیه و چین انجام داده‌اند اما آمریکا نیز در این زمینه کارهایی کرده است.

گزیده ۳

به نظر می‌رسد در ۱۰ اکتبر ۱۹۶۷ زمانی که پیمان فضایی ماورای جو اجرایی شد، قدرت‌های جهانی چندان تصوری از پیچیده شدن فناوری‌های آینده و تأثیر آنها بر مسائل سیاسی، نظامی و امنیتی زمین نداشتند. بر مبنای این معاهده که در اوج جنگ سرد بین ایالات متحده و اتحاد جماهیر شوروی به امضا رسید فضا به عنوان یک مرز مشترک برای انسان‌ها تعریف شد و اکتشاف در آن نیز زمینه‌ای برای همکاری‌های بین‌المللی در نظر گرفته شد.

پیمانی که در حال حاضر بیش از صد کشور به عضویت آن درآمده‌اند در واقع برای غیرنظامی کردن فضا امضا شده بود اما مسئله بر سر این است که این معاهده صرفاً استقرار سلاح‌های کشتار جمعی در فضا را ممنوع اعلام کرده و بنابر این عملاً برای وضعیت رقابت تسلیحاتی امروز در فضا با جنگ‌افزارهای فضایی که سلاح کشتار جمعی محسوب نمی‌شوند راهکاری ندارد.

۳. ساختارهای دستوری و واژگان زبان

الف۱. بررسی ساختارهای دستوری زبان

PAST PERFECT TENSE (TIME OF REFERENCE)

گذشته کامل یا ماضی بعید (زمان وقوع)

Instructions: In Excerpts 4 and 5 in Activity $B_1$1 (II) copied below, underline all verbs in the past perfect tense and indicate a time of reference for when the action took place. You may find it in the text or deduce it.

راهنما: در گزیده مقاله ۴ و ۵ تمرین ب۱ ۱(۲) که در زیر آمده، زیر تمام افعالی که در زمان گذشته کامل استفاده شده خط بکشید و زمان وقوع هر فعل را مشخص کنید. ممکن است آن را در متن بیابید و یا استنباط کنید.

اما پیش از اعلام روز یکشنبهٔ وزرای خارجه و نفت ایران، محمدجواد آذری جهرمی وزیر ارتباطات و فناوری اطلاعات ایران نزدیک به سه ماه پیش در صفحه شخصی خود در توئیتر از وقوع ۳۳ میلیون حمله سایبری ناموفق خبر داده بود که نشان دهندهٔ وقوع بیش از یک حمله در هر ثانیه به تاسیسات ایران بود.

MJ Azari Jahromi
✓@azarijahromi

رسانه‌ها از صحت حمله سایبری ادعایی به ایران پرسیدند. باید بگویم که مدتهاست ما با تروریسم سایبری -مثل استاکس‌نت- و یکجانبه‌گرایی-مثل تحریمها- مواجهیم. نه یک حمله، بلکه در سال گذشته ۳۳میلیون حمله را با سپر دژفا خنثی کردیم. حمله موفقی از آنها صورت نگرفته، هرچند تلاشهای زیادی می‌کنند.

3,048
10:31 PM – June 23, 2019
Twitter Ads info and privacy

تهران برای نخستین بار در سال ۲۰۱۰ میلادی در بحبوحهٔ چالش هسته‌ای با غرب، آمریکا و اسرائیل را به انجام حملات سایبری علیه تاسیسات هسته‌ای خود متهم کرد. بر اساس این گزارش حملات یاد شده که توسط بدافزاری موسوم به «استاکس نت» طراحی و اجرا شده بود، افزون بر ویروسی کردن چندین هزار رایانه، سبب اختلال در سانتریفیوژهای مورد استفاده برای غنی‌سازی اورانیوم شده بود.

در مقابل مقام‌های دولت آمریکا نیز طی یکسال گذشته هکرهای ایرانی را به تلاش برای اخلال در سامانه‌های دولتی این کشور و نفوذ در سیستم انتخابات ایالات متحده متهم کرده‌اند.

فعل های به کاررفته در زمان گذشته کامل: ________________________________

زمان وقوع فعل: ________________________________

ب۱. بررسی واژگان

(I)1. Instructions: Cross out the word that does not belong in each series below.

a. cyberwar, threat, virus, news agency, hacker
b. Olympics, operation, nuclear facility, war, attack
c. news agency, announcement, industry, message, Twitter
d. hackers, uranium, cyberwar, system, reaction

(فعالیت فردی) ۱. راهنما: در هر یک از مجموعه های زیر، واژه نامرتبط را خط بزنید.

الف. جنگ سایبری، تهدید، ویروس کامپیوتری، خبرگزاری، هکر
ب. بازی‌های المپیک، عملیات، تاسیسات هسته‌ای، جنگ، حمله
پ. خبرگزاری، اعلامیه، صنعت، پیام، توییتر
ت. هکرها، اورانیوم، جنگ سایبری، سیستم، واکنش

(I)2. Instructions: Complete the following sentences with the appropriate verb, choosing from the word bank below. Make sure to conjugate the verb appropriately.

Word bank: To rage, to infect, to be, to deny, to announce, to accuse, to report

(فعالیت فردی)۲. راهنما: با انتخاب فعل مناسب از میان بانک واژگان زیر، جمله‌های زیر را کامل کنید. مطمئن شوید فعل را درست صرف می کنید.

بانک واژگان: گزارش دادن، متهم کردن، اعلام کردن، تکذیب کردن، بودن، آلوده کردن، در جریان بودن

الف. جنگ سایبری بین ایران و ایالات متحده ___________

ب. ویروس‌های طراحی شده توسط آمریکا و اسرائیل هدف اخلال در تاسیسات هسته‌ای ایران را دنبال می‌کنند. این ویروس‌ها، کامپیوترها را ___________

پ. خبرگزاری‌های ایران ___________ که حملات متعددی صورت گرفته است.

ت. همه شرکت‌ها و تاسیسات ایران باید در برابر تهدیدها هوشیار ___________.

ث. مقام‌های ایرانی روی توییتر ___________ که حملات سایبری صورت گرفته‌است.

ج. مقام‌های ایرانی، گزارش‌های غیررسمی درباره حملات سایبری را ___________

چ. مقام‌های دولت آمریکا، هکرهای ایرانی را به تلاش برای اخلال در سامانه‌های دولتی ___________

(I)3. Instructions: For the words listed below (Column "Words") found in the article excerpts in Activity $B_1$1 (II), complete the table by writing the words used in conjunction with them to form collocations.

(فعالیت فردی)۳. راهنما: به واژه های زیر (در ستون «واژه ها») که در گزیده های مقاله در تمرین ب۱،۱(۲) آمده توجه کنید و سپس در جدول زیر واژه هایی که همراه آن ها به کار رفته را بنویسید تا عبارت های همنشین مناسبی تشکیل شود.

عبارت‌های همنشین		
واژه‌ها	واژه های همراه	
تاسیسات		
تهدید		
سیستم		
مقام		

الف۲. بررسی ساختارهای دستوری زبان

(I)1. Instructions: In Excerpt 3 in Activity $C_2$4 (II) copied below, underline the verb in the past perfect tense and indicate a time of reference when the action took place. You may find it in the text or deduce it.

۱. (فردی فعالیت)

راهنما: در گزیده ۳ تمرین پ۲ ۴(۲) که در زیر کپی شده، زیرفعلی را که در زمان گذشته کامل به کار رفته خط بکشید و زمان وقوع فعل را مشخص کنید. ممکن است آن را در متن بیابید و یا استنباط کنید.

به نظر می‌رسد در ۱۰ اکتبر ۱۹۶۷ زمانی که پیمان فضایی ماورای جو اجرایی شد، قدرت‌های جهانی چندان تصوری از پیچیده شدن فناوری‌های آینده و تأثیر آنها بر مسائل سیاسی، نظامی و امنیتی زمین نداشتند. بر مبنای این معاهده که در اوج جنگ سرد بین ایالات متحده و اتحاد جماهیر شوروی به امضا رسید فضا به عنوان یک مرز مشترک برای انسان‌ها تعریف شد و اکتشاف در آن نیز زمینه‌ای برای همکاری‌های بین‌المللی در نظر گرفته شد.

پیمانی که در حال حاضر بیش از صد کشور به عضویت آن درآمده‌اند در واقع برای غیرنظامی کردن فضا امضا شده بود اما مسئله بر سر این است که این معاهده صرفاً استقرار سلاح‌های کشتار جمعی در فضا را ممنوع اعلام کرده و بنابر این عملاً برای وضعیت رقابت تسلیحاتی امروز در فضا با جنگ‌افزارهای فضایی که سلاح کشتار جمعی محسوب نمی‌شوند راهکاری ندارد.

فعل به کاررفته در زمان گذشته کامل: ____________________

زمان وقوع فعل: ____________________

ب۲. بررسی واژگان

(I)1. Instructions: Find all the synonyms or definitions of "space" in the excerpted article transcript in Activity $C_2$4 (II).

(فعالیت فردی)۱. راهنما: تمام تعریف ها و مترادف های «فضا» در گزیده‌های مقاله تمرین پ۲ ۴(۲) راپیدا کنید.

الف. ____________________

ب. ____________________

پ. ____________________

ت. ____________________

(I)2. Instructions: Match the words on the right-hand side of the table below with those on the left-hand side to form collocations.

(فعالیت فردی)۲. راهنما: در جدول زیر، واژه‌های سمت راست را با واژه‌های سمت چپ مطابقت دهید تا عبارت های همنشین تشکیل شود.

عبارت های همنشین

بحران	زمینی/ دریایی/ هوایی
نیروی	گروگانگیری
جامعه	جهانی
فعالیت های	قطعنامه
تصویب	نظامی
سلاح های	امنیت
حقوق	شیمیایی/ غیر متعارف/ کشتار دسته جمعی
شورای	بین الملل

۴. پروژه: جلوگیری از جنگ فضایی

The Disarmament and International Security Committee has raised international alarm over possible space wars. You are part of an international team of committee delegates in charge of exploring ways to build a new order for conflict in space.

Drawing on information from the article excerpts in this lesson, prepare the main points for the next team meeting. The aim of this meeting is to explore ways to establish a rules-based order to securely govern outer space for military, peace-making, and commercial purposes.

In order to reach this aim, complete the following task:

Team wiki

On your team's wiki "Rules-based Order to Govern Outer Space Securely" ("نظم مبتنی بر قوانین برای اداره ایمن فضا"), write down rules for each potential use of outer space. Be sure to include key words from this lesson.

With the help of the table below, write down the main rules for each potential use of outer space.

کمیته خلع سلاح و امنیت بین‌المللی درباره جنگ‌های احتمالی در فضا هشدار داده است. شما عضو یک تیم بین‌المللی از نمایندگان اعضای کمیته هستید که مسئولید راهکارهایی برای برپایی یک نظم جدید پیداکنید که از جنگ فضایی جلوگیری می‌کند.

با استفاده از اطلاعات گزیده‌های مقاله در این درس، نکات اصلی برای بحث در جلسه بعدی گروه را مشخص کنید. هدف از این جلسه بررسی راه های ایجاد یک نظم مبتنی بر قوانین برای اداره ایمن فضا جهت اهداف نظامی، صلح‌آمیز و تجاری است.

برای رسیدن به این هدف، کارهای زیر را انجام دهید:

ویکی گروه

در ویکی گروه خود «نظم مبتنی بر قوانین برای اداره ایمن فضا»، مقررات مربوط به هرگونه استفاده احتمالی از فضا را بنویسید. سعی کنید از کلیدواژه‌هایی که در این درس آمده، استفاده کنید.

با کمک جدول زیر، قوانین اصلی مربوط به موارد استفاده از فضا را بنویسید.

موارد استفاده از فضا		
تجاری	**صلح‌آمیز**	**نظامی**

UNIT 3
Emigration

بخش ۳
مهاجرت

1

WAVES OF EMIGRATION

درس ۱
امواج مهاجرت

What will I learn in this lesson?				
TOPIC	**SKILLS**	**STRUCTURES**	**VOCABULARY**	**USE**
Waves of emigration	• Reading • Speaking	• Expressions of time • Cause and effect conjunctions • Sequencing adverbs and conjunctions	Continents & countries, elite, emigration, minority, refugee	• Numerals above 1,000
VOCABULARY SHEETS				
Persian Numbers above 100				
Continents & Countries				
RECOMMENDED TECHNOLOGY: https://www.lucidchart.com/ https://bubbl.us/ https://tobloef.com/text2mindmap/				

منابع درس ۱
به منابع زیر دسترسی خواهید داشت:
-گزیده های مقاله برگرفته از:

https://www.radiofarda.com/a/f2_iran_emigration_international_migrants_day_stats_economy_ah madinejad_canada/2252274.html

کمی درباره موضوع . . .

Iran has been seemingly isolated from much of the outside world since the Islamic Revolution of 1978–1979. According to Shirin Hakimzadeh, however, its borders have not been closed. In fact, the United Nations International Organization for

DOI: 10.4324/9780429437090-9

Migration (IOM) has defined Iran as "a country of origin, transit and destination for migrants." Indeed, the country has produced and hosted steady and abundant flows of emigration and immigration.

In its recent history, Iran has had the highest rates of brain drain in the world but has also been considered one of the world's most popular destinations for refugees, particularly Afghans and Iraqis. Thus, on the one hand, a large Iranian diaspora is scattered throughout the region and beyond in Western Europe, North America, and Australia. On the other hand, the country remains vulnerable to various forms of migration including irregular migration with trafficking and smuggling. As the Islamic Republic of Iran is facing many new migration challenges, its government is looking forward to a more cohesive approach to develop a policy framework and evolve its institutional structures.

به نظر می‌رسد که از زمان انقلاب اسلامی ۱۹۷۹ـ۱۹۷۸ ایران از بقیه دنیا جدا شده است. اما به گفته شیرین حکیم‌زاده، مرزهای ایران بسته نشده‌است. سازمان بین المللی مهاجرت سازمان ملل ایران را «یک کشور مبدا، ترانزیت و مقصد مهاجران» معرفی کرده است. درحقیقت، ایران تولیدکننده و پذیرای جریان‌های پایدار و بیشماری از مهاجرت در داخل و به خارج از مرزهای کشور بوده است.

در تاریخ معاصر، ایران بالاترین نرخ مهاجرت نخبگان را در جهان داشته است و در عین حال یکی از محبوب‌ترین مقاصد پناهجویان جهان، به ویژه افغانستانی‌ها و عراقی‌ها، بوده است. بنابراین از طرفی جمعیت زیادی از ایرانیان خارج از کشور در منطقه و سایر نقاط جهان مانند اروپای غربی، امریکای شمالی و استرالیا پراکنده است. از طرف دیگر، ایران در معرض اشکال مختلف مهاجرت از جمله مهاجرت غیرمنظم مانند قاچاق انسان است. در حالی‌که جمهوری اسلامی ایران با چالش‌های بسیاری در زمینه مهاجرت روبه‌روست، دولت به دنبال رویه واحدی برای سیاست‌گذاری و تحول ساختارهای سازمانی است.

منابع:

Hakimzadeh, S. (2006, September 1). Iran: A vast diaspora abroad and millions of refugees at home. *The Online Journal of the Migration Policy Institute.* https://www.migrationpolicy.org/article/iran-vast-diaspora-abroad-and-millions-refugees-home

Iran (the Islamic Republic of). (2014, August). *IOM UN Migration.* https://www.iom.int/countries/iran-islamic-republic.

۱. معرفی موضوع و بررسی کلیدواژه ها

(C)1. Instructions: Under the guidance of your instructor, look at the pictures below (Figure 3.1.1) illustrating different situations. Then describe each situation to the rest of the class in a short sentence or a few key words.

(فعالیت کلاسی) ۱. راهنما: با راهنمایی معلم‌تان، به موقعیت های مختلف نشان داده شده در تصاویر زیر (شکل ۳.۱.۱) نگاه کنید. سپس در یک جمله یا با استفاده از چند کلیدواژه هر یک از موقعیت ها را برای همکلاسی های خود توصیف کنید.

FIGURE 3.1.1 Different situations driving emigration.
شکل ۱.۱.۳ موقعیت های مختلف برانگیزنده مهاجرت.

Source: © Adobe Stock

(G)2.

(فعالیت گروهی)۲.

> **KEY VERB:** To emigrate from . . .
>
> **فعل کلیدی:** مهاجرت کردن از (جایی) . . .

Instructions: In small groups and with the help of the above pictures, reflect on which situation(s) would most likely cause people to emigrate from their country of origin and explain why. Add other situations if you think they are relevant.

راهنما: در گروه های کوچک و با کمک تصاویر بالا، به شرایطی فکر کنید که باعث می‌شود مردم از کشور خودشان مهاجرت کنند و علت آن را توضیح دهید. شرایط دیگری را که باعث مهاجرت می شود نیز نام ببرید.

(P)3.

(فعالیت دو نفره) ۳.

> **KEY WORDS:** Continent, Country, City
>
> کلیدواژه‌ها: قاره، کشور، شهر

Instructions: With a partner, look at the map below (Figure 3.1.2) and state in which continent Iran is located, the name of Iran's main cities, and the name of Iran's neigboring countries.

راهنما: با همکلاسی تان به نقشه زیر (شکل ۲.۱.۳) نگاه کنید و بگویید ایران در کدام قاره قراردارد، شهرهای اصلی ایران و کشورهای همسایه آن را نام ببرید.

FIGURE 3.1.2 Map of Iran.

شکل ۲.۱.۳ نقشه ایران.

Source: © Adobe Stock

(I)4.

(فعالیت فردی)۴.

NUMERALS

- Numbers above 1,000

اعداد

- اعداد بالای ۱۰۰۰

Instructions: Listen to the recordings below and try to complete the table with the corresponding numbers you hear.

راهنما: به فایل های ضبط شده زیر گوش کنید و سعی کنید جدول زیر را با اعدادی که می شنوید کامل کنید.

1,000 🔊	2,000 🔊	3,000 🔊	4,000 🔊	5,000 🔊	6,000 🔊	7,000 🔊	8,000 🔊	9,000 🔊	10,000 🔊
1,000 ۱۰۰۰									

(P)5. Instructions: Review the table below listing the top five destination countries for Iranian emigrants from 1961 to 2005, with each decade representing a phase of emigration. With a partner, determine which phase saw the highest number of emigrants and try to explain why.

(فعالیت دو نفره)۵. **راهنما:** جدول زیر پنج مقصد اصلی مهاجران ایرانی را در پنج دهه، از سال ۱۹۶۱ تا سال ۲۰۰۵، را نشان می‌دهد. هر دهه، یک دوره از مهاجرت را نشان می دهد. با بررسی جدول زیر و کمک همکلاسی‌تان بگویید در کدام دوره بیشترین تعداد مهاجر از ایران به کشورهای دیگر رفته است و سعی کنید علت آن را توضیح دهید.

جدول ۳.۱.۱ مهاجران ایرانی پذیرفته شده در ایالات متحده و کانادا و آلمان و سوئد و انگلستان: سال ۱۹۶۱ تا ۲۰۰۵

TABLE 3.1.1 Iranian Immigrants Admitted to the United States, Canada, Germany, the United Kingdom, and Sweden: 1961 to 2005

۲۰۰۱-۲۰۰۵	۱۹۹۱-۲۰۰۰	۱۹۸۱-۱۹۹۰	۱۹۷۱-۱۹۸۰	۱۹۶۱-۱۹۷۰	
۵۵۰۹۸	۱۱۲۵۹۷	۱۵۴۸۵۷	۴۶۱۵۲	۱۰۲۹۱	**ایالات متحده آمریکا**
۶۰۲۴	۲۴۱۳۱	۶۷۰۲۲	۱۴۱۷۳	۷۲۹۸	**آلمان**
۲۵۳۵۰	۴۱۳۲۹	۲۰۷۰۰	۳۴۵۵	۶۲۰	**کانادا**
۶۰۸۶	۱۶۸۰۴	۳۸۱۶۷	۳۲۴۹	۳۸۴	**سوئد**
۸۶۴۰	۱۲۶۶۵	—	—	—	**انگلستان**

منبع:

Hakimzadeh, S. (2006, September 1). Iran: A vast diaspora abroad and millions of refugees at home. *The Online Journal of the Migration Policy Institute.* https://www. migrationpolicy.org/article/iran-vast-diaspora-abroad-and-millions-refugees-home.

(I)6.

۶.(فعالیت فردی)

KEY EXPRESSIONS: Agreement, Disagreement

اصطلاحات کلیدی: موافقت/مخالفت

Instructions: Read the background information and quotation below. Specify in writing whether you agree or disagree with the quotation, using relevant expressions of agreement or disagreement.

راهنما: اطلاعات پیش زمینه و نقل قول زیر را بخوانید. با استفاده از اصطلاحات موافقت و مخالفت مشخص کنید که آیا با این گفته موافقید یا مخالف.

اطلاعات پیش‌زمینه:

تحلیلگران معمولا پدیده مهاجرت را در دوره های مختلف دسته‌بندی می‌کنند. تحلیلگران سیاسی مهاجرت ایرانیان را به چهار دوره تقسیم می‌کنند: دوره اول، مهاجرت طبقه اشراف دوره پهلوی در آستانه انقلاب؛ دوره دوم، مهاجرت گروه‌های انقلابی در پی تسویه حساب‌های سیاسی و ایدئولوژیک دهه ۶۰؛ دوره سوم، مهاجرت اجتماعی دهه ۷۰ به امید زندگی در شرایط بهتر و دوره چهارم، مهاجرت پس از وقایع سال ۱۳۸۸. از نظر این تحلیلگر سیاسی، از میان چهار موج مهاجرتی، سه تا ماهیت و انگیزه سیاسی دارند.

نقل قول:

«پدیده مهاجرت ـ در معنای معاصرآن ـ بعد از انقلاب اسلامی آغاز شده و در چند مقطع تاریخی شتاب گرفته است»

ـ علی رنجی پور

منبع:

لی رنجی پور، «آینده‌ای نامعلوم در انتظار جامعه ایرانی، سونامی مهاجرت» ، بی بی سی نیوز فارسی، ۹ اسفند ۱۳۹۶ ـ ۲۸ فوریه ۲۰۱۸
<http://www.bbc.com/persian/blog-viewpoints-43197175>

۲. مطالعه موضوع

منابع برای خواندن

ـ گزیده های مقاله برگرفته از :

https://www.radiofarda.com/a/f2_iran_emigration_international_migrants_day_
stats_economy_ah madinejad_canada/2252274.html

الف. فرضیه پردازی

(I)1. Instructions: Based on the Activity 1 (I) and Activity 2 (I), as well as the table from Activity 4 (I), come up with possible factors influencing the decision to emigrate from a country. Arrange your ideas by creating a mind map following the pattern below. You will be able to add more information after consulting with a partner, so feel free to leave some portions blank for now.

(فعالیت فردی)۱. راهنما: با توجه به تمرین ۱(۱) و تمرین ۲(۱) و همچنین جدول تمرین ۴(۱)، عوامل احتمالی مؤثر درتصمیم‌گیری برای مهاجرت از یک کشور را مشخص کنید. ایده‌های خود را در یک نقشه ذهنی طبق الگوی زیر مرتب کنید. می‌توانید بعد از مشورت با همکلاسی‌تان اطلاعات بیشتری اضافه کنید، بنابراین می‌توانید بعضی جاها را فعلا خالی بگذارید.

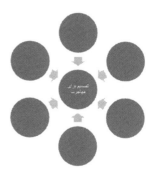

MIND MAP

نقشه ذهنی

(P)2. Instructions: Compare your map with your partner's map to fill in any blank spaces.

(فعالیت دو نفره)۲. راهنما: با مقایسه نقشه خود با نقشه همکلاسی‌تان، جاهای خالی را پر کنید.

ب. خواندن اجمالی

KEY SKILL: SKIMMING THE TEXT FOR THE MAIN IDEA

When reading each excerpt, try to quickly identify the main idea supported by one or more pieces of evidence without paying attention to unknown structures or words. Activities B1 (II), B2 (II), B3 (II), B4 (II), and B5 (II) below will help you focus on what is most useful, relevant, and important.

مهارت کلیدی: خواندن اجمالی متن برای درک ایده اصلی

هنگام خواندن هر گزیده مقاله، سعی کنید بدون توجه به ساختارهای دستوری یا واژه های ناآشنا، از طریق شواهد موجود در متن ایده اصلی آن را سریع شناسایی کنید. تمرین های ب۱(۲)، ب۲(۲)، ب۳(۲)، ب۴(۲) و ب۵(۲) در زیر به شما کمک خواهد کرد تا روی اطلاعات مفید و مهم و مربوطه تمرکز کنید.

(C)1. Instructions: Read only the title of the article and the first lines of each excerpt. Then identify the main idea of the article and determine why the author has written the piece. Check your answers with the rest of the class under the guidance of your instructor.

(فعالیت کلاسی)۱. راهنما: اول فقط عنوان مقاله و چند خط اول هر گزیده متن را بخوانید. سپس، ایده اصلی مقاله و دلیل نویسنده برای نوشتن این مقاله را مشخص کنید. با راهنمایی معلم تان پاسخ‌های خود را با بقیه کلاس چک کنید.

عنوان مقاله:

نگاه آماری به پدیده مهاجرت در ایران

گزیده ۱

در دوران معاصر، مهاجرت اولین گروه‌های ایرانی در اواخر قرن نوزده و اوایل قرن بیستم روی داد. مهاجرت این گروه‌ها عمدتا تحت تاثیر سه عامل جنگ، آزار دینی و تجارت بین‌المللی صورت گرفته بود. تا قبل از جنگ جهانی دوم، مقصد نهایی اکثریت قریب به اتفاق مهاجران کشورهای همسایه ایران بود.

در قرن نوزدهم تعداد زیادی از تجار ثروتمند در استانبول و ازمیر سکنا گزیدند. پس از انقلاب مشروطه در سال ۱۹۰۵، تعداد بسیاری از روشنفکران، مخالفان سیاسی، ناشران جراید و کتاب و تجار خرده‌پا به این جمع اضافه شدند، به طوری که در اواخر قرن نوزدهم و فقط در استانبول، تعداد ایرانیان را چهار هزار خانوار تخمین می‌زدند.

حول و حوش سال ۱۸۵۰، تعداد بسیاری از ایرانیان (به‌ویژه ساکن آذربایجان)، برای یافتن کار و کسب درآمد به روسیه تزاری مهاجرت کردند. با وجود این که اکثر این افراد با فکر بازگشت مجدد به وطن عازم روسیه شده بودند، در آستانه جنگ جهانی اول تعداد ایرانیان ساکن در این کشور را در حدود نیم میلیون نفر برآورد می‌کنند. ایرانیان در این دوره، بیشتر در شهرهای باکو، ایروان و تفلیس ساکن شده بودند.

از قرن دوازده میلادی تعداد نسبتا زیادی ایرانی در عراق (به‌ویژه در دو شهر مقدس شیعیان یعنی کربلا و نجف) زندگی می‌کردند. ایرانیان در این مناطق از نفوذ و قدرت بسیار برخوردار بودند. با این حال با تشکیل کشور مستقل عراق، تمامی رژیم‌های گوناگونی که در این کشور بر سر کار آمدند به طور جدی با نفوذ ایرانیان در این منطقه به مبارزه برخاستند و در دوره حکومت صدام حسین حتی بخش مهمی از ایشان را از این مناطق اخراج کردند.

کشورهای خلیج فارس نیز از همان نیمه دوم قرن نوزدهم به یکی از مناطق مورد توجه مهاجران ایرانی تبدیل گشته بود. در اواخر قرن نوزدهم تعداد بسیاری از ایرانیان به کشورهای کویت، بحرین، قطر و حتی عربستان سعودی مهاجرت کردند. دلیل اصلی مهاجرت این گروه‌ها را تجارت و مسائل اقتصادی تشکیل می‌داد. از دهه ۵۰ و ۶۰ میلادی، دوبی برای ایرانیان به یکی از کشورهای مهم خلیج فارس برای کسب درآمد تبدیل شد. از قرن نوزدهم تا پایان جنگ جهانی دوم، بخش عمده‌ای از مهاجران ایرانی در کشورهای مجاور ایران ساکن شده بودند. پس از انقلاب اسلامی بخش عمده‌ای از مهاجران ایرانی با کمک ساکنان ایرانی‌تبار این کشورها بود که توانستند به اروپای غربی و آمریکا راه پیدا کنند.

گزیده ۲

از جنگ دوم جهانی به این طرف، ما با دو دوره مهم مهاجرت در ایران روبه‌رو هستیم. انقلاب اسلامی را می‌توان نقطه عطفی دانست که این دو دوره را از یکدیگر جدا می‌سازد.

شروع دوره اول را می‌شود به طور مستقیم با تلاش‌های رژیم پهلوی برای ایجاد تغییرات اجتماعی و اقتصادی عمیق در جامعه ایران مربوط دانست. در دوره اول که می‌توان شروع آن را ابتدای دهه پنجاه میلادی فرض کرد، آمریکای شمالی مقصد اصلی محسوب می‌شد. با این وجود بخش عمده‌ای از ایرانیان قصد اقامت دائم در آمریکا را نداشتند و با ویزای دانشجویی یا توریستی به آنجا مسافرت می‌کردند. رژیم پهلوی که در این دوره هدف سیاست‌های کلان خود را مدرنیزه کردن کشور قرار داده بود، با کمبود شدید متخصص در رشته‌های گوناگون روبه‌رو بود. امکانات بسیار محدود دانشگاه‌های ایران در دو دهه پنجاه و شصت نیز مانع از تامین داخلی تحصیل‌کردگان مورد نیاز بود. وجود این دو عامل در کنار عوامل دیگر (رشد بی‌سابقه طبقه متوسط و جذابیت‌های گوناگون غرب برای بخش مرفه جامعه)، موج مهمی از دانشجویان را برای ادامه تحصیل به سوی آمریکا و کشورهای اروپایی کشاند.

در دهه هفتاد با وخیم شدن تدریجی وضعیت سیاسی در ایران، تعداد مسافران به کشورهای غربی افزایش یافت. در این دهه تعداد مهاجران ایرانی چهار برابر شد و از مرز ۱۰ هزار نفر نیز گذشت. به مرور بخشی از مسافرانی که در ابتدا به دلایل تحصیلی یا تجاری راهی غرب شده بودند، پروژه خود را به اقامت دائم (به‌ویژه در آمریکا و اروپا) تغییر دادند. حضور ایرانیان در کشورهای غربی که به مرور به تشکیل شبکه‌های گوناگون سیاسی، اقتصادی و اجتماعی در این کشورها انجامیده بود، تسهیلات بسیاری در فردای انقلاب در اختیار خیل عظیم مهاجران قرار داد.

گزیده ۳

با انقلاب ایران ابعاد گوناگون مهاجرت در ایران (تعداد، تعلقات طبقاتی، دلایل مهاجرت، گروه‌های سنی و غیره) با تغییرات عمیق روبرو شد. تنها بین ۱۹۸۰ و ۱۹۸۵، ده‌ها هزار ایرانی در کشورهای غربی درخواست پناهندگی کردند.

مهاجرت ایرانیان به غرب را در این زمان می‌توان به دوره‌های مختلف تقسیم کرد. دوره نخست از تابستان ۱۹۷۸ شروع شد و تا زمستان ۱۹۷۹ ادامه یافت. اکثر افرادی که در این دوره ایران را ترک کردند به نوعی با رژیم پهلوی در ارتباط نزدیک قرار داشتند (وزرا، مقامات عالی‌رتبه دولتی، نزدیکان خانواده پهلوی و غیره). این افراد غالبا به همراه خانواده‌های خود به آمریکا، فرانسه، آلمان و انگلستان نقل مکان یافتند.

کمی پس از این دوره (۱۹۸۲) گروهی از روشنفکران که در گذشته جزء مخالفان حکومت شاه محسوب می‌شدند، با شکل‌گیری حکومت اسلامی ایران را ترک کردند و اغلب راهی آمریکا، کانادا و فرانسه شدند.

در این دوره به‌ویژه این پاریس بود که به مرکز مخالفین نظام تازه‌تاسیس جمهوری اسلامی تبدیل شد. در این دوره ما شاهد موج مهمی از مهاجرت در میان اقلیت‌های دینی (یهودیان، ارمنیان و آشوری‌ها) نیز هستیم که اکثرا به آمریکا (به‌ویژه کالیفرنیا) رفتند.

با شروع جنگ میان ایران و عراق، خصوصیات مهاجر ایرانی تغییراتی چشمگیر پیدا کرد. از اواسط دهه هشتاد تعداد بسیاری از جوانان که به طبقه متوسط و نسبتا مرفه و شهرنشین تعلق داشتند، به دلایل اجتماعی و سیاسی ایران را به مقصد آمریکا و اروپا (به‌ویژه سوئد، دانمارک، نروژ و سپس آلمان، فرانسه و انگلستان) ترک کردند.

از میان مهاجران ایرانی، آنها که به آمریکا مهاجرت کردند از نظر مالی و اجتماعی بیش از سایرین با موفقیت روبه‌رو بوده‌اند. اکثر ایرانیان ساکن آمریکا از تحصیلات بالایی برخوردارند. در مقایسه با ایرانیان، فقط دو اقلیت هندی و تایوانی هستند که از نظر تحصیلی در آمریکا، از موقعیت بالاتری برخوردارند. میانگین متوسط درآمد ایرانیان در آمریکا ۳۶ هزار دلار، یعنی ۲۰ درصد بیشتر از حد متوسط است.

با این حال ایرانیان در اروپا به اندازه آمریکا با موفقیت روبه‌رو نبوده‌اند. مطالعات انجام شده در بلژیک، سوئد و هلند نشان می‌دهد که ورود ایرانیان به بازار کار در این کشورها با دشواری‌های بسیاری روبه‌رو بوده است. گروه نسبتا مهمی از ایرانیان اروپا، علی‌رغم تحصیلات دانشگاهی، تعلق‌شان به طبقه متوسط و همچنین تجربه کاری نتوانسته‌اند در زمینه‌های مورد علاقه خود به فعالیت بپردازند.

با این که با پایان جنگ ایران و عراق، رشد اقتصادی در ایران با یکی از بهترین دوره‌های خود پس از انقلاب روبه‌رو بود، مهاجرت ایرانیان به خارج از کشور همچنان ادامه داشت. البته با پایان جنگ تعداد مهاجران ایرانی چند سالی کاهش یافت. با این حال از اواخر دهه ۹۰ نرخ مهاجرت رشد صعودی یافته است. بر اساس آمار منتشر شده توسط وزارت کشور ترکیه، تعداد ایرانیان غیرقانونی در خاک ترکیه که توسط پلیس دستگیر شده‌اند از ۲۱۲۸ نفر در سال ۱۹۹۵ به ۱۷۲۸۰ نفر در سال ۲۰۰۰ افزایش یافته است. بسیاری از این ایرانیان به قصد درخواست پناهندگی در اروپا ترک وطن کرده‌اند.

(P)2. Instructions: Skim all article excerpts and identify at least two key words in each excerpt that pertain to emigration from Iran. Check your answers with a partner.

(فعالیت دو نفره)۲. راهنما: تمام گزیده‌های متن را مرور کنید و در هرکدام حداقل دو کلیدواژه را شناسایی کنید که به مهاجرت از ایران مربوط است. پاسخ‌های خود را با همکلاسی‌تان چک کنید.

شماره گزیده	کلیدواژه‌ها
۱	
۲	
۳	

(I)3. Instructions: Based on the key words you listed in Activity B2 (II), write a suitable title for each excerpt.

(فعالیت فردی)۳. راهنما: با کمک کلیدواژه‌های تمرین ب۲(۲)، عنوان مناسبی برای هر گزیده بنویسید.

شماره گزیده	عنوان
۱	
۲	
۳	

(P)4. Instructions: Read the sentences below and match each sentence with the respective excerpt. Check your answers with a partner.

(فعالیت دونفره)۴. راهنما: جمله های زیر را بخوانید و هر جمله را به گزیده مربوط به آن وصل کنید. پاسخ‌های خود را با همکلاسی‌تان چک کنید.

الف. مقامات بلند مرتبه رژیم پهلوی و نزدیکان خانواده پهلوی اولین گروهی بودند که از ایران فرار کردند.
ب. مخالفین حکومت شاه و اقلیت های دینی به فرانسه و آمریکا مهاجرت کردند.
پ. در سال های هشتاد و با آغاز جنگ ایران و عراق بسیاری از جوانان ایرانی به دلایل سیاسی و اجتماعی ایران را ترک کردند.
ت. بعد از تمام شدن جنگ ایران و عراق بسیاری از ایرانی ها به خارج از کشور (اروپا و امریکا) رفتند، درخواست پناهندگی کردند و در آنجا پناهنده شدند.

(P)5. Instructions: Number the article excerpts below in chronological order using the spaces below on the left-hand side. Check your answers with a partner.

(فعالیت دو نفره)۵. راهنما: گزیده‌های مقاله زیر را به ترتیب زمانی در مربع خالی سمت چپ شماره گذاری کنید. پاسخ‌های خود را با همکلاسی‌تان چک کنید.

شماره

کمی پس از این دوره (1982) گروهی از روشنفکران که در گذشته جزء مخالفان حکومت شاه محسوب می‌شدند، با شکل‌گیری حکومت اسلامی ایران را ترک کردند و اغلب راهی آمریکا، کانادا و فرانسه شدند. در این دوره به‌ویژه این پاریس بود که به مرکز مخالفین نظام تازه‌تاسیس جمهوری اسلامی تبدیل شد. در این دوره ما شاهد موج مهمی ز مهاجرت در میان اقلیت‌های دینی(یهودیان، ارمنی‌ها و آشوری‌ها) نیز هستیم که اکثرا به آمریکا (به‌ویژه کالیفرنیا) رفتند.

شماره

با شروع جنگ میان ایران و عراق، خصوصیات مهاجران ایرانی تغییرات چشمگیری پیدا کرد. از اواسط دهه هشتاد تعداد بسیاری از جوانان که به طبقه متوسط و نسبتا مرفه و شهرنشین تعلق داشتند، به دلایل اجتماعی و سیاسی ایران را به مقصد آمریکا و اروپا (به‌ویژه سوئد، دانمارک، نروژ و سپس آلمان، فرانسه و انگلستان) ترک کردند.

شماره

با انقلاب ایران ابعاد گوناگون مهاجرت در ایران(تعداد، تعلقات طبقاتی،دلایل مهاجرت، گروههای سنی و غیره) با تغییرات عمیق روبرو شد. تنها بین 1980 و 1985، دهها هزار ایرانی در کشورهای غربی درخواست پناهندگی کردند. مهاجرت ایرانیان به غرب را در این زمان می‌توان به دوره‌های مختلف تقسیم کرد. دوره نخست از تابستان 1978 شروع شد و تا زمستان 1979 ادامه یافت. اکثر افرادی که در این دوره ایران را ترک کردند به نوعی با رژیم پهلوی در ارتباط نزدیک قرار داشتند (وزرا، مقامات عالیرتبه دولتی، نزدیکان خانواده پهلوی و غیره) این افراد غالبا به همراه خانواده‌های خود به آمریکا، فرانسه، آلمان و انگلستان نقل مکان کردند.

شماره

با این که با پایان جنگ ایران و عراق، رشد اقتصادی در ایران با یکی از بهترین دوره های خود پس از انقلاب روبه‌رو بود، مهاجرت ایرانیان به خارج از کشور همچنان ادامه داشت. البته با پایان جنگ تعداد مهاجران ایرانی چند سالی کاهش یافت. با این حال از اواخر دهه 90 نرخ مهاجرت رشد صعودی یافته است. بر اساس آمار منتشر شده توسط وزارت کشور ترکیه، تعداد ایرانیان غیرقانونی در خاک ترکیه که توسط پلیس دستگیر شده‌اند از 2128 نفر در سال 1995 به 17280 نفر در سال 2000 افزایش یافته است. بسیاری از این ایرانیان به قصد درخواست پناهندگی در اروپا ترک وطن کرده‌اند.

پ. خواندن هدفمند

KEY SKILL: SCANNING THE TEXT

When reading each excerpt this time, rather than skimming for the main idea, you need to find specific pieces of information. Activities C1 (II), C2 (II), and C3 (II) below will help you do so.

مهارت کلیدی: مرور متن

هنگام خواندن هر گزیده مقاله، این بار به جای خواندن اجمالی متن برای درک ایده اصلی آن شما باید اطلاعات خاصی را پیدا کنید. تمرین های پ۱(۲)، پ۲(۲) و پ۳(۲) به شما کمک می کند این کار را انجام دهید.

(P)1. Instructions: Scan the first excerpt of the article "Statistical Look at the Phenomenon of Migration in Iran"

(«ایران در مهاجرت پدیده به آماری نگاه»). While you read the excerpt, you can listen to the narration via the link provided (www.routledge.com/9781138347199 ◀»)). Complete the table below to match each time period (Column "Period") with the corresponding Iranian group(s) that emigrated and the places to which they emigrated. Check your answers with a partner.

(فعالیت دو نفره)۱. راهنما: گزیده اول مقاله «نگاه آماری به پدیده مهاجرت در ایران» را مرور کنید. در حالی که گزیده را مرور می کنید، می توانید به روایت متن آن از طریق لینک ارائه شده ((◀ www.routledge.com/9781138347199) گوش دهید. هردوره (ستون «دوره») را با اطلاعات مربوط به ایرانیان مهاجر آن دوره و مقصد مهاجرتی آنها پرکنید. پاسخهای خود را با همکلاسی‌تان چک کنید.

قاره(ها)، کشور(ها)، شهر(ها)	گروه های ایرانیان	دوره
استانبول و ازمیر	تاجران ثروتمند	قرن نوزدهم
		بعد از انقلاب مشروطه ۱۹۰۵
		حوالی ۱۸۵۰
		بعد از قرن دوازدهم
		اواخر قرن نوزدهم
		بین دهه‌های ۱۹۵۰ و ۱۹۶۰
		بعد از انقلاب اسلامی

(P)2. Instructions: Scan Excerpt 2 and Excerpt 3 of the article. While you read the excerpts, you can listen to the narration via the links provided (◀» ◀»). Complete the table below to match each time period with the corresponding destinations of and reason(s) for emigrating. Check your answers with a partner.

(فعالیت دو نفره)۲. راهنما: گزیده ۲ و ۳ مقاله را مرور کنید. در حالی که گزیده ها را مرور می کنید، می توانید به روایت متن آن ها از طریق لینک ارائه شده (🔊) گوش دهید. در جدول زیر، هردوره را با توجه به علت های مهاجرت ایرانیان در آن دوره و مقصد مهاجرتی آن‌ها پرکنید. پاسخ‌های خود را با همکلاسی‌تان چک کنید.

دوره	قاره(ها)، کشور(ها)	علت‌ها
اوایل دهه ۱۹۵۰	امریکای شمالی و اروپا	ادامه تحصیل
از تابستان ۱۹۷۸ تا زمستان ۱۹۷۹		
کمی پس از ۱۹۸۲		
از اواسط دهه ۱۹۸۰		
از اواخر دهه ۱۹۹۰		

(G)3. Instructions: In small groups, scan all article excerpts and identify all factors driving emigration from Iran. Classify the factors you have identified under the categories in the table below.

(فعالیت گروهی)۳. راهنما: در گروه های کوچک، همه گزیده‌های مقاله را مرور کرده و عوامل مهاجرت از ایران را شناسایی کنید. عوامل شناسایی شده را طبقه بندی کنید و در زیر طبقه مربوطه در جدول زیر بنویسید.

اشتغال	توریسم	فرصت‌های تحصیلی	تجارت و مسائل اقتصادی	دلایل اجتماعی و سیاسی	آزار دینی	جنگ

۳. ساختارهای دستوری زبان و واژگان

الف. یادگیری ساختارهای دستوری زبان

(I)1.

(فعالیت فردی)۱.

EXPRESSIONS OF TIME

- "In" to refer to a period during which an event takes place
- "After" to refer to an event following another event
- "Around" to refer to an approximate time during which an event occurred
- "From/since" to refer back to a previous point in time. We use "since" as a preposition with a date, time, or noun phrase.
- "From . . . to . . ." to refer to a range in which an event began and ended

عبارت های بیانگر زمان

- «در» برای اشاره به دوره ای که طی آن رویدادی اتفاق می افتد
- «بعد، پس از» برای اشاره به رویدادی که بعد از رویدادی دیگر اتفاق می افتد

- «حوالی» برای اشاره به حدود و زمانی تقریبی که طی آن رویدادی اتفاق می افتد
- «از» برای اشاره به یک نقطه قبلی در زمان. ما "از" را به عنوان حرف اضافه با تاریخ، زمان یا عبارت اسمی استفاده می کنیم
- «از . . . تا . . . » برای اشاره به محدوده ای که در آن یک رویداد آغاز و پایان یافته است

Instructions: In the article excerpts, find examples of the expressions of time listed above or similar expressions. Based on their use in the context of the article, categorize them accordingly in the table below.

راهنما: در گزیده‌های مقاله، همه عبارت‌های بیانگر زمان و یا مشابه آن که در بالا آمده را شناسایی کنید. با توجه به کاربرد آنها در متن مقاله، آن‌ها را در جدول زیر دسته بندی کنید.

بیانگر زمان در گذشته	بیانگر دوره مشخصی از زمان	بیانگر حدود زمان	بیانگر یک اتفاق در گذشته	بیانگر ترتیب وقایع در گذشته
در	از ...تا ...	حوالی، حدود	از	بعد، پس از

(I)2.

(فعالیت فردی)۲.

CAUSE AND EFFECT CONJUNCTIONS

Conjunctions are words that connect clauses or sentences. The conjunctions listed below express cause and effect.

- Since
- Because of
- This is the reason why
- For this reason
- As a result
- So that

حروف ربط علت و معلول

حروف ربط، واژه هایی هستند که جمله ها یا شبه جملات را به هم متصل می کنند. حروف ربط ذکر شده در زیر بیانگر علت و معلول هستند.

- از آنجاییکه
- به دلیل/به علت
- به این دلیل است که
- برای همین دلیل
- در نتیجه
- برای اینکه

Instructions: Read the three examples provided below. Each sentence explains the same factor causing Iranians to emigrate but uses a different cause-and-effect conjunction. In the article excerpts, identify two other factors causing Iranians to emigrate. For each factor, write down three sentences that have the same meaning but connect the cause and effect with different conjunctions, following the examples provided.

راهنما: سه مثال ارائه شده در زیر را بخوانید. هر جمله عامل یکسانی از مهاجرت ایرانیان را توضیح می دهد ولی با استفاده از حروف ربط علت و معلول متفاوت. در گزیده‌های متن دو عامل دیگر مهاجرت ایرانیان را شناسایی کنید. مانند مثال‌های زیر، با استفاده از حروف ربط علت و معلول مختلف، برای هر عامل سه جمله بنویسید که دارای معنای یکسانی باشند ولی با استفاده از حروف ربط مختلف.

عامل مهاجرت: آزار و اذیت	
مثال ۱	بعد از انقلاب آزار و اذیت اقلیت های دینی (باعث/ موجب) مهاجرت آن‌ها از ایران شد.
مثال ۲	مهاجرت اقلیت های دینی از ایران (به دلیل/به علت) آزار واذیت آنها بود.
مثال ۳	بعد از انقلاب در ایران اقلیت های دینی را آزار و اذیت کردند (به همین دلیل/برای همین) آنها از ایران مهاجرت کردند.
عامل مهاجرت:	
جمله ۱	
جمله ۲	
جمله ۳	
عامل مهاجرت:	
جمله ۱	
جمله ۲	
جمله ۳	

(I)3. Instructions: Using cause-and-effect conjunctions, link the causes of emigration listed in the right-hand column to the corresponding groups of people listed in the left-hand column.

(فعالیت فردی) ۳. راهنما: با استفاده از حروف ربط علت و معلول، عوامل مهاجرت در ستون راست را به گروه‌های مرتبط با آن در ستون چپ وصل کنید.

عوامل/عامل	گروه‌ها
انقلاب وجنگ	نزدیکان خانواده پهلوی ومقامات دولتی
مسائل سیاسی و دینی	سیاستمداران و اقلیت های دینی
فرصت‌های تحصیلی	دانشجویان و پژوهشگران
مسائل فرهنگی و اجتماعی	بازرگانان و تجار
مسائل اقتصادی و تجاری	جوانان و زنان

(I)4.

(فعالیت فردی)۴.

SEQUENCING ADVERBS AND CONJUNCTIONS

The conjunctive adverbs (e.g., in addition, moreover) and correlative conjunctions (e.g., first . . . then, not only . . . but also) listed below can be used to present a list of items in a particular order.

- In addition, moreover
- First . . . then . . .
- Not only . . . but also . . .

ترتیب و توالی قید ها و حروف ربط

قید های ربطی (برای مثال، به علاوه، علاوه بر این) و حروف ربط هم بسته (برای مثال، ابتدا . . . سپس . . . ، نه تنها . . . بلکه . . .) ارائه شده در زیر می تواند برای بیان لیستی از موارد به ترتیب خاص استفاده شوند.

- به علاوه، علاوه بر . . . ، علاوه بر این
- ابتدا . . . سپس . . .
- نه تنها . . . بلکه . . .

Instructions: Read the three examples provided below for the sequence of action "Shah and Bahtiar" ("شاه و بختیار"). Each sentence describes the same sequence of action but uses a different sequencing conjunction. In the article excerpts, identify two other sequences of action. Write down three sentences for each sequence of action using different conjunctions, following the examples provided.

راهنما: سه مثال ارائه شده زیر درباره ترتیب اتفاق ها «شاه و بختیار» را بخوانید. هر یک از مثال های زیر توالی یکسری اتفاق یکسان را با استفاده از سه حرف ربط ترتیب مختلف توصیف می کند. در گزیده‌های متن دو عامل دیگر مهاجرت را شناسایی کنید. در جدول زیر، مانند مثال‌های ارائه شده، با استفاده از حروف ربط مختلف برای هر یک از ترتیب اتفاق ها سه جمله بنویسید.

ترتیب اتفاق‌ها: شاه و بختیار	
مثال ۱	ابتدا شاه رفت سپس بختیار آخرین نخست وزیررژیم پهلوی از ایران فرار کرد.
مثال ۲	نه تنها احزاب ملی بلکه گروه های چپی در انقلاب نقش مهمی داشتند.
مثال ۳	علاوه بر آزادی مردم ایران استقلال هم می خواستند.
ترتیب اتفاق‌ها:	
جمله ۱	
جمله ۲	
جمله ۳	
ترتیب اتفاق‌ها:	
جمله ۱	
جمله ۲	
جمله ۳	

(I)5. Instructions: Underline the sequencing conjunctions in the sentences below.

(فعالیت فردی)۵. راهنما: زیر کلمات ربطی در جمله‌های زیر خط بکشید.

الف. علاوه بر مقامات دولتی و نزدیکان خانواده پهلوی گروهی ازروشنفکران و نخبگان نیز از ایران خارج شدند.

ب. نه تنها اقلیت های دینی بلکه بسیاری از جوانان طبقه متوسط وشهرنشین از ایران فرار کردند.

پ. اگر چه رشد اقتصادی ایران بعد از جنگ خوب بود ولی مهاجرت ایرانیان به خارج ادامه یافت.

ت. ایرانیان در ابتدا به دلایل تحصیلی یا تجاری راهی غرب شدند، سپس پروژه خود را به اقامت دایم (به ویژه در امریکا و اروپا) تغییر دادند.

ب. مرور واژگان

(I)1. Instructions: Match the words on the right-hand side with the words on the left-hand side to make collocations.

(فعالیت فردی) ۱. راهنما: واژه های سمت راست را با آن واژه های چپ که با هم عبارت های همنشین می سازند وصل کنید.

عبارت های همنشین	
دهه	پناهندگی
درخواست	هشتاد
غیر	مذهبی = دینی
اقلیت های	قانونی
پایان/شروع	اول = نخست
دوره	جنگ
انقلاب/حکومت/رژیم	اقتصادی

رشد	اسلامی
نرخ	وطن
ترک	مهاجرت

(I)2. Instructions: Match the words on the right-hand side with their definitions on the left-hand side.

(فعالیت فردی)۲. راهنما: واژه **های** ستون سمت راست را با تعریف شان در ستون سمت چپ وصل کنید.

الف. واژه ها	ب. تعریف ها
مهاجرت	یک گروه کوچک که از لحاظ توانایی یا خصوصیات دیگر (تحصیلات، قدرت، ثروت) از بقیه مردم در جامعه بهتر است.
نخبه	پروسه ای (روندی) که وقتی یک نفر کشورش را ترک می کند و بطور دائمی در کشور دیگری مستقر می شود.
اقلیت	تغییر دولت یا حکومت یک کشور از لحاظ سیستم سیاسی که معمولا با خشونت و جنگ همراه است.
انقلاب	یک گروه کوچکی از مردم یک کشور که مذهب، زبان و یا نژادشان با دیگران متفاوت است و باعث می شود دیگران با آنها رفتارنا عادلانه ای داشته باشند.
پناهندگی	یک نفر که بدون اجازه وارد کشور دیگری می شود.
غیرقانونی	حفاظت اعطا شده توسط یک دولت به کسی که برای امنیت خود کشورش را ترک کرده است.
مرفه	کسی که کشورش را ترک می کند بخاطرفرار از جنگ، آزار و اذیت و یا حوادث ناگوار طبیعی برای داشتن ایمنی و امنیت.
پناهنده	کسی که پول، منابع مالی ودارایی زیادی دارد.
شهرنشین	مربوط به شهر است.
خارج	کشور و یا کشورهای خارجی.

منابع:

Elite. Cambridge Dictionary. Retrieved October 7, 2020, from https://dictionary.cambridge.org/us/dictionary/english/elite.

Revolution. Lexico. Retrieved October 7, 2020, from https://en.oxforddictionaries.com/definition/revolution.

(I)3. Instructions: Complete the table below by adding the names of countries under their respective continents.

(فعالیت فردی)۳. راهنما: در جدول زیر، نام کشورها را زیر قاره ای که به آن تعلق دارند بنویسید.

کشورها:

ترکیه، روسیه، عراق، کویت، بحرین، قطر، عربستان سعودی، امریکا، فرانسه، ایران،

آلمان، انگلستان، کانادا، سوئد، دانمارک، نروژ، بلژیک، هلند، آرژانتین، استرالیا، شیلی

قاره ها					
اروپا	اقیانوسیه	آسیا	افریقا	امریکا	
				امریکای جنوبی	امریکای شمالی

(I)4. Instructions: Match the phrases containing «یافتن» و «شدن» on the right-hand side with their meaning on the left-hand side.

(فعالیت فردی)۴. راهنما: عبارت های حاوی «یافتن» و «شدن» در سمت راست را به معنی آن ها در سمت چپ وصل کنید.

عبارات حاوی «یافتن» و «شدن»	معنی
ادامه یافت.	مواجه شد.
نقل مکان یافتند.	رفتند/. ترک کردند.
رشد صعودی یافته است.	توقف نکرد.
کاهش یافت.	به جایی دیگر رفتند.
تبدیل شد.	عوض شد/. تغییر کرد.
محسوب می شدند.	کمتر شد.
راهی شدند.	بیشتر شد.
روبرو شد.	در نظر گرفته می شدند/ به حساب می آمدند.

پ. تمرین تلفظ

Instructions: Through the provided link (www.routledge.com/9781138347199 ◀)), listen to the audio recording containing new words in this lesson read aloud. Compare your pronunciation with the narrator's in the audio recording.

راهنما: در لینک ارائه شده (www.routledge.com/9781138347199 ◀)) به فایل صوتی حاوی واژه‌های جدید این درس که با صدای بلند خوانده شده گوش دهید. تلفظ خود را با تلفظ گوینده در فایل صوتی مقایسه کنید.

۴. پروژه: بررسی اجمالی تغییرات تاریخی در مهاجرت ایرانیان از سال ۱۹۶۱

Instructions: Imagine that you are a researcher on immigration issues. With a colleague, you have been asked to provide key information for a comprehensive historical overview of the changes in Iranian migration since 1961. Your information must include the main phases of Iranian emigration and their underlying reasons.

Complete the following tasks:

a. Key information

Reread the article excerpts in Activity B1 (II) and complete the table below with key information: time periods, factors, people, and countries of origin. You may refer to the information you provided for Activities C1 (II) and C2 (II).

b. Oral presentation

Prepare and record a two-minute oral presentation (one minute for each member of the group) illustrating how factors, people, and host countries relate to each period of time. You may write down main ideas prior to recording your speech, but do not read from a script when recording. Make sure to use new vocabulary and key conjunctions from this lesson and information from your completed table above for support.

راهنما: تصور کنید که شما پژوهشگر مسائل مهاجرت هستید. از شما خواسته شده که با کمک یکی از همکاران خود، اطلاعات کلیدی برای بررسی تاریخی موج تغییرات در مهاجرت از ایران از سال ۱۹۶۱ تهیه کنید. اطلاعات شما باید دوره‌های اصلی مهاجرت و عوامل آن را ارائه دهد. برای این کار:

الف. اطلاعات کلیدی

گزیده های مقاله در تمرین ب۱(۲) را دوباره بخوانید و جدول زیر را با توجه به اطلاعات کلیدی مقابل پرکنید: دوره‌های زمانی، عوامل، گروه‌ها و کشورهایی که به آن مهاجرت کردند. می‌توانید از اطلاعات تمرین‌های پ۱(۲) و پ۲(۲) استفاده کنید.

دوره ها	عوامل	گروه ها	کشورمیزبان
۱			
۲			
۳			
۴			
۵			

ب. ارائه شفاهی

یک گزارش شفاهی دودقیقه‌ای (یک دقیقه برای هر عضو گروه) آماده کنید. در آن از دوره های مختلف مهاجرت و عوامل آن، ازمردمانی که مهاجرت کردند وکشورهای میزبان آن‌ها صحبت کنید. ایده های اصلی را قبل ازضبط کردن گزارش یادداشت کنید ولی موقع ضبط از روی متن نخوانید. حتما از واژه ها، حروف ربط و ساختارهای جدید این درس و اطلاعات جدول بالا کمک بگیرید.

KEY SKILLS: PRESENTING IDEAS

When asked to present your ideas on the topic, it is recommended that you break down your preparation into simple steps.

a. Brainstorm your ideas. Review the main article of this unit and highlight important words or phrases that you could use to support your ideas.
b. Incorporate them into a presentation that includes the following:
    *   *Introduction:* Begin with an opening sentence that outlines the issue of emigration. The following expressions can be used to introduce the issue:
        *   It is common knowledge that . . .
        *   Everyone would agree that . . .
        *   Many people tend to think that . . .
    *   *Main body:* Continue with cause-and-effect sentences that convey the information in the table of Activity a (IV). Remember to use key conjunctions to list items and express cause and effect as needed.
    *   *Conclusion:* Close with a sentence of reflection. The following expressions can be used to conclude a presentation:
        *   Therefore
        *   Overall
        *   Finally
        *   Lastly
        *   Thus

مهارت های کلیدی: ارائه ایده ها

هنگامی که از شما خواسته می شود ایده های خود را درباره موضوعی ارائه دهید، توصیه می شود که مراحل آماده سازی خود را به مراحل ساده ای تقسیم کنید.

الف.ایده پردازی کنید. مقاله اصلی این بخش را مرور کنید و واژه ها یا عبارت های مهمی را که می توانید برای حمایت از ایده های خود استفاده کنید برجسته کنید.

ب.آنها را در یک ارائه بگنجانید که شامل موارد زیر باشد:

*   مقدمه: با یک جمله مقدماتی شروع کنید که مسئله مهاجرت را مطرح می کند. می توانید از عبارات زیر برای معرفی مسئله استفاده کرد:
    *   این شناخته شده است/... برای همه روشن است...
    *   همه موافقند که ...
    *   بسیاری از مردم فکر می کنند که . . .

*   متن اصلی: با جملات علت و معلولی ادامه دهید که اطلاعات موجود در جدول تمرین الف (۴) را بیان می کند. به یاد داشته باشید که از حروف ربط کلیدی برای فهرست کردن موارد استفاده کنید و در صورت لزوم علت و معلول را بیان کنید.

- نتیجه‌گیری: با یک جمله تأمل متن را ببندید. برای نتیجه گیری از یکی از عبارت های زیر می توانید استفاده کنید
  - بنابراین
  - به طور کلی
  - در آخر
  - در نهایت
  - بنابراین

2

YOUTH EMIGRATION

درس ۲
مهاجرت جوانان

What will I learn in this lesson?			
TOPIC	**SKILL**	**STRUCTURES**	**VOCABULARY**
Youth emigration	• Listening	• Present perfect (usage and construction) • Prepositions to refer to a topic/to attribute the source of information • Prefixes (نا and ب), suffix (ستیزی), noun (تبعیض) • Key expressions to support your side and propose a solution	Brain-drain, decrease, factor, immigrant, immigration, increase
GRAMMAR SHEET			
The Present Perfect Tense			
RECOMMENDED TECHNOLOGY: https://www.pbworks.com/ https://docs.google.com/			

منابع درس ۲
به منابع زیر دسترسی خواهید داشت:
ـبخش های صوتی برگرفته از :

https://bit.ly/3EIMOXO

DOI: 10.4324/9780429437090-10

کمی درباره موضوع . . .

Via the link provided (www.routledge.com/9781138347199 ▶), watch the interview of Michael Clemens, Director of Migration, Displacement, and Humanitarian Policy and Senior Fellow at the Center for Global Development. After listening to the interview, reflect on the phenomenon of skilled migration, also known as "brain drain," and the complexities it entails.

از طریق لینک ارائه شده (▶ www.routledge.com/9781138347199)، مصاحبه مایکل کلمنز، مدیر مهاجرت، آوارگی و سیاست های بشردوستانه و همکار ارشد در مرکز توسعه جهانی را تماشا کنید. پس از گوش دادن به مصاحبه، در مورد پدیده مهاجرت از طریق مهارت، معروف به «فرار مغز»، و پیچیدگی های آن تأمل کنید.

منبع:

Clemens, M. (2015, June 30). Why it's time to drop the 'Brain Drain' refrain. *Center for Global Development*. https://www.cgdev.org/blog/why-its-time-drop-brain-drain-refrain.

۱. معرفی موضوع و بررسی کلیدواژه ها

(P)1.

(فعالیت دو نفره) ۱.

KEY VERB: To emigrate from . . .

فعل کلیدی: مهاجرت کردن از (جایی) ...

Instructions: Recall a young person you know of who has emigrated from his or her country of origin to study at a foreign university. Discuss this young person's story with a partner.

Consider specifying:

a. From which country has this young person emigrated?
b. For what reason(s) has he or she decided to leave his or her native country?
c. Why is he or she studying at a foreign university?

راهنما: داستان جوانی را به یاد آورید که برای تحصیل در دانشگاه به کشور خارجی مهاجرت کرده و شما او را می شناسید. با همکلاسی خود در مورد داستان این جوان صحبت کنید.
به پرسشهای زیر پاسخ دهید:

الف. این فرد جوان از کدام کشور مهاجرت کرده است؟
ب. به چه دلیل/دلایلی او تصمیم گرفت کشورش را ترک کند؟
پ. چرا او در یک دانشگاه خارجی درس می‌خواند؟

(C)2.

(فعالیت کلاسی) ۲.

KEY WORD: Immigration
KEY VERB: To immigrate to . . .

کلیدواژه: مهاجرت
فعل کلیدی: مهاجرت کردن به (جایی) . . .

Instructions: According to the International Monetary Fund (IMF), Iran is ranked first in terms of elite immigration among young generations. Explain the term "elite immigration" in your own words. Share your thoughts with the rest of the class under the guidance of your instructor.

راهنما: براساس گزارش صندوق بین‌المللی پول (IMF)، ایران در سال‌های اخیر رتبه اول را در مهاجرت نخبگان نسل جوان دارد. به نظر شما مهاجرت نخبگان به چه معنی است؟ با راهنمایی معلم تان، نظر خود را با کلاس درمیان بگذارید.

____
____
____
____

(C)3. Instructions: Identify the elements in the picture below (Figure 3.2.1) that relate to elite immigration. Share your ideas with the rest of the class under the guidance of your instructor.

(فعالیت کلاسی)۳. راهنما: در تصویر زیر (شکل ۳.۲.۱) عوامل مربوط به مهاجرت نخبگان را شناسایی کنید. با راهنمایی معلم تان، نظر خود را با کلاس در میان بگذارید.

FIGURE 3.2.1 Elite immigration.

شکل ۱.۲.۳ مهاجرت نخبگان.

Source: © Radio Farda

_____

_____

_____

_____

(P)4.

(فعالیت دونفره)۴.

KEY WORDS: Increase/Decrease
KEY VERBS: To increase/To decrease

کلیدواژه‌ها: افزایش | کاهش
افعال کلیدی: افزایش یافتن | کاهش یافتن

Instructions: Look at the chart below (Figure 3.2.2) illustrating the changes in Iranian student enrollments in the United States in five-year increments from 1950 to 2015.

Review the figures for each five-year period. In which five-year periods between 1950 and 2015 have Iranian student enrollments in the United States increased or decreased? Mark your answers in the table below and check your answers with a partner.

راهنما: به نمودار زیر (شکل ۳.۲.۲) نگاه کنید که تغییرات ثبت نام دانشجویان ایرانی در دانشگاه‌های آمریکا را در هر پنج سال از سال ۱۹۵۰ تا ۲۰۱۵ نشان می‌دهد.

آمار دوره‌های پنج‌ساله را مرور کنید. در کدام دوره پنج ساله بین سال های ۱۹۵۰ و ۲۰۱۵ ثبت نام دانشجویان ایرانی در دانشگاه‌های امریکا افزایش و یا کاهش یافته است؟ پاسخ خود را در جدول زیر بنویسید و سپس آن ها را با همکلاسی خود چک کنید.

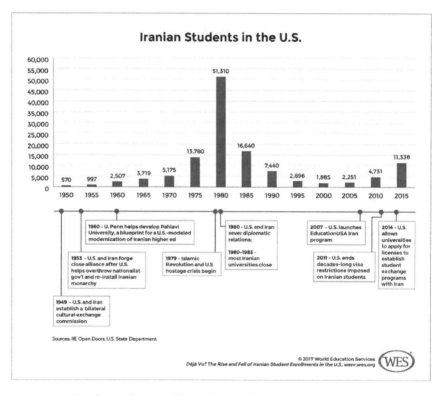

FIGURE 3.2.2 Iranian student enrollments in the United States.

شکل ۳.۲.۲ ثبت نام دانشجویان ایرانی در ایالات متحده.

منبع:

Source: Trines, S. (2017, February 6). Déjà Vu? The rise and fall of Iranian student enrollments in the U.S. *World Education News & Reviews*. https://wenr.wes.org/2017/02/educating-iran-demographics-massification-and-missed-opportunities

دوره	افزایش	کاهش
۱۹۵۰		
۱۹۵۵		
۱۹۶۰		
۱۹۶۵		
۱۹۷۰		
۱۹۷۵		
۱۹۸۰		
۱۹۸۵		
۱۹۹۰		
۱۹۹۵		
۲۰۰۰		
۲۰۰۵		
۲۰۱۰		
۲۰۱۵		

(P)5.

(فعالیت دو نفره)۵

KEY WORD: Factor

کلیدواژه: عامل

Instructions: What year has had the highest number of Iranian student enrollment in U.S. universities? With a partner, discuss the factor(s) you think caused such an increase.

راهنما: چه سالی بیشترین تعداد ثبت‌نام دانشجویان ایرانی در دانشگاه‌های امریکا را داشته‌است؟ با همکلاسی خود درباره عامل یا عوامل این افزایش بحث کنید.

(I)6. Instructions: The following statements are about the "brain drain" phenomenon. The first statement is by Bijan Barahmand, journalist at Radio France International (RFI); the second is by Kamran Daneshjoo, Iranian Minister of Science, Research and Technology; and the third is by Abbas Araghchi, Iranian Deputy Minister of Student Affairs.

Read the statements below and write each figure's definition of the phenomenon in the table provided.

(فعالیت فردی)۶. راهنما: عبارت های زیر اظهار نظراتی درباره پدیده «فرار مغزها» است. اولین اظهارنظر از بیژن برهمند، روزنامه‌نگار در رادیو بین المللی فرانسه (RFI) است. دومین نظر کامران دانشجو، وزیر علوم، تحقیقات و فناوری و سومین، نظر عباس عراقچی، معاون امور دانشجویی وزارت علوم است.

اظهارات زیر را بخوانید و تعریف هر شخص از این پدیده را در جدول زیر به ترتیب بنویسید.

«باید به پدیده مشابه دیگری که فرار مغزها نام دارد اشاره کرد که به بخش های تحصیلکرده ایرانیان مربوط می‌شود که در سال‌های اخیر به دلایل مختلف ایران را برای زندگی در کشورهای دیگر ترک

کرده‌اند. این پدیده آن‌چنان رواج داشته است که در چند سال گذشته، صندوق بین‌المللی پول ایران را از لحاظ مهاجرت نخبگان در رتبه نخست ارزیابی کرده است.»

- بیژن برهمند

«ما به هیچ عنوان در کشور فرار مغزها نداریم و تکرار این جمله از سوی برخی از افراد، توهین به جامعه دانشگاهی است.»

- کامران دانشجو

«چرخش مغزها و چرخش علم داریم و باید هم داشته باشیم اما برخی می گویند شما (وزارت علوم) شرایطی بوجود آورده اید که افرادی که برای تحصیل به خارج می روند مبادرت به فرار می کنند!»

- **عباس عراقچی منبع:**
  - سعید پیوندی، «فرار، مهاجرت و یا چرخش مغزها؟» *رادیو فردا*، ۲۷ دی ۱۳۹۹، https://www.radiofarda.com/a/f3_braindrain_Iran/2217419.html

فرار مغزها» ... است»		
بیژن برهمند	**کامران دانشجو**	**عباس عراقچی**

۲. مطالعه موضوع

منابع صوتی

- بخش های صوتی برگرفته از:

https://bit.ly/3EIMOXO

الف. فرضیه پردازی

(I)1. Instructions: Fill in only the right-hand side of the table below (Column: “Expected Issues”) with issues you expect to hear about in the audio interview in the **General Listening** section that follows, based on the sentence below:

(فعالیت فردی) ۱. راهنما: فقط ستون سمت راست جدول زیر (ستون: موضوعات مورد انتظار) را با موضوعاتی کامل کنید که انتظار دارید در مصاحبه صوتی در بخش «گوش دادن کلی» بر اساس جمله زیر بشنوید:

«افزایش خروج جوانان از ایران نشانه ناامیدی آنان از تغییر در کشور است.»

موضوعات دیگر	موضوعات مورد انتظار

ب. گوش دادن کلی

KEY SKILL: LISTENING FOR THE GIST

In order to get the gist of the interview, try to follow what is being said even if you cannot understand every word. Activity B1 (II) below will ask you to listen to the whole passage to confirm what you expect to hear based on the title in Activity A1 (II).

مهارت کلیدی: گوش دادن برای درک اصل مطلب

برای درک اصل مطلب مصاحبه، سعی کنید آنچه را که گفته می شود دنبال کنید حتی اگر نمی توانید همه واژه ها را درک کنید. تمرین ب۱(۲) در زیر از شما می خواهد که به کل متن گوش دهید تا آنچه که انتظار دارید بر اساس عنوان آن در تمرین الف۱(۲) بشنوید را تایید کنید.

(P)1. Instructions: Listen to understand the gist of the interview via the link provided. (www.routledge.com/9781138347199 ◀)) Check off the expected issues you entered in the right-hand side of the table in Activity A1 (II). In the left-hand side of the same table, fill in any additional issues that were missing. Check your answers with a partner.

(فعالیت دو نفره) ۱. راهنما: از طریق لینک ارائه شده ((www.routledge.com/9781138347199 ◀) به مصاحبه برای درک اصل مطلب آن گوش دهید. سپس موضوعات مورد انتظارتان که در سمت راست جدول تمرین الف۱ (۲) نوشتید را علامت بزنید. سپس سمت چپ همان جدول را با موضوعات دیگری که قبلا ننوشتید پر کنید. پاسخ‌های خود را با همکلاسی‌تان چک کنید.

پ. گوش دادن هدفمند

KEY SKILL: LISTENING FOR SPECIFIC INFORMATION

When listening for details, you are interested in specific kinds of information – for example a number, name, or object. Thus, you can ignore anything that does not sound relevant. Activities C1 (II), C2 (II), and C3 (II) below will require you to pull out and organize key words, identify detailed information, and define specific words.

مهارت کلیدی: گوش دادن برای اطلاعات خاص
هنگامی که برای درک جزئیات مطلبی گوش می دهید، در واقع به دنبال یافتن یک سری اطلاعات خاص هستید، به عنوان مثال یک عدد، نام، یا شئ. بنابراین می توانید از هر اطلاعاتی که مرتبط با آن جزئیات نیست چشم پوشی کنید. تمرین های پ۱(۲)، پ۲(۲) و پ۳(۲) در زیر از شما می خواهد که کلیدواژه ها را پیدا و مرتب کنید، اطلاعات جزئی را شناسایی کنید و واژه های خاص را تعریف کنید.

(I)1. Instructions: Listen carefully to the interview again and write down any key words you think are related to immigration and education.

(فعالیت فردی) ۱. راهنما: دوباره با دقت به مصاحبه گوش دهید و هر کلیدواژه‌ای که فکر می کنید مربوط به مهاجرت و آموزش باشد را بنویسید.

____
____
____

(P)2. Instructions: Compare your list of words with a partner. Working together, organize all words related to education and immigration in the corresponding columns of the table below.

(فعالیت دو نفره) ۲. راهنما: لیست کلیدواژه هایی را که نوشتید با همکلاسی خود مقایسه کنید. سپس، با کمک یکدیگر همه واژه های مربوط به تحصیلات و مهاجرت را در ستون مربوطه خود در جدول زیر بنویسید.

ب. مهاجرت	الف. تحصیلات

(I)3. Instructions: Listen to the following segments of the interview and check off the correct answer to each of the questions and statements that follow.

(فعالیت فردی) ۳. راهنما: به هر یک از بخش های مصاحبه مقابل گوش دهید و پاسخ درست به هر یک از پرسش ها و جملات بعد از آن را علامت بزنید.

بخش ۱ 🔊

الف. طبق این فایل صوتی، چرا جوانان ایرانی به کشورهای دیگر مهاجرت می کنند؟
- ☐ پناهندگی
- ☐ تحصیل کردن
- ☐ تبعیض نژادی
- ☐ ویزای کار

ب. جوانان ایرانی به جز امریکا به چه کشور های دیگری برای تحصیل مهاجرت می‌کنند؟
- ☐ اندونزی
- ☐ انگلیس
- ☐ مالزی
- ☐ هندوستان

پ. با توجه به این فایل صوتی ، چه تعدادی از دانشجویان ایرانی در مالزی تحصیل می کنند؟
- ☐ چهارده هزار
- ☐ چهار هزار
- ☐ چهل هزار
- ☐ هزارو چهار صد

ت. در امریکا رقم افزایش ثبت نام دانشجویان ایرانی ----- بوده است.
- ☐ ۲۰٪
- ☐ ۳۰٪
- ☐ ۴۰٪

🔊 بخش ۲

الف. دلیل مهاجرت جوانان به کشور های غربی چیست؟
- ☐ شرایط تحصیلی بهتر
- ☐ شرایط اشتغال بهتر
- ☐ استانداردهای بالاتر در سطح زندگی
- ☐ تمام موارد فوق

ب. پدیده فرار مغزها یعنی مهاجرت ------- از کشور های جهان سوم به کشور های صنعتی.
- ☐ ورزشکاران
- ☐ سرمایه گذاران

🔊 بخش ۳

الف. ایران رتبه ---------- را در فرار مغزها دارد.
- ☐ اول
- ☐ دوم
- ☐ سوم

🔊 بخش ۴

الف. کدامیک از عوامل زیر باعث مهاجرت جوانان از ایران می شود؟
- ☐ مسائل سیاسی، اقتصادی و اجتماعی در ایران
- ☐ سرکوب خواهش ها و آرزوهای نسل جوان در ایران
- ☐ تمایل نسل جوان به مدرنیته و دموکراسی در کشور های غربی

🔊 بخش ۵

الف. به رغم ---------- در کشور های خارجی، مهاجرت نوعی گریز به سمت آزادی است.
- ☐ تبعیض نژادی و بیگانه ستیزی
- ☐ آب و هوای سرد
- ☐ مذهب، آداب و رسوم متفاوت
- ☐ فرهنگ و زبان متفاوت

(I)4. Instructions: Listen to the entire interview and mark the following statements as true or false.

(فعالیت فردی)۴. راهنما: به کل مصاحبه گوش دهید و سپس درستی یا نادرستی جمله‌های زیر را مشخص کنید.

الف. مهرداد درویش پورجامعه شناس است.	نادرست □	درست □
ب. صندوق بین المللی پول، ایران را از نظر مهاجرت نخبگان در رتبه اول ارزیابی کرده است.	نادرست□	درست □
پ. نسل جوان ایران تمایل به مدرنیته و دموکراسی دارند.	نادرست□	درست □
ت. پدیده فرار از مغزها مثل پدیده خروج جوانان از ایران نیست.	نادرست□	درست □
ث. جمعیت ایران نسبتا جوان است و ظرفیت پذیرش دانشگاه های ایران محدود است.	نادرست□	درست □
ج. درآمد نفت در ایران بالاست وایران کشور فقیری نیست.	نادرست □	درست □
چ. نسل جوان ایرانی به آینده ایران امیدوار نیست.	نادرست □	درست □
ح. ارزش های طبقه متوسط و تحصیلکرده به‌ویژه جوانان، با ارزش های حکومت ایران در تضاد است.	نادرست □	درست □
خ. ارزش هایی مانند احترام به فرد، حقوق زن و مرد و رفاه اجتماعی در ایران بهتر از غرب است.	نادرست □	درست □

(P)5. Instructions: Listen to the entire interview again and try to understand the meaning of the following words from the context. Check your answers with a partner.

(فعالیت دو نفره)۵. راهنما: دوباره به کل مصاحبه گوش دهید و سعی کنید معنی واژه های زیر را با توجه به متن پیدا کنید. پاسخ‌های خود را با همکلاسی‌تان چک کنید.

بسوی, فرایند, افزایش,کاهش,از نظر,بطور قطع,نخست,رتبه

(I)6. Instructions: Confirm your answers given in Activities B2 (II), B3 (II), and B4 (II) by reading the excerpted interview transcript below.

(فعالیت فردی)۶. راهنما: پاسخ‌های خود به تمرین‌های ب۲(۲) و ب۳(۲) و ب۴(۲) را با خواندن گزیده های متن مصاحبه در زیر تایید کنید.

آمار ثبت نام دانشجویان ایرانی در دانشگاه‌های مختلف جهان نشان از افزایش بی سابقه خروج جوانان از کشور به قصد ادامه تحصیل دارد.

گفته می شود هم اکنون چهارده هزار دانشجوی ایرانی تنها در کشور مالزی تحصیل می کنند. در آمریکا رقم افزایش ثبت‌نام دانشجویان ایرانی تنها در یک سال به نزدیک بیست درصد رسیده است.

با توجه به جوان بودن نسبی جمعیت ایران و محدودیت ظرفیت پذیرش دانشگاههای کشور، شاید بخشی از این رویکرد جوانان به دانشگاههای خارجی قابل فهم باشد. اما گسترش روز افزون این موج مهاجرت به‌سوی خارج از کشور به‌طور قطع معنایی جامعه شناسانه دارد.

چرا که علاوه بر گسترش حضور جوانان در دانشگاه‌های خارجی، باید به پدیده مشابه دیگری که فرار مغزها نام دارد اشاره کرد که به بخش های تحصیلکرده ایرانیان مربوط می شود که در سالهای اخیر به دلایل مختلف ایران را به قصد زندگی در کشورهای مختلف جهان ترک کرده اند. این پدیده آن‌چنان رواج داشته است که در چند سال گذشته صندوق بین‌المللی پول، ایران را از نظر مهاجرت نخبگان در رتبه نخست ارزیابی کرد.

در گفتگویی با مهرداد درویش پور جامعه شناس مقیم سوئد، او درباره این پدیده رو به گسترش در میان جوانان ایرانی معتقد است که نسل جوان ایرانی در درون کشور اساساً با یک نوع بی‌افقی کامل نسبت به آینده روبه‌روست. سختگیری‌های گوناگون اجتماعی، تحصیلی، سیاسی، محدودیت‌های شغلی، تحریم‌های اقتصادی، ناهنجاری‌های اخلاقی و سرکوب خواهش‌ها وآرزوهای نسل جوان و نیز تمایل این نسل به مدرنیته، دموکراسی و استاندارد بالای زندگی در غرب، همه این‌ها انگیزه‌هایی است که آنان را به سمت تحصیل و تلاش برای یک زندگی بهتر در خارج از مرزهای کشور سوق می‌دهد.

مهرداد درویش پور معتقد است که به‌رغم تبعیض نژادی موجود در غرب، به‌رغم برخی ناهنجاری‌های، بیگانگی‌های و بیگانه‌ستیزی‌هایی که در کشورهای غربی وجود دارد، با این همه جوانان ایرانی إحساس تعلق خاطر بیشتری نسبت به جامعه مدرن و پیشرفته غرب دارند و فکر می‌کنند که مهاجرت به غرب نوعی گریز به سمت آزادی است.

مهرداد درویش پور پیش‌بینی می کند که تب فرار از کشور که نسل جوان ایرانی را فرا گرفته است، با توجه به فرایندی

که جامعه امروز ایران با آن روبروست، تقویت می شود و موج مهاجرت به هیچ وجه کاهش پیدا نخواهد کرد.

۳. ساختارهای دستوری زبان و واژگان

الف. یادگیری ساختارهای دستوری زبان

(I)1.

(فعالیت فردی)۱.

PRESENT PERFECT (USAGE)

By using the present perfect, the interviewee talks about events that began in the past but are still relevant in the present.

The following adverbs often accompany the present perfect:

- Recently
- In recent weeks, months, years
- Lately
- Yet
- So far, until now

زمان حال کامل یا ماضی نقلی (کاربرد)

با استفاده از زمان کامل حال، مصاحبه شونده در مورد وقایعی صحبت می کند که در گذشته آغاز شده اند اما هنوز با حال حاضر مرتبط هستند.

- اخیراً
- در هفته ها، ماه ها، سال های اخیر
- این اواخر، تازگی
- هنوز، همچنان
- تابحال، تاکنون، تا حالا

Instructions: In the interview transcript in Activity C6 (II), underline all the instances in which the interviewee uses the present perfect. Reflect on the purposes for which the interviewee uses this tense, what elements in the sentence trigger its use, and how this tense is formed.

راهنما: در متن مصاحبه در تمرین پ۶(۲)، زیر تمام فعل‌هایی که بیانگر زمان حال کامل هستند، خط بکشید. درباره مقاصدی که این زمان به کار رفته است، اینکه چه عناصری در جمله باعث استفاده از آن شده و نحوه شکل گیری این زمان، تأمل کنید.

(I)2.

(فعالیت فردی)۲.

PRESENT PERFECT (CONSTRUCTION) 1. PAST PARTICIPLE + 2. PRESENT COPULAS (FOR EACH SUBJECT OF THE VERB: ام/ای/است/ایم/اید/اند) **زمان حال کامل (ساختار)** **۱. صفت مفعولی + ۲. شناسه حال (مطابق با فاعل فعل: ام/ای/است/ایم/اید/اند)**

Instructions: Review the interview transcript and copy the verbs you underlined in the present perfect in the right-hand side column ("Verbs in Present Perfect") of the table below. Reflect on the formation of this tense by separating the past participle and the present copula for each verb, following the example provided.

راهنما: متن مصاحبه را مرور کنید و أفعال به کار رفته در زمان حال کامل که زیر آن ها خط کشیدید را در ستون سمت راست («افعال به کار رفته در زمان حال کامل») جدول زیر وارد کنید. بر چگونگی ساختار فعل در این زمان، با جداکردن صفت مفعولی، و شناسه ی حال هر فعل، مانند مثال ارائه شده، تأمل کنید.

شناسه حال	صفت مفعولی	افعال به کار رفته در زمان حال کامل
است	رسیده	رسیده است

(I)3. Instructions: Underline the elements in the sentences below that trigger the use of the present perfect.

(فعالیت فردی)۱. راهنما: در جمله‌های زیر، زیر عناصری که موجب کاربرد زمان حال کامل می‌شوند خط کنید.

الف. جوانان در سال های اخیر به دلایل مختلف ایران را ترک کرده‌اند.
ب. اخیرا ثبت نام دانشجویان ایرانی در دانشگاه های خارج افزایش پیدا کرده است.
پ. به‌تازگی تب فرار از کشور نسل جوان ایرانی را فرا گرفته است.
ت. تاکنون (تابه‌حال) تعداد زیادی از دانشجویان ایرانی برای ادامه تحصیل به خارج از کشور رفته‌اند.
ث. تب فرار از کشور هنوز کاهش پیدا نکرده است.

(I)4.

(فعالیت فردی)۴

PREPOSITIONS

Prepositions used to refer to a topic and to attribute the source of specific pieces of information:

- Related to
- Toward
- According to
- With regard to, concerning

حروف اضافه

حروف اضافه ای که برای اشاره به یک موضوع و نسبت دادن به منبع اطلاعاتی خاص استفاده می شوند:

- مربوط
- نسبت به
- طبق
- با توجه به

Instructions: In the interview transcript in Activity C6 (II), underline the prepositions similar in meaning to the prepositional phrases listed above. Then complete the sentences below with the appropriate preposition.

راهنما: در متن مصاحبه در تمرین پ۶(۲)، زیر حروف اضافه‌ای که معنی آن‌ها شبیه به عبارت های حرف اضافه ای بالاست خط بکشید. سپس جمله‌های زیر را با حروف اضافه مناسب کامل کنید.

الف. ______گزارش صندوق بین المللی پول ایران از نظر مهاجرت نخبگان در رتبه نخست است.
ب. نسل جوان ایرانی اساسا با یک نوع بی افقی کامل ______ آینده روبه‌روست.
پ. ______تحریم های اقتصادی ،محدودیت های شغلی و سخت گیری های اجتماعی موج مهاجرت افزایش پیداکرده‌است.
ت. پدیده فرار مغزها به بخش تحصیلکرده ایرانیان ______ می شود.

ب. مرور واژگان

(I)1. Instructions: Fill in the table below to relate each key word on each column heading to at least one other word from the interview to create collocations.

(فعالیت فردی)۱. راهنما: جدول زیر را طوری پرکنید که کلیدواژه های هر یک از ستون ها به همراه حداقل یک واژه دیگری در مصاحبه به کار رود و با آن عبارت های همنشین بسازند.

تحریم‌ها	استاندارد	سختی‌ها	نسل	تبعیض
				مثال: تبعیض نژادی

(I)2. Instructions: Locate the words migration/emigration in the context of the interview. In the table below, write the word(s) used in in conjunction with them to form proper collocations.

(فعالیت فردی)۲. راهنما: واژه های مهاجرت را در متن مصاحبه پیدا کنید. سپس در جدول زیر، واژه هایی که همراه با آن ها به کار رفته را بنویسید تا عبارت‌های همنشین مناسبی تشکیل شود.

عبارت های همنشین	
واژه	واژه های همراه
مهاجرت	

(I)3. Instructions: Match the words on the right-hand side with their corresponding synonyms on the left-hand side.

(فعالیت فردی)۳. راهنما: واژه های سمت راست را به کلمات مترادف آن ها در سمت چپ وصل کنید.

واژه ها	کلمات مترادف
به هیچ وجه	به سمت
به سوی	اصلا
فرایند	زیاد شدن
افزایش	کم شدن
کاهش	پروسه/روند
از نظر	قطعا
به طور قطع	از لحاظ
نخست	رتبه
مقام	اول

(I)4. Instructions: In each of the lists of words below, cross out the word that does not fit with the others and explain the connection among the remaining words.

(فعالیت فردی)۴. راهنما: در هر یک از گروه واژه های زیر، واژه هایی که با بقیه همخوانی ندارد را خط بزنید. ارتباط بین واژه های باقی مانده را توضیح دهید.

الف. خارج- سیاسی– اقتصادی -اجتماعی

ارتباط بین واژه های باقی مانده:

ب. فرار مغزها– فقر - تحصیلکرده–مهاجرت
ارتباط بین واژه های باقی مانده:

پ. دانشگاه– دانشجو – ثبت نام –پدیده
ارتباط بین واژه های باقی مانده:

ت. دموکراسی– نسل جوان - مدرنیته–آزادی
ارتباط بین واژه های باقی مانده:

ج. دلیل– انگیزه - فرایند –علت
ارتباط بین واژه های باقی مانده:

چ. محدودیت شغلی– سخت گیریهای اجتماعی – ناامیدی – مرز
ارتباط بین واژه های باقی مانده:

(I)5. Instructions: Match the words on the right-hand side with the words on the left-hand side to form proper collocations.

(فعالیت فردی)۵. راهنما: کلمات سمت راست را با کلمات سمت چپ وصل کنید تا عبارت های همنشین مناسبی تشکیل شود.

عبارت های همنشین	
تب	مهاجرت
موج	فرار
مقیم	نخست
رتبه	سوئد
فرار	جوان
نسل	مغزها
احساس	نام
ثبت	تعلق
کشورهای	غربی

(I)6. Instructions: In the interview transcript in Activity C6 (II), underline the words with a negative connotation and guess their meaning. Circle the prefixes نا and بی, the suffix ستیزی, and the noun تبعیض indicating a negative connotation.

(فعالیت فردی)۶. راهنما: در متن مصاحبه در تمرین پ۶(۲)، زیر واژه های با بارمعنایی منفی خط بکشید و معنی آن‌ها را حدس بزنید. پیشوندهای (بی، نا) و پسوندهای منفی‌ساز (مثل ستیزی) و اسم تبعیض را مشخص کرده و دور آن ها خط بکشید.

(I)7. Instructions: The prefixes, suffix, and noun in the table below give negative connotations to words. Add more such words to each column based on their structure.

(فعالیت فردی)۷. راهنما: پیشوندها و پسوندها و اسم های ارائه شده در جدول زیر به واژه ها بار معنایی منفی می دهند. در هر ستون، نمونه بیشتری از این واژه ها را با توجه به ساختارشان اضافه کنید.

پیشوند		پسوند	اسم
نا-	بی-	- ستیزی	تبعیض-
ناامیدی	بی‌افقی	بیگانه‌ستیزی	تبعیض نژادی

پ. تمرین تلفظ

(I)1. Instructions: Click on this icon 🔊 to listen to the new words of this unit.

(فعالیت فردی)۱. راهنما: روی این نماد 🔊 کلیک کنید و به واژه های جدید این درس گوش دهید.

فرار مغزها، عامل، مهاجر، مهاجرین، پدیده، نخبگان، ثبت نام، تحصیل، اشتغال، رتبه، تبعیض نژادی، بیگانه ستیزی، سرکوب، مذهب، فرهنگ، آداب و رسوم متفاوت، فقیر، نسل، حقوق زن و مرد، رفاه اجتماعی، ارزش ها، قصد، صندوق بین المللی پول، فرآیند، تحریم های اقتصادی، آزادی، مهاجرت کردن، افزایش یافتن، کاهش یافتن، ترک کردن.

۴. پروژه: پیداکردن راه کاری بالقوه برای فرار مغزها

As we have seen in this lesson, the phenomenon of skilled emigration, often called "brain drain," is mainly attributed to a lack of opportunities in the home country. Young generations leave their country for a better quality of life with better education and career opportunities.

Imagine you are part of a team in charge of forming a policy response to either mitigate or take advantage of the phenomenon. Meet with your team of four members to discuss the issue and write a policy option for an effective response.

a. In-class discussion

Choose one of the statements explaining "brain drain" in Activity 6 (I) that the majority of your group supports. Support the position based on information covered in this lesson and using key expressions in the table below to support your side. If necessary, review the interview of Michael Clemens in the "A Little Bit about the Topic" section.

b. Class wiki

In a paragraph of at least three connected sentences, write in your class wiki a specific policy option with your group that the Iranian government must undertake to reach a solution regarding "brain drain." The option your group considers should provide one or more examples that aim at either mitigating or taking advantage of the phenomenon.

For example, if your group is inclined toward opportunities created by the phenomenon, you may provide examples of the indirect effects of skilled emigration (e.g., technology transfers to the country of origin, transfer of institutions and norms from other countries to the country of origin, etc.)

If your group sees stopping or slowing down the phenomenon as a viable solution, you may provide one or more options for preventing young people from leaving the country. For example, given that the lack of access to quality education and advanced studies is one of the main obstacles and reasons for which people emigrate, the government should invest in the education system. Providing qualitative postgraduate and doctorate studies may be an option for stopping people from going elsewhere.

Be sure to use words and expressions covered in this lesson, as well as key expressions in the table below, to propose a solution.

همان‌طور که در این درس یادگرفتیم، دلیل اصلی پدیده مهاجرت نیروی کار ماهر، که معمولا از آن با «فرار مغزها» یاد می‌شود، کمبود فرصت‌ها در کشور مبدا است. نسل‌های جوان، کشورشان را برای کیفیت بهتر زندگی، فرصت‌های بهتر آموزشی و شغلی ترک می‌کنند.

شما عضو گروهی هستید که به دنبال راهی است تا از آثار منفی این پدیده تا حدی کم کند یا از آن استفاده بهینه کند. در جلسه با تیم چهارنفره خود، موارد زیر را بررسی کنید و راه‌حل موثری پیدا کنید.

الف. بحث در کلاس

یکی از جمله‌های تمرین ۶(۱) که «فرار مغزها» را توضیح می‌دهد و اکثر افراد گروه‌تان با آن موافق هستند را انتخاب کنید. با استفاده از آنچه در این درس یادگرفتید و اصطلاحات کلیدی جدول زیر از دیدگاه خود حمایت کنید. در صورت لزوم، مصاحبه مایکل کلمنس در بخش «کمی درباره موضوع» را دوباره مرور کنید.

KEY EXPRESSIONS: TO SUPPORT YOUR SIDE

- I completely agree with . . .
- I agree
- I agree somewhat
- I do not agree
- I do not agree with everyone
- I'm with you
- X has strong arguments for and against . . .
- X has valid reasons for . . .

اصطلاحات کلیدی: برای حمایت از دیدگاه خود

- من کاملا با . . . موافقم
- موافقم
- من تا حدی موافقم
- من موافق نیستم
- من با همه موافق نیستم
- من با تو موافقم
- او استدلال قاطعی در حمایت و مخالفت . . . دارد
- او دلایل معتبری برای . . . دارد

ب. ویکی کلاس

با گروه خود، یک پاراگراف با حداقل سه جمله پیوسته در ویکی کلاس بنویسید. در این پاراگراف سیاستی را پیشنهاد دهید که دولت ایران باید برای حل پدیده «فرار مغزها» اجرا کند. سیاست پیشنهادی شما باید با یک یا چند مثال توضیح دهد که برای کم کردن آثار منفی این پدیده یا استفاده بهینه از آن چه می‌توان کرد.

برای مثال، اگر به نظر گروه شما این پدیده ایجاد فرصت می‌کند، می‌توانید مثال‌هایی از آثار مثبت غیرمستقیمی مطرح کنید که مهاجرت نیروی کار ماهر به دنبال دارد (مثل انتقال تکنولوژی به کشور مبدا، انتقال نهادها و هنجارها به کشور مبدا).

اگر گروه شما چاره را در توقف یا کندکردن مهاجرت نیروی کار ماهر می‌داند، گزینه‌هایی را برای تشویق جوانان به ماندن در کشور مبدا مطرح کنید. برای مثال، اگر کمبود دسترسی به فرصت‌های آموزشی و محدود بودن ظرفیت دانشگاه‌ها یکی از عوامل اصلی مهاجرت است، دولت باید در نظام آموزشی سرمایه‌گذاری کند.

سعی کنید در نوشتن متن از واژه‌ها و عبارت‌های جدید این درس و همچنین اصطلاحات کلیدی در جدول زیر استفاده کنید تا راهکاری را پیشنهاد دهید.

KEY EXPRESSIONS: TO PROPOSE A SOLUTION

- A possible solution is . . .
- Another solution is . . .
- A feasible plan of action consists of . . .
- An alternative plan of action consists of . . .

اصطلاحات کلیدی: برای پیشنهاد یک راه کار

- یک راه حل ممکن . . . است
- راه حل دیگر . . . .
- یک برنامه عملیاتی امکان پذیر شامل. . . می باشد
- یک برنامه عملیاتی جایگزین متشکل از . . . است

UNIT 4

Economy

بخش ۴

اقتصاد

1

ECONOMIC GROWTH PREDICTIONS

درس ۱
پیش بینی رشد اقتصادی

The Present Perfect Tense			
TOPIC	**SKILLS**	**STRUCTURE**	**VOCABULARY**
Economic growth predictions	• Reading • Speaking (interpretive, interpersonal, presentationalmodes)	• Subjunctive mode, present tense (usage I – "Predict that" –and construction)	Economic indicators, economy, gross domestic product (GDP), growth, inflation, unemployment, reports, statistics
GRAMMAR SHEET			
The Subjunctive Mode (Present)			
RECOMMENDED TECHNOLOGY: https://prezi.com/			

منابع درس ۱
به منابع زیر دسترسی خواهید داشت:
- مقاله برگرفته از:

https://www.radiofarda.com/a/f4_imf_perdiction_iran_economy_growth/29871108.html

کمی درباره موضوع . . .

During the latter half of 2018, the U.S. government reinstated most of its sanctions on Iran. The recent reintroduction of sanctions and the fall of oil prices brought the Iranian economy into recession. As a result, in 2019 Iranian economic growth shrank.

DOI: 10.4324/9780429437090-12

Before the COVID-19 pandemic, the International Monetary Fund (IMF) forecasted no further Gross Domestic Product (GDP) contraction for Iran in 2020.

Because of the COVID-19 pandemic, however, the IMF predicted that Iranian GDP would remain negative in 2020, at −6 percent, and grow to 3.1 percent in 2021, mainly due to its diversification and the post-pandemic global economic recovery.

در نیمه دوم سال ۲۰۱۸، دولت ایالات متحده بیشتر تحریم های خود علیه ایران را بازگرداند. اعمال مجدد تحریم های اخیر و سقوط قیمت نفت، باعث رکود اقتصادی ایران شد. در نتیجه، در سال ۲۰۱۹رشد اقتصادی ایران کاهش یافت.

پیش از همه گیری کووید۱۹-، صندوق بین المللی پول (IMF) پیش بینی کرد که انقباض تولید ناخالص داخلی (GDP) برای ایران در سال ۲۰۲۰ بیشتر نشود.

با این وجود، به دلیل بیماری همه گیر کووید۱۹-، صندوق بین المللی پول پیش بینی کرد که تولید ناخالص داخلی ایران در سال ۲۰۲۰ در ۶ - درصد بماند و در سال ۲۰۲۱ به ۳/۱ درصد برسد که دلیل اصلی آن تنوع آن و بهبود اقتصاد جهانی پس از همه گیر ی خواهد بود.

منابع:

The economic context of Iran. *Nordea.* Retrieved July 2020, from https://www.nordeatrade.com/dk/explore-new-market/iran/economical-context

Ghasseminejad, S. (2020, March 25). Coronavirus dashes Iranian hopes of emerging from multi-year recession. *Foundation for Defense of Democracies.* https://www.fdd.org/analysis/2020/03/25/coronavirus-dashes-iranian-hopes-of-emerging-from-multi-year-recession

World economic outlook database. (2020, April 14). *International Monetary Fund.* https://www.imf.org/external/pubs/ft/weo/2020/01/weodata/index.aspx

۱. معرفی موضوع و بررسی کلیدواژه ها

(P)1.

(فعالیت دونفره)۱.

KEY WORDS: Economic Growth, Gross Domestic Product (GDP)
کلیدواژه ها: رشد اقتصادی، تولید ناخالص داخلی (GDP)

Instructions: Look at the photographs below (Figures 4.1.1 through 4.1.6) and read their corresponding descriptions. Reflect on the questions that follow and answer them with a partner. You may consult your instructor or use a dictionary for unfamiliar words you plan to use.

راهنما: به عکس های زیر (شکل های ۴.۱.۱ تا ۴.۱.۶) نگاه کنید و توضیحات مربوط به آن ها را بخوانید. سپس با همکلاسی خود به پرسش های زیر پاسخ دهید. برای استفاده از واژه های ناآشنا، می‌توانید از معلم خود و یا ازفرهنگ لغت کمک بگیرید.

FIGURE 4.1.1 People have been unable to afford food and other basic necessities. At least 33% of the population lives in absolute poverty.

عکس ۱.۱.۴ مردم نتوانسته‌اند غذا و مواد اولیه بخرند. حداقل ۳۳ درصد جمعیت در فقر مطلق زندگی می‌کند.

FIGURE 4.1.2 The Iranian rial (IRR) has hit a record low against the dollar.

عکس ۲.۱.۴ ارزش ریال ایران در مقایسه با دلار به کمترین میزان رسیده است.

FIGURE 4.1.3 Protests have spread across the country.
عکس ۳.۱.۴ اعتراض‌ها در سراسر کشور گسترش یافته است.

FIGURE 4.1.4 Unemployment is very high. Many university graduates are unable to find jobs.
عکس ۴.۱.۴ نرخ بیکاری بسیار بالاست. بسیاری از فارغ‌التحصیلان دانشگاه‌ها نمی‌توانند شغل پیدا کنند.

FIGURE 4.1.5 (Afghan) refugees are forced to leave Iran.

عکس ۵.۱.۴ مهاجران افغان مجبور به ترک ایران هستند.

FIGURE 4.1.6 Economic sanctions affect the daily lives of Iranians.

عکس ۶.۱.۴ تحریم‌های اقتصادی زندگی روزمره ایرانیان را تحت تاثیر قرار داده است.

Source: Photos 1, 2, 3, 5, 6 – © Adobe Stock; Photo 4 – © Radio Farda

a. Describe the state of the economy in a country of your choice in terms of GDP. Is it experiencing positive or negative economic growth?
b. What factors do you think affect the economic situation in a country?
c. Give your partner one or more examples of the factors behind the positive or negative economic growth in your country of choice.

الف. وضعیت اقتصادی کشوری که انتخاب کرده اید، از نظر تولید ناخالص داخلی (GDP) چگونه است؟ آیا رشد اقتصادی آن مثبت است یا منفی ؟
ب. به نظر شما، چه عواملی بر وضعیت اقتصادی یک کشور تاثیر دارد؟
پ. با یک یا چند مثال، عوامل رشد اقتصادی مثبت یا منفی در کشور مورد نظرتان را به همکلاسی خود ارائه دهید.

(P)2. Instructions: The tables below show the IMF (Table 1) and World Bank (Table 2) forecasts of Iran's economic growth from 2018 to 2020. Review the tables and answer the questions that follow. Check your answers with a partner.

(فعالیت دونفره)۲. راهنما: جدول های زیر پیش بینی IMF (جدول ۱) و پیش بینی بانک جهانی (جدول ۲) درباره رشد اقتصادی ایران از سال ۲۰۱۸ تا ۲۰۲۰ را نشان می‌دهد. جدول ها را مرور کرده و سپس به پرسش‌ها پاسخ دهید. پاسخ‌های خود را با همکلاسی‌تان چک کنید.

منبع:

Khatinoglu, D. (2019, April 9). World Bank and IMF more pessimistic about Iran's economy. *Radio Farda*. https://en.radiofarda.com/a/world-bank-and-imf-more-pessimist-about-iran-s-economy/29870972.html

TABLE 4.1.1 International Monetary Fund (IMF) forecast

جدول ۱.۱.۴ پیش بینی صندوق بین المللی پول (IMF)

پیش بینی IMF درباره رشد اقتصادی ایران (۲۰۱۸-۲۰۲۰)			
شاخص‌های اقتصادی	۲۰۱۸	۲۰۱۹	۲۰۲۰
رشد تولید ناخالص داخلی (GDP)	-۳/٪۹	-٪۶	۰/٪۲
تورم	۳۱/٪۲	۳۷/٪۲	٪۳۱
نرخ بیکاری	۱۳/٪۹	۱۵/٪۴	۱۶/٪۱

TABLE 4.1.2 World Bank forecast

جدول ۲ پیش بینی بانک جهانی

برآوردهای بانک جهانی درباره رشد تولید ناخالص داخلی (GDP) ایران (۲۰۱۸-۲۰۲۰)			
گزارش‌ها	۲۰۱۸	۲۰۱۹	۲۰۲۰
ژوئن ۲۰۱۸	۴/٪۱	۴/٪۱	۴/٪۲
ژانویه ۲۰۱۹	-۱/٪۵	-۳/٪۶	۱/٪۱
آوریل ۲۰۱۹	-۱/٪۶	-۳/٪۸	۰/٪۹

منبع:

Khatinoglu, D. (2019, April 9). World Bank and IMF more pessimistic about Iran's economy. *Radio Farda*. https://en.radiofarda.com/a/world-bank-and-imf-more-pessimist-about-iran-s-economy/29870972.html.

a. Overall, do the charts above show positive or negative economic growth?

b. Look at Iran's economic growth and contraction of GDP in 2018 and 2019. Between those of the World Bank and IMF, which provides a more pessimistic projection?

c. Look at the economic data predicted for the year 2020. Consult alternative sources such as those from the Central Bank of Iran or the Statistical Centre of Iran to assess whether the predictions are accurate.

الف. به طور کلی، آیا این نمودارها رشد مثبت یا منفی اقتصادی را نشان می‌دهند؟

ب. به سطح رشد اقتصادی ایران و انقباض تولید ناخالص داخلی (GDP) آن (که "بشدت کوچکتر می‌شود") در سال‌های ۲۰۱۸ و ۲۰۱۹ نگاه کنید. پیش‌بینی کدام بدبینانه‌تر است – IMF یا بانک جهانی؟

پ. به داده‌های اقتصادی پیش‌بینی شده برای سال ۲۰۲۰ نگاه کنید. برای ارزیابی صحت پیش‌بینی‌ها از منابع جایگزین مانند بانک مرکزی ایران یا مرکز آماری ایران کمک بگیرید.

(I)3.

۳. (فعالیت فردی)

KEY WORDS: Inflation, Unemployment

کلیدواژه‌ها: بیکاری، تورم

Instructions: The statistics below are based on the IMF's latest report on the world economy. On the IMF DataMapper (https://www.imf.org/external/datamapper/NGDP_RPCH@WEO/OEMDC/ADVEC/WEOWORLD/IRN), look at two economic indicators of negative growth in Iran: the current inflation rate (Figure 4.1.7) and the unemployment rate (Figure 4.1.8). Then, answer the questions that follow.

راهنما: آمارهای زیر بر اساس آخرین گزارش صندوق بین‌المللی پول درباره اقتصاد جهانی است. به آمارهای منتشر شده در نقشه داده‌های صندوق بین‌المللی پول نگاه کنید و نرخ دو شاخص رشد منفی اقتصادی در ایران را مشخص کنید: نرخ فعلی تورم (نمودار ۷.۱.۴) و نرخ فعلی بیکاری (نمودار ۸.۱.۴). سپس به پرسش‌ها پاسخ دهید.

به پرسش‌های زیر پاسخ دهید.

منبع:

IMF DataMapper. Inflation rate, average consumer prices. *International Monetary Fund*. Retrieved June 1, 2021, from https://www.imf.org/external/datamapper/PCPIPCH@WEO/OEMDC/ADVEC/WEOWORLD/IRN?year=2020

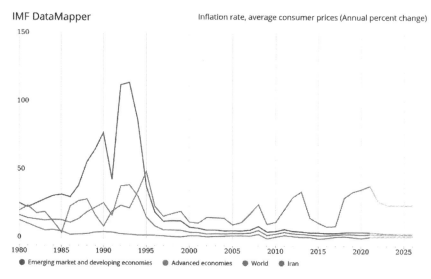

FIGURE 4.1.7 Inflation rate.

نمودار ۷.۱.۴ نرخ تورم.

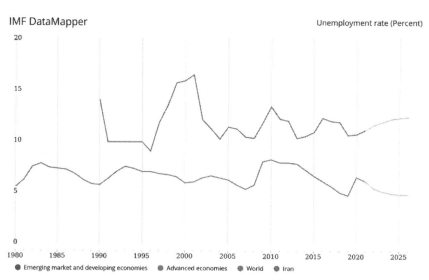

FIGURE 4.1.8 Unemployment rate.

نمودار ۸.۱.۴ نرخ بیکاری.

منبع:

IMF DataMapper. Unemployment rate. *International Monetary Fund.* Retrieved June 1, 2021, from https://www.imf.org/external/datamapper/LUR@WEO/OEMDC/ ADVEC/WEOWORLD/IRN?year=2021.

a. What are the rates of inflation and unemployment in Iran in 2020?

b. Look at the inflation and unemployment rates predicted for after 2020. Consult alternative sources online, such as those from the Central Bank of Iran or the Statistical Centre of Iran, to assess whether the predictions are accurate.

الف. نرخ تورم و بیکاری در ایران در سال ۲۰۲۰ چیست؟

ب. به نرخ‌های تورم و بیکاری پیش‌بینی شده در سال بعد از ۲۰۲۰ نگاه کنید. برای ارزیابی صحت پیش بینی ها از منابع جایگزین آنلاین مانند منابع بانک مرکزی ایران یا مرکز آماری ایران اطلاعات بگیرید.

_____

_____

_____

_____

_____

۲. مطالعه موضوع

منابع برای خواندن

- مقاله برگرفته از: -

https://www.radiofarda.com/a/f4_imf_perdiction_iran_economy_growth/ 29871108.html

الف. فرضیه پردازی

(I)1. Instructions: The title of the article you will read in the next section is:

   "The IMF Estimates that Iran's Economic Growth Has Been Negative by 6 Percent since the Beginning of the Year"

   Based on the title, write down the major ideas or facts you think you will find in the article.

(فعالیت فردی)۱. راهنما: عنوان مقاله‌ای که در بخش بعدی خواهید خواند این است:

«ارزیابی صندوق بین‌المللی پول از سال ۲۰۱۹؛ رشد اقتصادی ایران منفی ۶ درصد»
بر اساس عنوان مقاله، ایده های اصلی یا واقعیت هایی که فکر می کنید در مقاله بیابید را بنویسید.
ایده های اصلی یا واقعیت‌ها:

_____

_____

_____

_____

_____

ب. خواندن اجمالی

KEY SKILL: SKIMMING THE TEXT FOR MAIN IDEAS

Activity B1 (II) below will help you determine the main idea of the article. For the sake of the activity, you should read only the first sentence of each paragraph.

مهارت کلیدی: خواندن اجمالی متن برای درک ایده های اصلی

تمرین ب۱(۲) در زیر به شما کمک می کند که ایده اصلی مقاله را مشخص کنید. برای انجام این تمرین، می توانید فقط جمله اول هر پاراگراف را بخوانید.

(C)1. Instructions: Skim the article to determine which of the summaries below is most accurate. Justify your reasoning in front of the class, under the guidance of your instructor.

(فعالیت کلاسی)۱. راهنما: مقاله را به طور اجمالی بخوانید تا مشخص کنید کدام یک از خلاصه های زیر دقیق ترین خلاصه مقاله است. با راهنمایی معلم تان، استدلال خود را برای همکلاسی هایتان توضیح دهید.

عنوان مقاله

ارزیابی صندوق بین‌المللی پول از سال ۲۰۱۹؛ رشد اقتصادی ایران منفی ۶ درصد

صندوق بین‌المللی پول در تازه‌ترین گزارش خود پیرامون اقتصاد جهانی، آمارهای مربوط به ایران را نیز منتشر و پیش‌بینی کرده است که در سال جاری میلادی، نرخ تورم و بیکاری در ایران افزایش و اقتصاد کشور به شدت کوچکتر خواهد شد.

این گزارش، یک روز بعد از گزارش بانک جهانی منتشر می‌شود که پیش‌بینی کرده بود رشد اقتصادی ایران در سال جاری منفی ۳/۸ درصد باشد. اما ارزیابی صندوق بین‌المللی پول بسیار بدبینانه‌تر از بانک جهانی است و پیش‌بینی می‌کند رشد اقتصادی ایران (رشد تولید ناخالص داخلی) در سال ۲۰۱۹ منفی ۶ درصد باشد.

بر اساس این گزارش، رشد اقتصادی ایران در سال گذشته نیز منفی ۳/۹درصد بوده است، در حالی که بانک جهانی این رقم را منفی ۱/۶ درصد ارزیابی کرده است.
هر دو گزارش می‌گویند وضعیت اقتصادی ایران تحت تاثیر تحریم‌های آمریکا، بیشتر از آن چیزی که قبلا تصور می‌شد، آسیب دیده است.

نرخ تورم

صندوق بین‌المللی پول می‌گوید نرخ تورم در ایران در سال گذشته به ۳۱/۲درصد رسیده و در سال جاری میلادی به ۳۷/۲ درصد اوج خواهد گرفت.
این ارزیابی، بسیار بالاتر از ارزیابی خود ایران است که نرخ تورم آخر پاییز (تقریبا برابر پایان سال گذشته میلادی) را ۲۰/۶درصد اعلام کرده است.
آخرین گزارش مرکز آمار ایران که روز سه‌شنبه ۲۰ فروردین همزمان با گزارش صندوق بین‌المللی پول منتشر شد، تورم سالانه منتهی به اسفند ۹۷ را نیز تنها ۲۶/۹ درصد پیش‌بینی کرده است که بسیار پایین‌تر از ارزیابی صندوق بین‌المللی پول است.
گزارش‌های رسمی ایران درباره شاخص‌های اقتصادی معمولا مورد تردید جدی کارشناسان و نهادهای بین‌المللی است.

نرخ بیکاری

صندوق بین‌المللی پول می‌گوید نرخ بیکاری در ایران در پایان سال گذشته میلادی به ۱۵/۴درصد رسید، در حالی که این رقم در سال ۲۰۱۷ حدود ۱۳/۹درصد بود.
این آمار نیز بالاتر از آمارهای رسمی خود ایران است.
آخرین گزارش مرکز آمار ایران که اتفاقا نرخ بیکاری آخر پاییز سال گذشته که تقریبا همزمان با پایان سال ۲۰۱۸ است را در بر می‌گیرد، مدعی است که نرخ بیکاری تنها ۱۱/۷درصد بوده است.
ایران همچنین کسانی را که هفته‌ای تنها یک ساعت کار می‌کنند، در لیست شاغلان قرار می‌دهد.
صندوق بین‌المللی پول می‌گوید نرخ بیکاری در ایران طی سال آینده به ۱۶/۱ درصد اوج خواهد گرفت.
گزارش بانک جهانی پیش‌بینی کرده است که در میان کشورهای خاورمیانه و شمال آفریقا، ایران تنها کشوری باشد که رشد اقتصادی منفی را در سال جاری تجربه می‌کند و حتی یمن که با جنگ داخلی مواجه است، رشد اقتصادی مثبت خواهد داشت.
صندوق بین‌المللی پول نیز می‌گوید تنها سودان و ایران در سال ۲۰۱۹ رشد منفی خواهند داشت.

خلاصه ها

الف. صندوق بین‌المللی پول و بانک جهانی گزارش های جدیدی منتشر کردند. پیش بینی‌های صندوق بین‌المللی پول بدبینانه تر از پیش‌بینی‌های بانک جهانی است و میزان کاهش تولید ناخالص داخلی (GDP) ایران برای سال ۲۰۱۸ و ۲۰۱۹ را به ترتیب ۳/۹- و ۶- درصد اعلام می‌کند.

ب. وضعیت اقتصادی ایران بیش از تصور تحت تأثیر تحریم های آمریکا قرار گرفته است. گزارش‌های جدید صندوق بین‌المللی پول و بانک جهانی نشان می‌دهند رشد تولید ناخالص داخلی (GDP) ایران از آنچه آن‌ها پیشتر پیش‌بینی کرده بودند، بدتر است.

پ. آخرین گزارش مربوط به اقتصاد جهانی که توسط صندوق بین‌المللی پول منتشر شده است، در مقایسه با آخرین گزارش مرکز آمار ایران، نرخ تورم و بیکاری بالاتری را در ایران در سال ۲۰۱۸ نشان می دهد.

پ. خواندن هدفمند

KEY SKILL: SCANNING THE TEXT

Activity C1 (II) below will require you to scan all article excerpts to check the veracity of particular facts. Activity C2 (II) below will guide you to focus on specific portions of the article to gather enough information to summarize each portion.

مهارت کلیدی: مرور کردن متن

تمرین پ۱(۲) در زیر شما را ملزم می کند تمام گزیده های مقاله را برای بررسی صحت واقعیت های خاص آن مرور کنید. تمرین پ۲(۲) در زیر شما را راهنمایی می کند تا بر بخش های خاصی از مقاله تمرکز کنید تا اطلاعات کافی برای خلاصه کردن هر بخش را جمع آوری کنید.

(P)1. Instructions: Scan the article excerpts. While you read the excerpts, you can listen to the narration via the link provided (www.routledge.com/9781138347199 🔊). Then determine whether the following statements are true or false. Check your answers with a partner.

(فعالیت دونفره)۱. راهنما: گزیده های مقاله را مرور کنید. در حالی که گزیده ها را می خوانید، می توانید به روایت متن آن ها از طریق لینک ارائه شده (🔊 www.routledge.com/9781138347199) گوش دهید. سپس درست یا نادرست بودن گزاره های مقابل را مشخص کنید. پاسخ‌های خود را با همکلاسی‌تان چک کنید.

الف. گزارش صندوق بین‌المللی پول پیش بینی می کند که رشد اقتصادی ایران منفی خواهد بود.	درست	نادرست
ب. هر دو گزارش صندوق بین‌المللی پول و بانک جهانی پیش بینی می کنند که رشد اقتصادی ایران در سال ۲۰۱۹ منفی خواهد بود.	درست	نادرست
پ. گزارش بانک جهانی نسبت به گزارش صندوق بین‌المللی پول پیش بینی های خوش‌بینانه‌تری نسبت به رشد اقتصادی ایران دارد.	درست	نادرست
ت. فقط گزارش صندوق بین‌المللی پول ادعا می کند که وضعیت اقتصادی ایران تحت تأثیر تحریم‌های آمریکا قرار گرفته است.	درست	نادرست
ث. آخرین گزارش مرکز آمار ایران پس از گزارش صندوق بین‌المللی پول منتشر شد.	درست	نادرست
ج. گزارش دفتر سرشماری ایران و گزارش صندوق بین‌المللی پول ، نرخ بیکاری یکسانی را نشان می‌دهند.	درست	نادرست
چ. بر اساس پیش بینی های بانک جهانی، ایران، و دیگر کشورهای خاورمیانه و شمال آفریقا، رشد اقتصادی منفی را در سال ۲۰۱۹، تجربه خواهد کرد.	درست	نادرست

(P)2. Instructions: As you read the article, consolidate all information predicted by the IMF, Iranian Census Bureau, and World Bank reports in a summary. Check the content of your summary with a partner.

(فعالیت دونفره)۲. راهنما: همانطور که مقاله را می خوانید تمام اطلاعات پیش بینی شده در گزارش‌های صندوق بین‌المللی پول ، مرکز آمار ایران و بانک جهانی را جمع بندی کنید. خلاصه مطالب خود را با همکلاسی خود چک کنید.

گزارش‌ها		
صندوق بین المللی پول (IMF)	مرکز آمار ایران	بانک جهانی

۳. ساختارهای دستوری زبان و واژگان

الف. بررسی ساختارهای دستوری زبان

(I)1.

(فعالیت فردی) ۱.

"PREDICT THAT" + FUTURE/SUBJUNCTIVE (USAGE I)
«پیش‌بینی (برآورد،ارزیابی) می‌کند که» + آینده/مضارع التزامی (کاربرد ۱)

Instructions: Underline all verbs in the article that follow the term "predict that" in a sentence. Reflect on the different modes (e.g., indicative, subjunctive) and tenses (e.g., future, present) of these verbs and make a hypothesis about when one mode or tense is used over another.

- With what mode would you use the adverb "maybe"?
- With what mode would you use the adverb "certainly"?
- With what mode would you use the adverb "maybe"?

راهنما: در مقاله، زیر تمام فعل‌هایی که به دنبال فعل «پیش‌بینی (برآورد، ارزیابی) می‌کند که» آمده خط بکشید. درباره وجه های مختلف افعال (برای مثال، اخباری یا التزامی) و زمان های مختلف افعال (برای مثال، آینده یا حال) تامل کنید و فرضیه خود از دلیل استفاده از یک وجه یا زمان نسبت به دیگری را بیان کنید.

- با قید « شاید» از چه وجه ای از فعل استفاده می‌کنید؟
- با قید «حتما، قطعا» از چه وجه ای از فعل استفاده می‌کنید؟
- با قید «احتمالا» از چه وجه ای از فعل استفاده می‌کنید؟

(I)2.

(فعالیت فردی) ۲.

SUBJUNCTIVE MODE, PRESENT TENSE (CONSTRUCTION)

1. PREFIX ب + 2. PRESENT STEM -خر + 3. PERSONAL ENDINGS
(FOR EACH SUBJECT THE OF VERB: م/ی/د/یم/ید/ند)

وجه التزامی، زمان حال (ساختار)

۱. پیشوند ب + ۲. بن مضارع -خر + ۳. شناسه حال (مطابق با فاعل فعل: م/ی/د/یم/ید/ند)

Instructions: Review the article and copy the verbs in the present subjunctive that follow "predict that" in the right-hand side column ("Verbs in Present Subjunctive") of the table below. Reflect on the formation of this tense by separating the prefix, the present stem, and the personal endings, following the example provided.

راهنما: مقاله را مرور کنید و افعال به کار رفته در زمان حال یا مضارع التزامی را در ستون سمت راست («افعال در زمان مضارع التزامی») جدول زیر کپی کنید. برای فهم بهتر ساختار فعل در این زمان، مانند مثال ارائه شده در زیر، پیشوند، بن مضارع و شناسه ی حال هر فعل را جدا کنید.

افعال در زمان مضارع التزامی	پیشوند	بن حال	شناسه های حال
ببرم	ب	بر	م

ب. بررسی واژگان

(I)1. Instructions: Fill in the blanks using the word bank provided below to create collocations.

Word bank: Economic, economic growth, economic indicators, GDP, reports, statistics

---

(فعالیت فردی)۱. راهنما: با استفاده از کلمات ارائه شده در بانک واژگان زیر عبارت های همنشین بسازید و جاهای خالی را پر کنید.

بانک واژگان: اقتصادی، تولید ناخالص داخلی (GDP)، شاخص های اقتصادی، رشد اقتصادی، گزارش‌ها آمار

الف. وضعیت -------------------- ایران بسیار بد است.
ب. تورم و -------------------- دو تا از -------------------- هستند.
پ. -------------------- منتشر شده توسط بانک جهانی نرخ بیکاری را بالا نشان می دهد.
ت. -------------------- ایران در سال آینده ٪۲ خواهد بود.

(I)2. Instructions: Write out as many collocations as you can that can be used when discussing the economy, inflation, and unemployment. Some collocations might fall into multiple categories.

(فعالیت فردی)۲. راهنما: تا آن جا که می توانید عبارت های همنشینی که هنگام بحث درباره اقتصاد، تورم و بیکاری استفاده می شوند را بنویسید. برخی از عبارت های همنشین ممکن است در چند گروه قرار بگیرند.

اقتصاد	تورم	بیکاری

۴. پروژه: پیش بینی وضعیت اقتصادی ایران

Imagine that you are part of a team of experts in charge of forecasting the Iranian economic situation. You need to conduct this forecast by taking into account key economic indicators and data from reports covered in this lesson. You will also need to consider the possible consequences of the COVID-19 pandemic you read about in the beginning of this lesson. The IMF predicted that because of the post-pandemic global economic recovery, GDP would still be negative in 2020.

PPT/Prezi presentation

Working in groups of three, prepare a PPT/Prezi presentation that contains a minimum of four slides. Use specific vocabulary and their collocations from Activity B1 (III) and Activity B2 (III) to predict Iran's economic situation, as well as its repercussions on Iran and other countries.

- Before writing the content of the presentation, reflect on the following questions:
  a. What do statistics from the reports by the IMF, Iranian Census Bureau, and World Bank indicate? What inferences can be made from the data collected in Activity C2 (II)?
  b. What economic consequences does this economic situation have on Iran and other countries?
  c. What consequences might the COVID-19 pandemic have on Iran and other countries?
- When writing the content of the presentation, try to use the language structures and vocabulary covered in this lesson, as in the sentences below:
  a. We predict that the GDP growth rate will fall below 2 percent.
  b. We predict that the unemployment rate will increase.
  c. We predict that there might not be too much inflation.

تصور کنید شما عضو تیمی از متخصصانی هستید که مسئول پیش‌بینی وضعیت اقتصادی ایران است. باید این پیش بینی را با درنظرگرفتن شاخص های اصلی اقتصادی و داده های گزارش شده در این درس انجام دهید. همچنین باید عواقب احتمالی همه‌گیری کووید۱۹- که در ابتدای این درس خواندید را درنظر بگیرید. صندوق بین‌المللی پول پیش‌بینی کرد که به دلیل بهبود اقتصاد جهانی پس از همه گیری، تولید ناخالص داخلی (GDP) همچنان در سال ۲۰۲۰ منفی خواهد بود.

ارائه پاورپوینتی/Prezi

در گروه‌های سه‌نفره، یک ارائه پاورپوینتی/Prezi تهیه کنید که حداقل شامل چهار اسلاید باشد. برای پیش‌بینی وضعیت اقتصادی ایران و همچنین پیامدهای آن بر ایران و سایر کشورها، از واژگان خاص و عبارت های همنشین آنها در تمرین‌های ب۱(۳) و ب۲(۳) استفاده کنید.

- پیش از آماده کردن محتوی ارائه تان درباره پرسش‌های زیر تأمل کنید:
  - الف. آمار گزارش های صندوق بین‌المللی پول، مرکز آمار ایران و بانک جهانی چه چیزی را نشان می‌دهد؟ از داده های مقاله و تمرین پ۲(۲) چه نتیجه ای می توان گرفت؟
  - ب. این وضعیت اقتصادی چه پیامدهای اقتصادی برای ایران و سایر کشورها دارد؟
  - پ. همه‌گیری کووید۱۹- چه پیامدهایی برای ایران و سایر کشورها دارد؟
- هنگام تهیه محتوای ارائه تان سعی کنید از ساختارهای دستوری زبان و واژگان مندرج در این درس، که در جملات زیر آمده، استفاده کنید:
  - الف. ما پیش‌بینی می‌کنیم که نرخ رشد تولید ناخالص داخلی (GDP) به زیر ۲٪ خواهد رسید.
  - ب. ما برآورد می‌کنیم که نرخ بیکاری افزایش خواهد یافت.
  - پ. ارزیابی ما این است که تورم بالا نرود.

2

CORRUPTION

درس ۲
فساد

What will I learn in this lesson?			
TOPIC	**SKILLS**	**STRUCTURES**	**VOCABULARY**
Corruption	• Listening • Speaking (interpretive, interpersonal, presentational modes)	• Subjunctive mode, present tense (usage II - with impersonal construction of ability, necessity, permission, or preference) • Conditional sentences	Corruption, corrupt, pious, merchandise, progress
GRAMMAR SHEETS			
The Subjunctive Mode (Present)			
Conditional Constructions			
RECOMMENDED TECHNOLOGY: https://www.pbworks.com/ https://docs.google.com/ https://www.lucidchart.com/ https://bubbl.us/ https://tobloef.com/text2mindmap/			

<u>منابع درس ۲</u>
به منابع زیر دسترسی خواهید داشت:
-بخش های صوتی برگرفته از :

https://www.bbc.com/persian/iran/2016/02/160209_om_rouhani

DOI: 10.4324/9780429437090-13

کمی درباره موضوع . . .

Over two decades ago, Iran's Supreme Leader Ali Khamenei showed sympathy with the Iranian people by declaring that the Shah's government was financially, ethically, and administratively corrupt. Financial corruption in Iran was so severe that the Shah and his family were involved in most of the major economic transactions of the country.

Today, many Iranians claim that financial corruption is still very common across the political spectrum. They therefore wonder how the current political establishment is any different from that of the Shah.

بیش از دو دهه پیش، رهبر جمهوری اسلامی علی خامنه ای با اعلام اینکه دولت شاه از نظر مالی، اخلاقی و اداری فاسد است، با مردم ایران همدردی کرد. فساد مالی در ایران به حدی شدید بود که شاه و خانواده اش در بیشتر معاملات عمده اقتصادی کشور دخیل بودند.

امروزه بسیاری از ایرانیان ادعا می کنند که فساد مالی هنوز در طیف سیاسی بسیار رایج است. بنابراین برای آنها سوال این است که ساختار سیاسی کنونی ایران چه تفاوتی با دوران شاه دارد.

منبع:

Rafizadeh, M. (2019, December 19). Anger grows in Iran over corruption, nepotism and the crazy-rich elite. *Arab News*. https://www.arabnews.com/node/1601396

۱. معرفی موضوع و بررسی کلیدواژه ها

(C)1. Instructions: Choose words from the following list to caption the picture below (Figure 4.2.1). Be prepared to justify your choices in front of the class.

(فعالیت کلاسی) ۱. راهنما: برای زیرنویس کردن تصویر زیر (شکل ۴.۲.۱) از واژه های ارائه شده در لیست مقابل انتخاب کنید. آماده باشید تا انتخاب های خود را مقابل کلاس توجیه کنید.

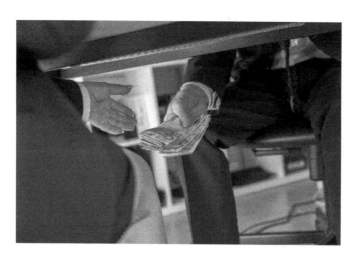

FIGURE 4.2.1 Corrupt business dealings.

شکل ۴.۲.۱ معاملات تجاری فاسد.

Source: © Adobe Stock

الف. دموکراسی ضعیف

ب. فساد

پ. بی‌عدالتی

ت. فقدان آزادی

ث. سیاستمداران فاسد

ج. دموکراسی قوی

(I)2. Instructions: Referring to the statement below, try to define corruption in your own words in Farsi and determine what factors cause it. You may consult your instructor or use a dictionary for unfamiliar words you plan to use.

(فعالیت فردی)۲. راهنما: با مراجعه به عبارت زیر، سعی کنید واژه فساد را با کلمات خودتان به فارسی تعریف کنید و مشخص کنید چه عواملی باعث آن می شود. برای استفاده از واژه های ناآشنا، می‌توانید از معلم خود و یا از فرهنگ لغت کمک بگیرید.

«فساد در جایی که بنیان های دموکراتیک ضعیف باشد و همانطور که در بسیاری از کشورها دیده ایم ، در جایی که سیاستمداران غیر دموکراتیک و پوپولیست می توانند از آن به نفع خود استفاده کنند، بسیار شکوفا

می شود.»

- دلیا فریرا روبیو، رئیس سازمان شفافیت بین الملل

منبع:

Corruption perception index 2018. *Transparency International.* Retrieved June 10, 2020, from https://www.transparency.org/en/cpi/2018

_____

_____

_____

_____

(P)3. Instructions: The map reproduced below (Figure 4.2.2) shows the Corruption Perceptions Index of 2018.

The index:

- Ranks 180 countries and territories by their perceived levels of public sector corruption according to experts and businesspeople.
- Uses a scale of 0 to 100, where 0 is highly corrupt and 100 is very transparent.

(فعالیت دو نفره)۳. راهنما: نقشه بازسازی شده زیر (شکل ۲.۲.۴) شاخص درک فساد در سال ۲۰۱۸ را نشان می‌دهد.

- طبق نظر کارشناسان و بازرگانان ، ۱۸۰ کشور و سرزمین را با توجه به میزان فساد در بخش عمومی آن ها رتبه بندی می کند.
- از مقیاس ۰ تا ۱۰۰ استفاده می کند، جایی که ۰ بسیار فاسد و ۱۰۰ بسیار شفاف است.

FIGURE 4.2.2 Corruption Perception Index of 2018.

شکل ۴.۲.۲ شاخص درک فساد در سال ۲۰۱۸.

منبع:

Corruption perception index 2018. *Transparency International*. Retrieved June 10, 2020, from https://www.transparency.org/en/cpi/2018

Access the online map via the link provided (www.routledge.com/9781138347199). Determine what Iran's score reveals by answering the following questions. Check your answers with a partner.

a. Locate Iran on the map. Referencing the score legend at the bottom of the map, determine Iran's corruption level score, based on its color. Can Iran be considered "very transparent" or "highly corrupt"?
b. Click on Iran. From the legend at the bottom left-hand side of the screen, determine whether Iran has made progress against corruption according to changes in its score from the previous year.

از طریق لینک ارائه شده (www.routledge.com/9781138347199) به نقشه آنلاین دسترسی پیدا کنید. سپس با پاسخ دادن به پرسش‌های زیر نتیجه گیری کنید که امتیاز ایران چه چیزی را نشان می دهد. پاسخ های خود را با همکلاسی تان چک کنید.

الف. ایران را بر روی نقشه پیدا کنید. با مراجعه به بخش امتیازها در پایین نقشه، امتیاز سطح فساد ایران را براساس رنگ آن مشخص کنید. براساس این امتیاز، آیا ایران را می توان «بسیار شفاف» یا «بسیار فاسد» دانست؟

ب. بر روی ایران کلیک کنید. از بخش امتیاز موجود در سمت چپ و پایین صفحه مشخص کنید که آیا ایران با توجه به تغییر امتیازش از آخرین گزارش شاخص درک فساد در سال گذشته در برابر فساد پیشرفتی داشته است یا خیر.

(P)4. Instructions: Read the following quotations by the current president of Iran, Hassan Rouhani, and the former president, Ahmadi Nejad. Answer the following questions with a partner.

(فعالیت دو نفره)۴. راهنما: نقل قول های زیر از رئیس جمهور فعلی ایران، حسن روحانی و رییس‌جمهور قبلی، احمدی‌نژاد را بخوانید. با همکلاسی خود به پرسش‌های زیر پاسخ دهید.

«وقتی می‌خواهید چیزی تولید کنید، یک دستگاه فاسدی که نمی‌خواهم نام آن را ببرم، می‌تواند کالا را قاچاق وارد کند. نمی‌گذارد شما رشد کنید. باید جلوی فساد گرفته شود.»

- حسن روحانی، رئیس جمهور ایران

«مصرف سیگار نجومی است و همه قاچاقچیان درجه یک دنیا را به طمع می‌اندازد، چه برسد به برادران قاچاقچی خودمان.»

- احمدی‌نژاد، رئیس‌جمهور قبلی ایران

الف. به گفته حسن روحانی، چرا باید جلوی فساد گرفته شود؟

____

____

ب. «برادران قاچاقچی» که احمدی‌نژاد در سخنانش از آنها نام برد چه کسانی هستند؟

____

____

منبع:

- امیر پایور، «روحانی: مشکل اصلی اقتصاد ایران فساد است»، *بی بی سی نیوز فارسی*، ۲۰ بهمن ۱۳۹۴، https://www.bbc.com/persian/iran/2016/02/160209_om_rouhani

(G)5. Instructions: In groups of three, brainstorm possible factors of corruption and their consequences. Organize your ideas to create two separate mind maps following the example below. Be sure to leave space for your responses after listening to the interview of President Hassan Rouhani in the **Studying the Topic** section.

(فعالیت گروهی)۵. راهنما: در گروه های سه نفره، فکر های خود را روی هم بگذارید و عوامل احتمالی ایجاد فساد و پیامدهای آن را پیدا کنید. ایده های خود را مرتب کنید و دو نقشه ذهنی جداگانه مطابق الگویی که در زیر آمده بسازید. مطمئن شوید پس از گوش دادن به مصاحبه رئیس جمهور حسن روحانی در بخش «مطالعه موضوع» برای پاسخ هایتان جای کافی بگذارید.

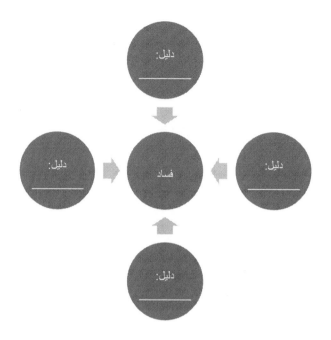

MIND MAP 1

نقشه ذهنی ۱

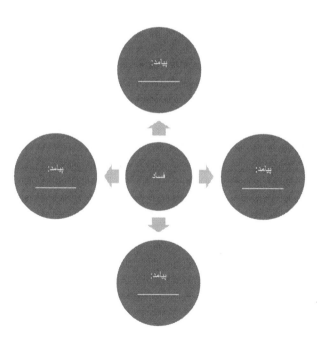

MIND MAP 2

نقشه ذهنی ۲

۲. مطالعه موضوع

منابع صوتی/تصویری

-بخش صوتی برگرفته از :

https://www.bbc.com/persian/iran/2016/02/160209_om_rouhani

الف. فرضیه پردازی

(I)1. Instructions: Fill in the right-hand side of the table below (Column "Expected Issues") with issues you expect to hear about in the audio segment in the **General Listening** section that follows, based on the title: "Rouhani: The Main Problem of Economy is Corruption" (»روحانی: مشکل اصلی اقتصاد ایران فساد است«).

(فعالیت فردی)۱. راهنما: در سمت راست جدول زیر (ستون «موضوعات مورد انتظار») بر اساس عنوان مقاله «حسن روحانی: مشکل اصلی اقتصاد ایران فساد است» موضوعاتی که انتظار دارید در بخش صوتی بخش «گوش دادن کلی» بشنوید را بنویسید.

موضوعات دیگر	موضوعات مورد انتظار

ب. گوش دادن کلی

KEY SKILL: LISTENING FOR THE GIST

To get the gist of the audio segment, try to understand what is being said even if you cannot understand every word.

Activity B1 (II) will help you achieve this by asking you to identify the purpose of the speech. In the activities below, you will be asked to identify key words that construct the main idea of the segment.

مهارت کلیدی: گوش دادن برای درک اصل مطلب

برای درک اصل مطلب بخش صوتی، سعی کنید آنچه که گفته می شود را درک کنید حتی اگر معنی همه واژه ها را ندانید.

تمرین ب۱(۲) به شما کمک می کند به این امر دست یابید و هدف سخنرانی را شناسایی کنید. در تمرین های زیر، از شما خواسته می شود واژه های کلیدی که ایده اصلی بخش صوتی را شکل می دهند، شناسایی کنید.

(P)1. Instructions: Listen to the audio segment of President Hassan Rouhani's speech via the link provided (www.routledge.com/9781138347199 ◀)) and select the most appropriate option to complete the statement below. Check your answer with a partner and be prepared to justify your reasoning. The purpose of President Hassan Rouhani's speech is to:

a. Fight against corruption for "real" progress to happen.
b. Let listeners know that the Iranian economy has been hit by a recession.
c. Explain the main causes of the recession.

(فعالیت دو نفره)۱. راهنما: از طریق لینک ارائه‌شده((◀ www.routledge.com/9781138347199)،
به بخش صوتی مربوط به سخنرانی رئیس جمهور حسن روحانی گوش دهید و مناسب ترین گزینه را برای تکمیل گزاره زیر انتخاب کنید. پاسخ خود را با همکلاسی تان چک کنید و آماده باشید تا استدلال خود را توضیح دهید. هدف این سخنرانی رئیس جمهور حسن روحانی این است که:

الف. با فساد مبارزه بکند تا پیشرفت واقعی اتفاق بیفتد.
ب. شنوندگان بدانند که اقتصاد ایران دچار رکود شده است.
پ. دلایل اصلی رکود را توضیح بدهد.

(P)2. Instructions: Listen to President Hassan Rouhani's speech again. Check off the expected issues you entered in the right-hand side of the table in Activity A1 (II). In the left-hand side of the same table, fill in any additional issues that were missing. Check your answers with a partner.

(فعالیت دونفره)۲. راهنما: به سخنرانی رئیس جمهور حسن روحانی دوباره گوش دهید. سپس موضوعات مورد انتظاری که در سمت راست جدول تمرین الف۱(۲) نوشتید را علامت بزنید. در سمت چپ همان جدول موضوعات دیگری که قبلا ننوشتید را اضافه کنید. پاسخ‌های خود را با همکلاسی‌تان چک کنید.

(I)3. Instructions: Listen to President Hassan Rouhani's speech once again and use the space below to write down all key verbs and other key words you can identify.

(فعالیت فردی)۳. راهنما: دوباره به سخنرانی رئیس جمهور حسن روحانی گوش دهید و فعل‌ها و واژه‌های کلیدی دیگری که می توانید پیدا کنید را در جای خالی زیر بنویسید.

_____

_____

_____

(P)4. Instructions: Compare your list in Activity B3 (II) above with a partner and organize in the table below the verbs and words you collected.

(فعالیت دونفره)۴. راهنما: فهرست خود در تمرین ب۳ (۲) در بالا را با فهرست همکلاسی خود مقایسه کنید و افعال و واژه هایی که هر دو پیدا کردید را مرتب کرده و در جدول زیر بنویسید.

فعل‌ها	واژه‌ها

(I)5. Instructions: Summarize the main idea of President Hassan Rouhani's speech in one sentence using at least three key words and one key verb from the table you completed in B4 (II) above.

(فعالیت فردی)۵. راهنما: با استفاده از حداقل سه واژه کلیدی و یک فعل کلیدی که در جدول تمرین ب۴ (۲) در بالا نوشتید، در یک جمله، ایده اصلی سخنرانی رئیس جمهور حسن روحانی را خلاصه کنید.

____

____

پ. گوش دادن هدفمند

(P)1. Instructions: Listen to President Hassan Rouhani's speech again and fill in the blanks to complete the transcript of the speech. Check your answers with a partner.

(فعالیت دونفره)۱. راهنما: دوباره به سخنرانی رئیس جمهور حسن روحانی گوش دهید و جاهای خالی را پر کنید تا متن کامل سخنرانی را به دست بیاورید.

ما در مساله فساد مشکل داریم. ما باید با فساد ________ تا وقتی فساد در کشور ما هست، ________ واقعی ایجاد نخواهد شد [. . .] وقتی می‌خواهید ________، یک ________
فاسدی که نمی‌خواهم نام آن را ببرم، می‌تواند کالاها را ________ و ________ بکند.
نمی‌گذارد شما رشد بکنید. باید جلوی فساد گرفته شود.
اگر شما اطلاعات، تفنگ، پول، سایت، سرمایه را در یک نهاد جمع بکنید، حتی اگر ________ هم باشید ________ می‌شوید.

۳. ساختارهای دستوری زبان و واژگان

الف. بررسی ساختارهای دستوری زبان

(I)1.

(فعالیت فردی)۱.

SUBJUNCTIVE MODE (USAGE II)

The subjunctive mode is used as a complement with impersonal construction of ability, necessity, permission, or preference.

وجه التزامی (کاربرد ۲)

وجه التزامی برای بیان توانایی، ضرورت، اجازه یا خواستن به عنوان مکمل همراه با ساخت غیرشخصی استفاده می شود.

Instructions: In the transcript of President Rouhani's speech, underline and organize in the table below all verbs that express ability (e.g., to be able), necessity (e.g., it is necessary, we should, to have to), permission (e.g., to allow), and preference (e.g., to want, to decide, to wish). Note that each of these verbs is followed by another verb. In what mode is this second verb?

راهنما: در متن سخنرانی رئیس جمهور حسن روحانی، زیر تمام فعل‌هایی که بیانگر توانایی (برای مثال، قادر بودن)، ضرورت (برای مثال، لازم است که، ما باید، ما مجبوریم)، اجازه (برای مثال، اجازه دادن =گذاشتن) و خواستن (برای مثال، خواستن ، تصمیم گرفتن ، آرزو کردن) هستند خط بکشید و در جدول زیر مرتب کنید. توجه داشته باشید که بعد از هر یک از این فعل‌ها، فعل دیگری می‌آید. وجه فعل دوم چیست؟

خواستن	اجازه	ضرورت	توانایی

(I)2. Instructions: Review the transcript and copy the verbs in the present subjunctive in the right-hand side column ("Verbs in Present Subjunctive") of the table below. Review the formation of this tense by separating the prefix, the present stem, and the personal endings.

(فعالیت فردی)۲. راهنما: متن را مرور کنید و افعال به کار رفته در زمان حال یا مضارع التزامی را در ستون سمت راست («افعال در زمان مضارع التزامی») را در جدول زیر بنویسید. برای مرور کردن ساختار فعل در این زمان، پیشوند، بن مضارع و شناسه‌ی حال هر فعل را جدا کنید.

شناسه های حال	بن حال	پیشوند	افعال در زمان مضارع التزامی

(I)3.

(فعالیت فردی)۳.

CONDITIONAL SENTENCES

Conditional sentences express the probability that a situation (result) will occur under certain circumstances (condition).

جملات شرطی

جملات شرطی بیانگر این احتمال است که وضعیت یا موقعیتی (نتیجه) تحت شرایط خاصی (شرط) اتفاق خواهد افتاد.

Instructions: Study the statement below from President Hassan Rouhani's speech:

"If you accumulate intelligence, weapons, money, capital websites, newspaper and news agencies in one institution, even if you are pious, you will become corrupt."

This sentence expresses the probability that a situation (result: "you will become corrupt") will occur under the circumstance (condition: "accumulate intelligence, weapons, money, capital websites, newspaper and news agencies in one institution").

Now reflect on the construction of the sentence. Underline the verb that indicates the condition of the sentence and circle the verb that indicates the result of such a condition.

- In what mode and tense is the verb that indicates the condition of the sentence?
- In what mode and tense is the verb that indicates the result of the condition?

راهنما: گزاره زیر از سخنرانی رئیس جمهور حسن روحانی را بخوانید:

«شما اگر اطلاعات، اسلحه، پول، وب سایت ها، سرمایه، روزنامه ها و خبرگزاری ها را در یک دستگاه جمع بکنید، حتی اگر تقوا داشته باشید، فاسد خواهید شد.»

این جمله بیانگر احتمال موقعیتی (نتیجه: «فاسد خواهید شد») است که تحت شرایطی (شرط: «اگر اطلاعات، اسلحه، پول، وب سایت های سرمایه، روزنامه ها و خبرگزاری ها در یک دستگاه جمع کنید ») اتفاق خواهد افتاد.

اکنون در ساخت جمله تأمل کنید. زیر فعلی که بیانگر شرط در جمله است خط بکشید و سپس دور فعلی که نتیجه این شرط است خط بکشید.

- فعلی که شرط جمله را نشان می دهد در چه وجه و زمانی به کار رفته است؟

____

____

• فعلی که نتیجه شرط را نشان می دهد در چه وجه و زمانی به کار رفته است؟

(I)4. Instructions: Using the examples in the tables below, advise the leader of a corrupt country on how to tackle the issues listed below. With the help of the "Result/Condition" Table, construct appropriate conditional sentences. Using the "Implication for the Future/Recommendation" Table, include specific phrasing for making recommendations.

a. Opium production in Afghanistan
b. Nuclear program in Iran
c. Tensions over Iran's interference in Afghanistan
d. Iran's economic isolation
e. Women's rights

(فعالیت فردی)۴. راهنما: با استفاده از مثال های جدول های زیر، به رهبر یک کشور فاسد توصیه کنید که چگونه با یکی از مسائل زیر مقابله کند. با کمک جدول «نتیجه/شرط»، جملات شرطی مناسبی بسازید. سپس با کمک جدول «پیامدهای آینده/توصیه ها»، عبارت های خاصی را برای ارائه توصیه های تان بنویسید.

الف. تولید تریاک در أفغانستان
ب. برنامه هسته‌ای ایران
پ. اختلاف‌ها درباره مداخله ایران در افغانستان
ت. انزوای اقتصادی ایران
ث. حقوق زنان

"Result/Condition" Table

جدول «نتیجه و شرط»

شرط	**نتیجه**
اگر + مضارع التزامی	زمان آینده/زمان حال
مثال:اگر ایران با امریکا مذاکره بکند، آمریکائی ها تحریم‌ها را برمی‌دارند.	

"Implication for the Future/Recommendation" Table

جدول «پیامدهای آینده/توصیه ها»

پیامدهای آینده	**توصیه ها**
بنابراین، در نتیجه، از این رو، بدین ترتیب، از این جهت	شما باید . . .
مثال:شما باید با ایالات متحده مذاکره بکنید. در نتیجه، ایران در انزوای اقتصادی نخواهد بود.	

ب. بررسی واژگان

(I)1. Instructions: Read the transcript of President Hassan Rouhani's speech in Activity B1 (II). For each word in the right-hand side column ("Words") of the table provided below, find a synonym and an antonym from the transcript and add them to the respective columns. Note that an opposite meaning may not be applicable in every instance.

(فعالیت فردی)۱. راهنما: متن کامل سخنرانی رئیس جمهور حسن روحانی را در تمرین ب۱(۲) بخوانید. برای هر واژه در ستون سمت راست («واژه ها») جدول زیر، یک واژه مترادف و یک واژه متضاد در متن پیدا کنید و در زیر ستون های مربوطه بعدی بنویسید. توجه کنید که ممکن است برخی واژه ها متضاد نداشته باشند.

واژه ها	مترادف	متضاد
رکود		
پیشرفت		
جنگیدن با		
رشد کردن		
فاسد		
کالا		
مشکل		

۴. پروژه: جلوگیری از فساد

According to Transparency International, the 2018 Corruption Perception Index reveals that the continued failure of most countries to significantly control corruption is contributing to a crisis in democracy around the world. While there are exceptions, the data shows that despite some progress, most countries are failing to make serious inroads against corruption.

منبع:

Corruption perceptions index 2018. *Transparency International*. Retrieved June 10, 2020, from https://www.transparency.org/cpi2018

a. Team wiki

In groups of three anti-corruption advisors, write on your team's wiki a list that contains at least five pieces of advice that leaders of corrupt countries should follow to fight against corruption.

Be sure to use the key words and phrases throughout this lesson, such as "I suggest that . . .," "I advise that . . .," "I recommend that . . .," followed by the present subjunctive.

b. Oral presentation

Imagine you are Jafar Nahavandian, the advisor of economic affairs to the president of Iran. You strongly believe that corruption is affecting economic growth and want to advise the president to stop corruption. Prepare a two-minute oral presentation to give in class explaining what the president should do to stop corruption, highlighting positive results if he takes the measures you recommend.

To prepare, review the transcript of President Hassan Rouhani's speech and identify words and phrases that express conditions and results that you can use. If you find it more practical, you can organize the words and phrases in Table 4.2.1 below. Issue your advice using possible conditional constructions with the present subjunctive following the example provided in Table 4.2.2 below.

Provided the recommendations are followed, you can conclude your speech by stating whether Iran will be able to control corruption.

For the sake of practice, you can record your presentation on VoiceThread and listen to it.

به گفته سازمان شفافیت بین الملل، شاخص درک فساد در سال ۲۰۱۸ «. . . آشکار می کند که بیشتر کشورها نتوانسته‌اند به طور چشمگیری در کنترل فساد موفق باشند. این مساله در ادامه بحران دموکراسی در سراسر جهان تاثیر دارد. به جز چند استثنا، داده‌ها نشان می‌دهد که با وجود برخی پیشرفت‌ها ، بیشتر کشورها نتوانسته‌اند "کارهای جدی چندانی علیه فساد انجام دهند.»

منبع:

Corruption perceptions index 2018. *Transparency International*. Retrieved June 10, 2020, from https://www.transparency.org/cpi2018

الف. ویکی گروه

در گروه‌هایی متشکل از سه مشاور مبارزه با فساد، لیستی حاوی حداقل پنج توصیه برای رهبران کشورهای فاسد تهیه کنید که آنها باید برای مبارزه با فساد دنبال کنند.

مطمئن شوید که حتما از کلیدواژه‌ها و عباراتی که در این درس آمده مانند «من پیشنهاد می کنم که . . . »، «من نصیحت می کنم که . . . »، «من توصیه می کنم که . . . » استفاده کنید و اینکه جمله بعد آن مضارع التزامی باشد.

لیست توصیه‌ها

۱. ــ

۲. ــ

۳. ــ

۴. ــ

۵. ــ

ب. ارائه شفاهی

تصور کنید شما جعفر نهاوندیان، مشاور امور اقتصادی رئیس جمهور ایران هستید. شما کاملاً معتقدید که فساد در رشد اقتصادی تأثیرگذار است و می خواهید به رئیس جمهور توصیه کنید جلوی فساد را بگیرد. یک ارائه شفاهی یک دقیقه ای برای ارائه در کلاس تهیه کنید و توضیح دهید رئیس جمهور چه کارهایی باید برای جلوگیری از فساد انجام دهد و اینکه در صورت انجام اقدامات توصیه شده به چه نتایج مثبتی دست خواهد یافت.

برای آماده کردن ارائه خود، متن سخنرانی رئیس جمهور روحانی را مرور کنید و واژه‌ها و عبارت‌های بیانگر شرایط و نتایج که می توانید از آن ها استفاده کنید را مشخص کنید. اگر برای شما بهتر است، می توانید این واژه ها و عبارت ها را در جدول ۱.۲.۴ در زیر مرتب کنید. سپس مانند مثال ارائه شده در جدول ۲.۲.۴ در زیر، توصیه های خود را با استفاده از ساختارهای جملات شرطی به همراه فعل مضارع التزامی بیان کنید.

به شرط رعایت توصیه ها، می توانید با بیان اینکه آیا ایران قادر به کنترل فساد خواهد بود، به سخنان خود پایان دهید.

برای تمرین، می توانید ارائه خود را با VoiceThread ضبط کنید و به آن گوش دهید.

TABLE 4.2.1

جدول ۱.۲.۴

شرط	نتیجه
اگر + مضارع التزامی	زمان حال/زمان آینده

TABLE 4.2.2

جدول ۲.۲.۴

پیامدهای آینده	توصیه ها
بنابراین، در نتیجه، از این رو، بدین ترتیب، از این جهت	شما باید . . .

UNIT 5
Education

بخش ۵
آموزش

1

EDUCATION POVERTY AND SOCIAL PROGRESS

درس ۱
فقر آموزش و پیشرفت اجتماعی

What will I learn in this lesson?			
TOPIC	**SKILLS**	**STRUCTURES**	**VOCABULARY**
Education poverty and social progress	• Reading • Speaking	• Passive voice (usage and construction) • Subjunctive mode, present tense (usage III – with impersonal verbs of necessity)	• Access, advantage, disadvantage, drop out, education (primary, secondary, higher), equality, illiteracy, inequality, facility, literacy, phenomenon, poverty, social progress, space
GRAMMAR SHEETS			
Passive Construction			
The Subjunctive Mode (Present)			
RECOMMENDED TECHNOLOGY: https://voicethread.com/ https://www.lucidchart.com/ https://bubbl.us/ https://tobloef.com/text2mindmap/			

منابع درس ۱
به منابع زیر دسترسی خواهید داشت:
- گزیده های مقاله برگرفته از :

https://www.radiofarda.com/a/why-education-is-poor-iran/28837574.html

کمی درباره موضوع . . .

The central Iranian government is responsible for the financing and administration of primary and secondary education through the Ministry of Education. The

DOI: 10.4324/9780429437090-15

Ministry supervises national examinations, monitors standards, organizes teacher training, and develops curricula and educational materials. The highest authority in educational affairs wielding far-reaching control over relevant policies and regulations is the Supreme Council of the Cultural Revolution, a body appointed by and subordinate to Iran's Supreme Leader.

Basic education is compulsory, and in the public school system, the cost of attendance is free. The basic education cycle lasts nine years and is divided into a six-year elementary education cycle (*dabestan*) and a three-year lower secondary, or guidance, cycle (*doreh-e rahnama-ii*).

During elementary school, students attend 24 hours of class per week. The curriculum covers Islamic studies, Persian studies – which include reading, writing, and comprehension – social studies, mathematics, and science.

At the lower secondary or guidance level, subjects like history, vocational studies, Arabic, and foreign languages are introduced, and students attend more hours of class each week. The curriculum at this level is national and consistent across all schools.

Depending on grades achieved in the relevant subjects at the end of the lower secondary or guidance level, students are eligible to continue their education in the academic, vocational, or technical branches of the secondary cycle.

The three-year long upper secondary education is not compulsory, but in the public school system, the cost of attendance is free. Based on students' examination results at the end of the lower secondary or guidance level, and student preferences, students are enrolled among three branches of the education system: academic (*nazari*), technical (*fani herfei*), and vocational (*kar-danesh*).

The pre-university year is a preparatory year for students who plan to take Iran's standardized university entrance examinations, the *Konkur* (or *Concour*), required for admission into most university programs.

Higher education is offered at universities and teacher training colleges, as well as non-university-affiliated technical and higher education institutes.

All institutions of higher education, except medical institutions, are under the supervision of the Ministry of Science, Research and Technology. Medical universities are supervised by the Ministry of Health, Treatment and Medical Education. Post-secondary vocational education is overseen by the Technical and Vocational Training Organization.

Higher education is sanctioned by different levels of diplomas: *Fogh-e-Diplom* or *Kārdāni* is conferred after two years of higher education, and *Kārshenāsi* (also referred to as a "license") is earned after four years of higher education (Bachelor's degree). *Kārshenāsi-ye Arshad* is awarded after two years of further study (Master's degree), after which another exam is administered for doctoral program (PhD) candidates.

دولت مرکزی ایران مسئول تأمین مالی و اداره آموزش ابتدایی و متوسطه از طریق وزارت آموزش و پرورش است. این وزارت رسیدگی به آزمون های ملی، نظارت بر استانداردها، سازماندهی آموزش معلمان و تدوین برنامه های درسی و مواد آموزشی را بر عهده دارد. بالاترین مقام در امور آموزشی که کنترل گسترده ای بر سیاست ها و مقررات مربوطه دارد، شورای عالی انقلاب فرهنگی است، هیأتی منصوب شده و تابع رهبر ایران.

آموزش مقدماتی اجباری است و در سیستم مدارس دولتی هزینه تحصیل رایگان است. چرخه آموزش مقدماتی نه سال طول می کشد و به یک دوره آموزش ابتدایی شش ساله (دبستان) و یک دوره اول متوسطه یا راهنمایی سه ساله (دوره راهنمایی) تقسیم می شود.

در دوران ابتدایی، دانش آموزان هر هفته ۲۴ ساعت در کلاس شرکت می کنند. این برنامه درسی شامل مطالعات اسلامی، مطالعات فارسی - که شامل خواندن ، نوشتن و درک مطلب است، مطالعات اجتماعی، ریاضیات و علوم می باشد.

در مقطع راهنمایی، موضوعاتی مانند تاریخ، تحصیلات فنی و حرفه ای، عربی و زبان های خارجی معرفی می شود و دانشجویان هر هفته ساعت های بیشتری را در کلاس می گذرانند. برنامه درسی در این سطح سراسری بوده و در تمام مدارس سازگار است.

بسته به نمرات کسب شده در دروس مربوطه در پایان دوره اول متوسطه، دانش آموزان واجد شرایط ادامه تحصیل در شاخه های علمی، شغلی و یا فنی و حرفه ای دوره دوم متوسطه می شوند.

تحصیلات دوره سه ساله دوم متوسطه اجباری نیست، اما در سیستم مدارس دولتی هزینه تحصیل رایگان است. براساس نتایج آزمون دانش آموزان در پایان دوره اول متوسطه یا راهنمایی، و ترجیح دانش آموزان، آنها می توانند در سه شاخه سیستم آموزشی ثبت نام کنند: علمی (نظری)، فنی (فنی و حرفه ای) و شغلی (کار دانش).

دوره پیش دانشگاهی یک سال جهت آمادگی برای دانشجویانی است که قصد دارند در آزمونهای استاندارد ورود به دانشگاه ایران یا کنکور شرکت کنند، و برای پذیرش در اکثر رشته های دانشگاهی لازم است.

تحصیلات عالی در دانشگاه ها و کالج های تربیت معلم و همچنین مؤسسات آموزش عالی فنی و حرفه ای غیر وابسته به دانشگاه ارائه می شود.

کلیه مؤسسات آموزش عالی، به جز مؤسسات پزشکی، تحت نظارت وزارت علوم، تحقیقات و فناوری قرار دارند. دانشگاه های پزشکی تحت نظارت وزارت بهداشت، درمان و آموزش پزشکی قرار دارند. آموزش حرفه ای پس از دوره متوسطه توسط سازمان آموزش فنی و حرفه ای نظارت می شود.

تحصیلات عالی توسط مقاطع مختلف تحصیلی مجاز است: مدرک فوق دیپلم یا کاردانی پس از دو سال تحصیلات عالی اعطا می شود ومدرک کارشناسی (به عنوان "لیسانس" نیز شناخته می شود) پس از چهار سال تحصیلات عالی به دست می آید. پس از دو سال مطالعه بیشتر مدرک کارشناسی ارشد اعطا می شود و پس از آن امتحان دیگری برای داوطلبان دوره دکترا (PhD) برگزار می شود.

منابع:

Repressive state and low quality of education in Iran. (2019, September 22). *Iran Human Rights Monitor*. https://iran-hrm.com/index.php/2019/09/22/repressive-state-and-low-quality-of-education-in-iran/

Education in Iran. (2017, February 7). *WENR*, World Education Services. https://wenr.wes.org/2017/02/education-in-iran

۱. معرفی موضوع و بررسی کلیدواژه ها

(I, P)1.

(فعالیت فردی، دونفره)۱.

KEY WORD: Social Progress Index (SPI)

کلیدواژه: شاخص پیشرفت اجتماعی (SPI)

Instructions: The map reproduced below in Figure 5.1.1 shows the 2020 Social Progress Index (SPI) in different parts of the world. The SPI measures the extent to which countries provide for the social and environmental needs of their citizens.

راهنما:نقشه بازتولید شده در شکل ۵.۱.۱ شاخص پیشرفت اجتماعی ۲۰۲۰ (SPI) در مناطق مختلف جهان را نشان می‌دهد. شاخص پیشرفت اجتماعی تعیین می‌کند کشورها تا چه اندازه به نیازهای اجتماعی و محیطی شهروندانشان می‌پردازند.

2020 Social Progress Index

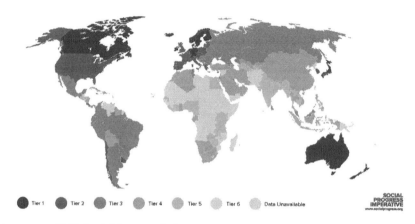

FIGURE 5.1.1 2020 Social Progress Index.

شکل ۵.۱.۱ شاخص پیشرفت اجتماعی (SPI) ۲۰۲۰.

منبع:

Source: 2020 Social progress index. *Social Progress Initiative*. Retrieved January 19, 2021, from https://www.socialprogress.org/

Access the map via the link provided (www.routledge.com/9781138347199 📖). Using the sliding bar on the top left-hand side of the map, zoom in to locate Afghanistan, Iran, and your country. Hover the mouse over each country to see their social progress tier according to the legend at the bottom of the map. Answer questions a–e individually and share your thoughts about questions f and g with a partner.

a. What is the social progress tier of Afghanistan?
b. Does this number demonstrate a favorable or unfavorable situation in Afghanistan?
c. What is the social progress tier of Iran?
d. Does this number demonstrate a favorable or unfavorable situation in Iran?
e. What is the social progress tier of your country?
f. Does this ranking demonstrate a favorable or unfavorable situation in your country?

g. What do you think are the reasons for the favorable or unfavorable situation in each country?

از طریق لینک ارائه شده

https://www.socialprogress.org/?compare=IRN&compare=USA&compare=AF) G&prop=OPP-AAE، به نقشه دسترسی یابید. با استفاده از نوار سمت چپ بالای نقشه زوم کنید تا أفغانستان، ایران و کشور خود را پیدا کنید. ماوس را روی هر کشور بکشید تا سطح پیشرفت اجتماعی هر کدام را طبق راهنمای پایین نقشه ببینید. به پرسش های الف-ث به صورت جداگانه پاسخ دهید و نظرات خود را در مورد پرسش های ج و چ با همکلاسی خود در میان بگذارید.

الف. سطح پیشرفت اجتماعی افغانستان چیست؟
ب. این سطح از پیشرفت اجتماعی در افغانستان وضعیت مطلوب یا نامطلوبی را نشان می دهد؟
پ. سطح پیشرفت اجتماعی ایران چیست؟
ت. این سطح از پیشرفت اجتماعی در ایران وضعیت مطلوب یا نامطلوبی را نشان می دهد؟
ث. سطح پیشرفت اجتماعی کشور شما چیست؟
ج. این سطح از پیشرفت اجتماعی در کشور شما وضعیت مطلوب یا نامطلوبی را نشان می دهد؟
چ. دلیل وضعیت مطلوب|نامطلوب در هر کشور به نظر شما چیست؟

(P)2.

(فعالیت دو نفره)۲.

KEY WORDS: State of Educational Advantage/Disadvantage
کلیدواژه‌ها: وضعیت مطلوب|نامطلوب آموزشی

Instructions: On the same webpage, click on the "See Scorecard" tab at the top right-hand side of the menu to view the scorecards of Afghanistan (Figure 5.1.2), Iran (Figure 5.1.3), and your country. Focus on the dimensions of the SPI listed in the "Dimension" column of the table below and check the color codes at the bottom of the scorecard. Based on the positive or negative ranking for each dimension (Column "Ranking"), would you consider each of these countries to be in a state of educational advantage or disadvantage (Column "State of Educational . . .")? Check your answers with a partner.

راهنما: در همان صفحه وب، بر روی گزینه «See Scorecard» در سمت راست بالای منو کلیک کنید تا کارت امتیاز أفغانستان (شکل ۵.۱.۲)، ایران (شکل ۵.۱.۳)، و کشور خود را مشاهده کنید. به ابعاد شاخص پیشرفت اجتماعی (SPI) ذکر شده در جدول زیر (ستون «ابعاد») دقت کنید و کدهای رنگی که در پایین کارت امتیاز آمده را چک کنید. براساس رتبه بندی مثبت یا منفی برای هر بعد (ستون «رتبه بندی»)، آیا فکر می‌کنید هر یک از این کشورها در وضعیت مطلوب یا نامطلوب آموزشی (ستون «وضعیت آموزشی . . . ») قرار دارد؟ پاسخ های خود را با همکلاسی تان چک کنید.

AFGHANISTAN

	Score/Value	Rank	Strength/Weakness
Social Progress Index	**42.29/100**	**155/163**	
GDP per Capita PPP	**$2,202**	**143/160**	

BASIC HUMAN NEEDS	Score/Value	Rank	Strength/Weakness
	52.90	138	
Nutrition & Basic Medical Care	**61.51**	**161**	
Undernourishment *(% of pop.)*	29.90	141	
Child mortality rate *(deaths/1,000 live births)*	62.28	163	
Maternal mortality rate *(deaths/100,000 live births)*	289.41	166	
Child stunting *(% of children)*	48.73	181	
Deaths from infectious diseases *(deaths/100,000)*	154.96	129	
Water & Sanitation	**49.45**	**144**	
Deaths attributable to unsafe water, sanitation and hygiene *(per 100,000 pop.)*	16.20	121	
Populations using unsafe or unimproved water sources *(%)*	82.51	179	
Populations using unsafe or unimproved sanitation *(%)*	69.79	154	
Shelter	**56.63**	**142**	
Access to electricity *(% of pop.)*	98.71	116	
Household air pollution attributable deaths *(deaths/100,000)*	155.84	180	
Usage of clean fuels and technology for cooking *(% of pop.)*	37.00	132	
Personal Safety	**44.02**	**158**	
Homicide rate *(deaths/100,000)*	6.66	108	
Perceived criminality *(1=low; 5=high)*	5.00	144	
Political killings and torture *(0=low freedom; 1=high freedom)*	0.35	143	
Traffic deaths *(deaths/100,000)*	32.78	170	

FOUNDATIONS OF WELLBEING	Score/Value	Rank	Strength/Weakness
	39.50	170	
Access to Basic Knowledge	**30.55**	**171**	
Women with no schooling	0.71	181	
Primary school enrollment *(% of children)*	n/a	n/a	
Secondary school attainment *(% of population)*	26.10	143	
Gender parity in secondary attainment *(distance from parity)*	0.64	160	
Access to quality education *(0=unequal; 4=equal)*	0.82	153	
Access to Information & Communications	**41.07**	**150**	
Mobile telephone subscriptions *(subscriptions/100 people)*	59.12	165	
Access to online governance *(0=low; 1=high)*	0.46	117	
Media censorship *(0=frequent; 4=rare)*	1.85	122	
Internet users (% of pop)	13.50	169	
Health and Wellness	**34.47**	**170**	
Life expectancy at 60 *(years)*	15.26	176	
Premature deaths from non-communicable diseases *(deaths/100,000)*	944.48	180	
Access to essential services *(0=none; 100=full coverage)*	46.07	168	
Access to quality healthcare *(0=unequal; 4=equal)*	2.02	99	
Enviromental Quality	**51.93**	**173**	
Outdoor air pollution attributable deaths *(deaths/100,000)*	45.74	155	
Greenhouse gas emissions *(total CO2 equivalents)*	34.00	95	
Particulate matter	56.67	168	
Biome protection	0.10	186	

OPPORTUNITY	Score/Value	Rank	Strength/Weakness
	34.47	156	
Personal Rights	**40.88**	**148**	
Political rights *(0=no rights; 40=full rights)*	13.00	143	
Freedom of expression *(0=no freedom; 1=full freedom)*	0.52	128	
Freedom of religion *(0=no freedom; 4=full freedom)*	1.93	152	
Access to justice *(0=non-existent; 1=observed)*	0.20	162	
Property rights for women *(0=no right; 5=full rights)*	2.41	153	
Personal Freedom & Choice	**39.82**	**161**	
Vulnerable employment *(% of employees)*	79.73	155	
Early marriage *(% of women)*	17.09	141	
Satisfied demand for contraception *(% of women)*	44.60	146	
Corruption *(0=high; 100=low)*	16.00	171	
Inclusiveness	**30.11**	**134**	
Acceptance of gays and lesbians *(0=low; 100=high)*	0.03	132	
Discrimination and violence against minorities *(0=low, 10=high)*	7.50	126	
Equality of political power by gender *(0=unequal power; 4=equal power)*	1.28	143	
Equality of political power by socioeconomic position *(0=unequal power; 4=equal power)*	1.13	144	
Equality of political power by social group *(0=unequal power; 4=equal power)*	2.27	93	
Access to Advanced Education	**27.05**	**161**	
Expected years of tertiary education	0.48	129	
Women with advanced education *(%)*	0.13	164	
Quality weighted universities *(points)*	2.40	110	
Citable documents	0.01	181	

Notes

Comparing Countries

Key

SOCIAL PROGRESS IMPERATIVE

FIGURE 5.1.2 Afghanistan's SPI Scorecard.

شکل ۲.۱.۵ کارت امتیاز شاخص پیشرفت اجتماعی (SPI) افغانستان.

منبع:

Source: 2020 Social progress index. *Social Progress Initiative*. Retrieved January 19, 2021, from https://www.socialprogress.org/

IRAN

	Score/Value	Rank	Strength/Weakness
Social Progress Index	**67.49/100**	**93/163**	
GDP per Capita PPP	**$14,536**	**77/163**	

BASIC HUMAN NEEDS	Score/Value	Rank	Strength/Weakness
	85.25	66	
Nutrition & Basic Medical Care	**94.22**	**63**	
Undernourishment *(% of pop.)*	4.70	70	
Child mortality rate *(deaths/1,000 live births)*	14.40	84	
Maternal mortality rate *(deaths/100,000 live births)*	24.09	64	
Child stunting *(% of children)*	9.92	71	
Deaths from infectious diseases *(deaths/100,000)*	22.93	50	
Water & Sanitation	**93.06**	**63**	
Deaths attributable to unsafe water, sanitation and hygiene *(per 100,000 pop.)*	1.19	64	
Populations using unsafe or unimproved water sources *(%)*	13.98	72	
Populations using unsafe or unimproved sanitation *(%)*	7.48	61	
Shelter	**93.10**	**61**	
Access to electricity *(% of pop.)*	100.00	1	
Household air pollution attributable deaths *(deaths/100,000)*	36.87	75	
Usage of clean fuels and technology for cooking *(% of pop.)*	95.00	1	
Personal Safety	**60.63**	**117**	
Homicide rate *(deaths/100,000)*	2.50	79	
Perceived criminality *(1=low, 5=high)*	3.00	37	
Political killings and torture *(0=low freedom; 1=high freedom)*	0.29	146	
Traffic deaths *(deaths/100,000)*	25.88	152	

FOUNDATIONS OF WELLBEING	Score/Value	Rank	Strength/Weakness
	68.86	99	
Access to Basic Knowledge	**82.40**	**82**	
Women with no schooling	0.17	141	
Primary school enrollment *(% of children)*	99.77	14	
Secondary school attainment *(% of population)*	69.80	77	
Gender parity in secondary attainment *(distance from parity)*	0.06	79	
Access to quality education *(0=unequal; 4=equal)*	2.05	97	
Access to Information & Communications	**63.17**	**106**	
Mobile telephone subscriptions *(subscriptions/100 people)*	108.46	1	
Access to online governance *(0=low; 1=high)*	0.46	117	
Media censorship *(0=frequent; 4=rare)*	0.37	155	
Internet users (% of pop)	70.00	76	
Health and Wellness	**70.28**	**58**	
Life expectancy at 60 *(years)*	21.98	57	
Premature deaths from non-communicable diseases *(deaths/100,000)*	283.54	55	
Access to essential services *(0=none; 100=full coverage)*	77.09	63	
Access to quality healthcare *(0=unequal; 4=equal)*	2.24	86	
Enviromental Quality	**59.58**	**161**	
Outdoor air pollution attributable deaths *(deaths/100,000)*	43.69	150	
Greenhouse gas emissions *(total CO2 equivalents)*	916.00	185	
Particulate matter	39.08	144	
Biome protection	6.95	141	

OPPORTUNITY	Score/Value	Rank	Strength/Weakness
	48.35	119	
Personal Rights	**40.50**	**149**	
Political rights *(0=no rights; 40=full rights)*	7.00	156	
Freedom of expression *(0=no freedom; 1=full freedom)*	0.26	151	
Freedom of religion *(0=no freedom; 4=full freedom)*	1.13	163	
Access to justice *(0=non-existent; 1=observed)*	0.39	129	
Property rights for women *(0=no right; 5=full rights)*	4.00	101	
Personal Freedom & Choice	**54.83**	**126**	
Vulnerable employment *(% of employees)*	41.42	102	
Early marriage *(% of women)*	22.16	165	
Satisfied demand for contraception *(% of women)*	74.90	68	
Corruption *(0=high; 100=low)*	26.00	145	
Inclusiveness	**26.10**	**152**	
Acceptance of gays and lesbians *(0=low; 100=high)*	n/a	n/a	
Discrimination and violence against minorities *(0=low, 10=high)*	9.60	168	
Equality of political power by gender *(0=unequal power; 4=equal power)*	1.57	125	
Equality of political power by socioeconomic position *(0=unequal power; 4=equal power)*	1.53	121	
Equality of political power by social group *(0=unequal power; 4=equal power)*	1.43	133	
Access to Advanced Education	**71.95**	**40**	
Expected years of tertiary education	3.11	39	
Women with advanced education *(%)*	0.62	86	
Quality weighted universities *(points)*	124.20	15	
Citable documents	0.76	54	

Notes

Comparing Countries

Key

SOCIAL PROGRESS IMPERATIVE

FIGURE 5.1.3 Iran's SPI Scorecard.

شکل ۳.۱.۵ کارت امتیاز شاخص پیشرفت اجتماعی (SPI) ایران.

منبع:

Source: 2020 Social progress index. Social Progress Initiative. Retrieved January 19, 2021, from https://www.socialprogress.org/

ابعاد	کشورها					
	افغانستان		ایران		کشور شما	
a. Foundations of Wellbeing – Access to Basic Knowledge الف. مبانی رفاه – دسترسی به دانش پایه	وضعیت آموزشی . . .	رتبه بندی	وضعیت آموزشی . . .	رتبه بندی	وضعیت آموزشی	رتبه بندی
Adult literacy rate نرخ باسوادی بزرگسالان	مطلوب نامطلوب	مثبت منفی	مطلوب نامطلوب	مثبت منفی	مطلوب نامطلوب	مثبت منفی
Primary school enrollment نرخ ثبت‌نام در مدارس ابتدایی	مطلوب نامطلوب	مثبت منفی	مطلوب نامطلوب	مثبت منفی	مطلوب نامطلوب	مثبت منفی
Secondary school enrollment نرخ ثبت‌نام در مدارس متوسطه	مطلوب نامطلوب	مثبت منفی	مطلوب نامطلوب	مثبت منفی	مطلوب نامطلوب	مثبت منفی
Gender parity in secondary enrollment برابری جنسیتی در ثبت‌نام در مدارس متوسطه	مطلوب نامطلوب	مثبت منفی	مطلوب نامطلوب	مثبت منفی	مطلوب نامطلوب	مثبت منفی
Access to quality education دسترسی به آموزش باکیفیت	مطلوب نامطلوب	مثبت منفی	مطلوب نامطلوب	مثبت منفی	مطلوب نامطلوب	مثبت منفی
b. Opportunity **ب. فرصت**						
Years of tertiary schooling تعداد سال‌های تحصیلات عالی	مطلوب نامطلوب	مثبت منفی	مطلوب نامطلوب	مثبت منفی	مطلوب نامطلوب	مثبت منفی
Women’s average years in school مدت متوسط تحصیلات زنان	مطلوب نامطلوب	مثبت منفی	مطلوب نامطلوب	مثبت منفی	مطلوب نامطلوب	مثبت منفی
Globally ranked universities دانشگاه‌های شناخته‌شده در سطح جهانی	مطلوب نامطلوب	مثبت منفی	مطلوب نامطلوب	مثبت منفی	مطلوب نامطلوب	مثبت منفی
Percent of tertiary students enrolled in globally ranked universities درصد دانشجویان تحطیلات عالی در دانشگاه‌های شناخته‌شده در سطح جهانی	مطلوب نامطلوب	مثبت منفی	مطلوب نامطلوب	مثبت منفی	مطلوب نامطلوب	مثبت منفی

(I)3.

(فعالیت فردی)۳.

KEY WORDS: Positive/Negative Phenomenon

کلیدواژه‌ها: پدیده مثبت | منفی

Instructions: Review the word bank below. Determine if the words refer to a positive or negative phenomenon that contributes to an educational advantage or disadvantage. Categorize them accordingly in the table below.

Word bank: High illiteracy, low literacy, high literacy, regional inequality, gender equality, drop out of school/early school leaving, long-standing cultural traditions, lack of educational equipment/facilities/space, adequate access to educational equipment/facilities/space

راهنما: بانک واژگان زیر را مرور کنید. سپس مشخص کنید که هر یک از واژه ها آیا به پدیده‌ای مثبت که منجر به وضعیت مطلوب آموزشی می شود اشاره دارد یا به پدیده‌ای منفی که منجر به وضعیت نامطلوب آموزشی می‌شود. بر این اساس آن ها را در جدول زیر مرتب کنید.

بانک واژگان: بی‌سوادی بالا، باسوادی بالا، برابری جنسیتی، ترک تحصیل، ترک زودهنگام تحصیل، دسترسی کافی به تجهیزات| امکانات | فضای آموزشی، سنت های دیرینه فرهنگی، کمبود تجهیزات| امکانات | فضای آموزشی، کم‌سوادی، نابرابری منطقه‌ای

پدیده منفی	**پدیده مثبت**

۲. مطالعه موضوع

منابع برای خواندن

- گزیده های مقاله برگرفته از:

https://www.radiofarda.com/a/why-education-is-poor-iran/28837574.htm

الف. فرضیه پردازی

(G)1. Instructions: In small groups, visit the English-language websites recommended below to identify three main phenomena that may negatively affect the quality of education in Iran. Write the phenomena in the right-hand side column of the table below. Indicate whether any of these phenomena relate to any words you listed in Activity 3 (I) with a check mark in the left-hand side column.

Present the results of your research by recommending what is necessary for administrators to do to assure a high quality of education. Make sure you provide at least two recommendations in which you use the impersonal construction of necessity "It is necessary . . ." followed by the subjunctive mode to give your recommendations, as in the two examples below.

(فعالیت گروهی)۱. راهنما: در گروه های کوچک، به وبسایت‌های انگلیسی زبان که در زیر پیشنهاد شده سربزنید و سه پدیده ای که ممکن است بر کیفیت آموزش در ایران تأثیر منفی بگذارد را شناسایی کنید. این پدیده ها را در ستون سمت راست جدول زیر بنویسید. سپس با یک علامت در ستون سمت چپ مشخص کنید که آیا هر یک از این پدیده‌ها با واژه‌هایی که در تمرین ۳(۱) نوشتید ارتباطی دارند. وبسایت‌های پیشنهادی:

https://borgenproject.org/girls-education-in-iran/

https://www.humanium.org/en/iran/

https://www.brookings.edu/opinions/iran-poverty-and-inequality-since-the-revolution/

واژه های مرتبط با «پدیده منفی» در تمرین ۳(۱)	پدیده‌های تاثیرگذار منفی بر کیفیت آموزش
	۱.
	۲.
	۳.

نتایج تحقیق خود را با توصیه بر آنچه که برای اطمینان از کیفیت بالای آموزشی برای مسئولان لازم است، ارائه دهید. سعی کنید مانند دو مثال ارائه شده در زیر، حداقل دو توصیه مانند دو مثال زیر بیاورید که در آن از ساختار غیرشخصی برای بیان ضرورت «لازم است که . . . » و از فعل در وجه التزامی استفاده شود.

مثال ها:

• لازم است که امکانات آموزشی در مناطق روستایی بهبود بیابد.

• لازم است که از روشهای آموزشی جدید درمدارس استفاده بکنند.

توصیه ۱:

_____

_____

توصیه ۲:

_____

_____

(I)2. Instructions: Based on the title of the article "Why Is Iranian Education So Poor?" ("چرا آموزش ایران تا این اندازه فقیر است؟"), fill in only the right-hand side of the table below (Column "Expected Issues") with issues that you expect to be covered in the article. Make sure you also make use of the key words provided in the previous section.

(فعالیت فردی)۲. راهنما: با توجه به عنوان مقاله « چرا آموزش ایران تا این اندازه فقیر است؟» موضوعاتی را که انتظار دارید در مقاله بیاید در ستون سمت راست جدول زیر (ستون «موضوعات مورد انتظار») بنویسید. حتما از کلیدواژه‌های ارائه شده در بخش قبل هم استفاده کنید.

موضوعات مورد انتظار	موضوعات دیگر

ب. خواندن اجمالی

KEY SKILL: SKIMMING THE TEXT FOR MAIN IDEAS

Activity B1 (II) below will require you to quickly read each article excerpt in order to identify key words conveying its main idea. Activity B3 (II) will help you confirm the issues you expected to read about in the article in the **Formulating Hypotheses** section.

مهارت کلیدی: خواندن اجمالی متن برای درک ایده های اصلی

تمرین ب۱(۲) در زیر شما را ملزم به خواندن سریع هر گزیده مقاله می کند تا واژه های کلیدی بیانگر ایده اصلی آن را شناسایی کنید. تمرین ب۳(۲) به شما کمک می کند مواردی را که انتظار داشتید در مقاله در بخش «فرضیه پردازی» بخوانید، تأیید کنید.

(P)1. Instructions: Skim all article excerpts and identify at least two key words in each excerpt that convey the main idea of the article. Then write the key words in the table below. Check your answers with a partner.

(فعالیت دونفره)۱. راهنما: تمام گزیده های مقاله را به طور اجمالی بخوانید و در هر یک از گزیده ها حداقل دو کلیدواژه که ایده اصلی مقاله را می‌رساند مشخص کنید و در جدول زیر بنویسید. پاسخ های خود را با همکلاسی تان چک کنید.

عنوان مقاله

چرا آموزش ایران تا این اندازه فقیر است؟

گزیده ۱

یکی از مشکلات اصلی توسعه نیروی انسانی در ایران وجود جمعیت بزرگ بی‌سواد و کم‌سواد است که بخاطر بازماندن چند میلیون نوجوان ایرانی از چرخه نظام آموزشی پیوسته بر تعداد آنها افزوده می شود.

گزیده ۲

با یک محاسبه آماری بر پایه سرشماری ۱۳۹۵ می توان تعداد کسانی که تا سن ۱۵ سالگی از آموزش همگانی اجباری محروم می شوند را حدود ۲.۵ میلیون نفر برآورد کرد و نیز حدود ۲میلیون نفر دیگر نیز هیچگاه موفق به رسیدن به خط پایانی دوره متوسطه نمی شوند. جمع دو عدد که بیش از یک چهارم نسل جوان را در بر می گیرد گروه اجتماعی بزرگی را شامل می شود که بطور منظم به جمعیت بی‌سواد و کم سواد ایران افزوده می شوند و فقر نیروی انسانی ایران را در شرایطی تشدید می کند که تحولات پیوسته و ژرف علمی و فنی نظام‌های آموزشی در کشورهای توسعه یافته را ناچار به بازاندیشی جدی برای بالا بردن کیفیت مدارس کرده است. همزمان گروه‌های کم سواد و بی‌سواد در حاشیه جامعه و اقتصاد ایران زندگی می کند و در معرض آسیب‌های گوناگون اجتماعی قرار دارد.

گزیده ۳

پژوهش‌های میدانی پیرامون ترک تحصیل زود هنگام دانش آموزان به فقر خانواده‌ها و نبودن امکانات آموزشی مناسب بویژه در مناطق روستایی و توسعه نیافته و محلات فقیر حاشیه شهرها اشاره می کنند. روش‌های آموزشی نامناسب در کنار دیرپایی سنت‌های فرهنگی (بویژه در رابطه با دختران) دوعامل دیگری هستند که به پدیده ترک تحصیل دامن می زنند. بازماندن از چرخه آموزشی بیشتر در مناطق دورافتاده و حاشیه‌ای رواج دارد. استان‌های پیشرفته آموزشی ایران مانند تهران، اصفهان، یزد، سمنان و گیلان از پوشش آموزشی بسیار بالایی برخوردارند و در برابر استان هایی مرزی در جنوب، شرق و غرب ایران را باید مناطق محروم آموزشی به شمار آورد که در آنها پدیده ترک تحصیل بویژه در سال‌های پس از دوره ابتدایی بطور گسترده تر دیده می‌شود.

گزیده ۴

نوجوانان مناطقی که زبان رایج مردم فارسی نیست کمتر از دیگران بخت ادامه تحصیل را دارند. برای مثال در سیستان و بلوچستان متوسط سال‌هایی که دختران جوان در نظام آموزشی می مانند حدود نصف مناطقی مانند تهران، یزد، سمنان و اصفهان است. به این فهرست سیاه باید دانش آموزان مهاجر بویژه کودکان افغانی را افزود که گاه به خاطر تبعیض‌ها، مسایل اداری و نداشتن اجازه اقامت از نظام آموزشی رانده می‌شوند.

شماره گزیده	کلیدواژه‌ها
۱	
۲	
۳	

(I)2. Instructions: Based on the key words you listed in Activity B1 (II), write a suitable title for each excerpt.

(فعالیت فردی)۲. راهنما: براساس کلیدواژه‌های مندرج در تمرین ب۱ (۲)، برای هر گزیده یک عنوان مناسب بنویسید.

عنوان گزیده	شماره گزیده
	۱
	۲
	۳
	۴

(P)3. Instructions: Skim all excerpts again. Check off the expected issues you entered in the right-hand side of the table in Activity A2 (II). In the left-hand side of the same table, fill in any additional issues that were missing. Check your answers with a partner.

(فعالیت دونفره)۳. راهنما: دوباره همه گزیده های مقاله را اجمالی بخوانید. سپس، موضوعات مورد انتظارتان را که در سمت راست جدول تمرین الف۲ (۲) وارد کرده اید، علامت بزنید. ستون سمت چپ همان جدول را با موضوعات دیگری که قبلا ننوشتید پر کنید. پاسخ های خود را با همکلاسی تان چک کنید.

پ. خواندن هدفمند

KEY SKILL: SCANNING THE TEXT

Activities C1 (II), C2 (II), C3 (II), C4 (II), and C5 (II) below will require you to find facts and issues in the article excerpts.

مهارت کلیدی: مرور کردن متن

تمرین پ۱(۲)، پ۲(۲)، پ۳(۲)، پ۴(۲) و پ۵(۲) در زیر شما را ملزم به یافتن حقایق و موضوعات موجود در گزیده های مقاله می کند.

(I)1. Instructions: Scan the article excerpts. While you read the excerpts, you can listen to the narration via the link provided (www.routledge.com/9781138347199 🔊). Underline all sentences that relate to the title you have assigned to each excerpt in Activity B2 (II). Copy the excerpt titles under the "Excerpt Title" column in the table below and copy the phrases you underlined in each excerpt under the "Set of Sentences" column.

(فعالیت فردی)۱. راهنما: گزیده های مقاله را مرور کنید. در حالی که گزیده ها را مرور می کنید، می توانید به روایت متن آن ها از طریق لینک ارائه شده (www.routledge.com/9781138347199 🔊). گوش دهید. سپس، زیر تمام جمله هایی که به عنوان هر گزیده در تمرین ب۲(۲) اختصاص داده اید، خط بکشید. در جدول زیر، عنوان هر گزیده را زیر ستون «عنوان گزیده» بنویسید و جمله های مرتبط با هر گزیده مقاله را که زیر آن ها خط کشیده اید زیر ستون «مجموعه جمله ها» بنویسید.

شماره گزیده	عنوان گزیده	مجموعه جمله ها
۱		
۲		
۳		
۴		

(P)2. Instructions: From the "Set of Sentences" column in Activity C1 (II) above, rewrite the sentences associated with problems of the education system. Check your answers with a partner.

(فعالیت دونفره)۲. راهنما: جمله های مرتبط با مشکلات سیستم آموزشی در ستون «مجموعه جمله ها» جدول تمرین پ۱(۲) بالا را دوباره در زیر بنویسید. پاسخ های خود را با همکلاسی تان چک کنید.

_____

_____

_____

_____

(P)3. Instructions: Scan each article excerpt again and identify one or more problems that pertain to education in Iran. Check your answers with a partner.

(فعالیت دونفره)۳. راهنما: گزیده های مقاله را دوباره مرور کنید و در هر گزیده یک یا چند مشکل که به سیستم آموزش در ایران مربوط می‌شود را شناسایی کنید. پاسخ های خود را با همکلاسی تان چک کنید.

شماره گزیده	مشکل (ها)
۱	
۲	
۳	
۴	

(I)4. Instructions: As you scan the article excerpts again, write on the left-hand side of the table below (Column "Collocations") all the words and expressions that can be used in conjunction with each category on the right-hand side.

(فعالیت فردی)۴. راهنما: همانطور که گزیده های مقاله را دوباره مرور می کنید، در ستون سمت چپ جدول زیر (ستون «عبارت های همنشین») تمام واژه‌ها و عبارت‌های همنشینی را بنویسید که همراه با گروه واژه های مرتبط با مشکلات آموزش و نظام آموزشی در ستون سمت راست به کار برده می شوند.

عبارت های همنشین	گروه واژه ها
	بی‌سوادی
	ترک تحصیل
	پوشش آموزشی
	روش تدریس
	تجهیزات|امکانات|فضای آموزشی

(P)5. Instructions: With a partner, focus on the first article excerpt, in which several issues related to education intersect. As you scan the excerpt, create a mind map to arrange your ideas to present each of the issues, following the pattern below.

(فعالیت دونفره)۵. راهنما: با همکلاسی خود، بر روی گزیده مقاله اول که به چند مسئله مربوط به آموزش می پردازد تمرکز کنید. همانطور که گزیده مقاله را مرور می کنید یک نقشه ذهنی بسازید و با استفاده از الگوی زیر ایده های خود درباره هر مسئله را در آن مرتب کنید.

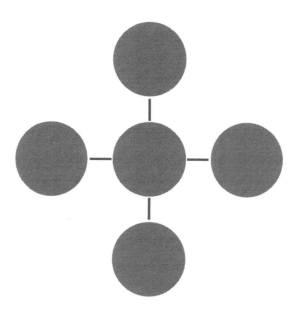

MIND MAP

نقشه ذهنی

(G)6. Instructions: Based on the information in the article, discuss the following points in small groups:

a. According to the article, is the illiterate population in Iran increasing or decreasing?

b. How many people under the age of 15 are deprived of education in Iran?

c. Identify and briefly describe the factors contributing to the phenomenon of dropout.

d. Among the Iranian provinces mentioned in the article, which ones have very high or very low educational coverage?

e. Provide the reasons why Afghan children sometimes are expelled from the education system.

(فعالیت گروهی)۶. راهنما: بر اساس اطلاعات موجود در مقاله، در گروه های کوچک درباره نکات زیر بحث کنید:

الف.   بر اساس مقاله، آیا جمعیت بی‌سواد در ایران در حال افزایش است یا کاهش؟

ب.   چه تعداد از افراد زیر ۱۵ سال در ایران از تحصیل محروم هستند؟

پ.   عواملی که در پدیده ترک تحصیل نقش دارند را شناسایی کنید و کمی درباره آن‌ها توضیح دهید.

ت.   بین استان‌های ایران که در مقاله آمده، کدام یک از آنها بیشترین و کمترین پوشش آموزشی برخوردارند؟

ث.   دلایل اخراج بعضی از کودکان افغانستانی از نظام آموزشی ایران چیست؟

۳. ساختارهای دستوری زبان و واژگان

الف. یادگیری ساختارهای دستوری زبان

(I)1.

(فعالیت فردی)۱.

PASSIVE VOICE (USAGE)

Sometimes the subject of a sentence is less important than the action itself, or we do not know who or what the subject is. In these cases we need to use the passive voice to emphasize the action (the verb) and the object of a sentence rather than subject, as in the example below:

فعل مجهول (کاربرد)

گاهی اوقات فاعل یک جمله از اهمیت کمتری نسبت به خود عمل برخوردار است یا اینکه نمی دانیم فاعل چه کسی یا چه چیزی است. در این موارد برای تأکید بر عمل (فعل) و مفعول جمله، به جای فاعل باید از فعل مجهول استفاده کنیم، مانند مثال زیر:

•   پس از دو سال مطالعه بیشتر مدرک کارشناسی ارشد اعطا می شود.

Instructions: Underline all the verbs at the end of Excerpts 1, 3, and 4 in which the personal agent is not expressed. These verbs are conjugated in the passive voice. Reflect on this structure and describe how you think each verb is constructed.

راهنما: زیر همه فعل‌هایی که در پایان گزیده مقاله های ۱ و ۳ و ۴ آمده و فاعل آن‌ها مشخص نیست، خط بکشید. این فعل‌ها به صورت مجهول صرف می‌شوند. درباره نحوه ساخت این فعل‌ها تأمل کنید و چگونگی ساخت هر فعل را توصیف کنید.

____

____

____

____

(I)2.

(فعالیت فردی)۲.

PASSIVE VOICE (CONSTRUCTION)

1. PAST PARTICIPLE OF THE VERB
SHODAN + 2. AUXILIARY VERB
(In all tenses and modes)

فعل مجهول (ساختار)
۱. صفت مفعولی فعل
+
۲. فعل کمکی شدن
(در همه ی وجه ها و زمان ها)

Instructions: Review Excerpts 1, 3, and 4 and copy the underlined passive verbs in the right-hand side column ("Passive Verbs") of the table below. Reflect on the construction of the passive voice by separating the auxiliary verb *shodan* in all tenses and modes from the past participle of each verb, following the example provided.

راهنما: گزیده مقاله های ۱ و ۳ و ۴ را دوباره بخوانید و فعل های مجهول را در ستون سمت راست («فعل های مجهول») جدول زیر بنویسید. بر چگونگی ساختار فعل مجهول، با جدا کردن فعل کمکی «شدن» در همه زمان ها و وجه ها از صفت مفعولی هر فعل، مانند مثال ارائه شده، تأمل کنید.

فعل های مجهول	**صفت مفعولی**	**شدن**
خوانده می‌شود	خوانده	می‌شود

(I)3.

(فعالیت دونفره)۲.

IMPERSONAL CONSTRUCTIONS OF NECESSITY + SUBJUNCTIVE (USAGE III)

Impersonal constructions are used in cases when no specific subject is indicated. The impersonal constructions of necessity use impersonal verbs that express necessity rendered in the third-person singular form of the verb followed by another verb, as in the example provided below.

ساخت های غیرشخصی ضرورت + التزامی
(کاربرد ۳)

در مواردی که فاعل مشخص نباشد از ساختار های غیرشخصی استفاده می شود. در ساختهای غیرشخصی ضرورت از افعال غیرشخصی برای بیان ضرورت استفاده می شود که فعل شکل سوم شخص مفرد می گیرد و به دنبال آن فعل دیگری می آید، مانند مثال ارائه شده در زیر:

- لازم است که امکانات آموزشی در مناطق روستایی بهبود بیابد.

Instructions: Read the below sentences taken from Excerpts 2 and 3. Write three recommendations using the impersonal constructions of necessity in order to improve the education system.

راهنما: جملات زیر را که برگرفته از گزیده های ۲ و ۳ مقاله است بخوانید. با استفاده از ساخت های غیر شخصی ضرورت، برای بهبود سیستم آموزشی سه توصیه بنویسید.

توصیه	جمله
	۱. پژوهش‌های میدانی پیرامون ترک تحصیل زود هنگام دانش آموزان به فقر خانواده‌ها و نبودن امکانات آموزشی مناسب بویژه در مناطق روستایی و توسعه نیافته و محلات فقیر حاشیه شهر ها اشاره می کنند.
	۲. روش‌های آموزشی نامناسب در کنار دیرپایی سنت‌های فرهنگی (بویژه در رابطه با دختران) دو عامل دیگری هستند که به پدیده ترک تحصیل دامن می زنند.
	۳. نوجوانان مناطقی که زبان رایج مردم فارسی نیست کمتر از دیگران بخت ادامه تحصیل را دارند.

ب. بررسی واژگان

(I)1. Instructions: Fill in the blanks with the words in the word bank below to create collocations and complete the sentences.

Word bank: Social Progress Index (SPI), literate, illiterate, enrollment, dropout, educational equipment/facilities/space, primary school, secondary school, university

(فعالیت فردی)۱. راهنما: با استفاده از بانک واژگان زیر، عبارت های همنشین بسازید و جاهای خالی را پر کنید.

بانک واژگان: باسواد، بی‌سواد، تجهیزات|امکانات|فضای آموزشی، ترک تحصیل، ثبت‌نام، دانشگاه، دبستان، دبیرستان، شاخص پیشرفت اجتماعی (SPI)

الف. ___________ ___________ ___________ مقیاسی برای اندازه گیری رفاه اجتماعی است.
ب. کسی که اصلا مدرسه نرفته و حتی خواندن و نوشتن نیز نمی داند ___________ است.
پ. نرخ ___________ ___________ دانش آموزان فقیر و مهاجرین بالا است.
ت. دوره ___________ در ایران پنج سال و ___________ چهار سال طول می کشد.
ث. ___________دولتی ایران مجانی است.
ج. ___________ ___________در مناطق روستایی ایران خوب نیست.

(I)2. Instructions: Read the article excerpts and copy in the table below all the collocations related to the following:

- Educational advantage/disadvantage
- Positive/negative phenomenon
- Educational poverty

Please note that some collocations might fall into multiple categories.

(فعالیت فردی)۲. راهنما: گزیده های مقاله را بخوانید و در جدول زیر، همه عبارت های همنشین مرتبط با موضوع های زیر را بنویسید:

- وضعیت آموزشی مطلوب\|نامطلوب
- پدیده‌های مثبت\|منفی
- فقر آموزشی

لطفا توجه داشته باشید که بعضی عبارت های همنشین ممکن است در چندین گروه واژه قرار بگیرند.

وضعیت آموزشی مطلوب|نامطلوب	پدیده مثبت|منفی	فقر آموزشی

۴. پروژه: کاهش دامنه فقر آموزشی

Imagine you have recently been appointed as minister of education. You are worried about the state of your country's education system, and your aim is to gradually reduce the scope of educational poverty. Complete the following task:

Oral presentation

Using the specific structures (e.g., impersonal constructions of necessity) and words that you learned in this lesson, prepare and record on VoiceThread a four-minute oral presentation in which you present your ideas to improve the situation. Additionally, make sure that you use at least three of the following expressions:

Drop out of school/early school leaving, traditional/inefficient teaching methods, lack of educational equipment/facilities/space

You may write down main ideas prior to recording your speech, but do not simply read the text aloud for your recording.

تصور کنید شما اخیراً به عنوان وزیر آموزش منصوب شده‌اید. نگران وضعیت سیستم آموزشی در کشورتان هستید و قصد دارید به تدریج فقر آموزشی را کاهش دهید. کارهای زیر را انجام دهید:

ارائه شفاهی

با استفاده از واژه‌ها و ساختارهای دستوری مشخصی (برای مثال، ساخت‌های غیر شخصی ضرورت) که در این درس آموختید، یک Voice Thread ضبط کرده و ارائه شفاهی چهار ـ دقیقه‌ای درباره ی ایده‌های خود برای بهبود وضعیت آموزش آماده کنید. به علاوه سعی کنید حداقل از از میان عبارت‌هایی که در زیر آمده از سه عبارت استفاده کنید:

ترک تحصیل، ترک زودهنگام تحصیل، روش‌های تدریس سنتی|ناکارآمد، کمبود تجهیزات|امکانات|فضای آموزشی

می‌توانید ایده‌های اصلی را پیش از ضبط سخنرانی خود یادداشت کنید، ولی در هنگام ضبط با صدای بلند از روی نوشته‌ها نخوانید.

2

EDUCATION QUALITY AND GOVERNMENT INVESTMENT

درس ۲
کیفیت آموزش و سرمایه‌گذاری دولت

What will I learn in this lesson?				
TOPIC	**SKILLS**	**STRUCTURE**	**VOCABULARY**	**USE**
Education quality and government investment	• Listening • Speaking (interpretive, interpersonal, presentational modes)	• Plural markers	Conditions, facilities, funding, investment, management, modernization, preparation, quality, shortage	ـ دهه ـ حدود

منابع درس۲
به منابع زیر دسترسی خواهید داشت:
ـ گزیده های مقاله برگرفته از :

https://www.radiofarda.com/a/why-education-is-poor-iran/28837574.html

کمی درباره موضوع . . .

The state-run Tasnim News Agency interviewed an assistant professor at Allameh University on the subject of government investment for public education. Tasnim reported:

> Recently, UNESCO has advised governments to dedicate four to six percent of the gross domestic product and 15 to 20 percent of their budgets to public education. In Iran, however, only 1.5 to 2 percent of the GDP, and ten percent of the public budget are allocated to education."

Tasnim also reported that in richer countries, only 18 percent of children's education costs are paid by parents. In Iran, families currently have to cover around 33 percent of their children's education costs.

DOI: 10.4324/9780429437090-16

خبرگزاری دولتی تسنیم با استادیاری از دانشگاه علامه طلاطبایی در مورد سرمایه گذاری دولت برای آموزش عمومی مصاحبه کرد. تسنیم گزارش داد: «اخیراً ، یونسکو به دولتها توصیه کرده است که چهار تا شش درصد از تولید ناخالص داخلی و 15 تا 20 درصد از بودجه خود را به آموزش عمومی اختصاص دهند. در ایران اما فقط 1.5 تا 2 درصد تولید ناخالص داخلی و ده درصد بودجه عمومی به آموزش و پرورش اختصاص یافته است.» تسنیم همچنین گزارش داد که در کشورهای ثروتمندتر ، فقط 18 درصد از هزینه های تحصیل کودکان توسط والدین پرداخت می شود. در حال حاضر در ایران، خانواده ها باید حدود 33 درصد از هزینه های تحصیل فرزندان خود را تأمین کنند.

منبع:

Repressive state and low quality of education in Iran. (September 22, 2019). *Iran Human Rights Monitor*. https://iran-hrm.com/index.php/2019/09/22/repressive-state-and-low-quality-of-education-in-iran/

۱. معرفی موضوع و بررسی کلیدواژه ها

(I)1.

(فعالیت فردی)۱.

KEY WORDS: Conditions, Facilities, Modernization, Preparation

کلیدواژه‌ها: آمادسازی، نوسازی، امکانات، شرایط

Instructions: Match the pictures on the right-hand side (Figure 5.2.1) with the corresponding descriptions on the left-hand side.

راهنما: عکس های سمت راست (شکل ۱.۲.۵) را به توصیف های مربوطه در سمت چپ وصل کنید.

عکس ها	توصیف ها
الف.	۱. نوسازی سیستم آموزشی

ب.	۲. شرایط و امکانات آموزشی مناسب
پ.	۳. آمادهسازی معلمان

FIGURE 5.2.1 Photos for exercise.

شکل ۱.۲.۵ تصاویر مربوط به تمرین.

Source: © Adobe Stock

(P)2. Instructions: With a partner, indicate with a check mark in the appropriate space which of the categories in the left-hand columns of the table below relate to each situation in the right-hand column ("Situations").

(فعالیت فردی)۲. راهنما: با همکلاسی خود، در جدول زیر با علامت گذاری خانه های خالی مشخص کنید کدام یک از موضوع های ستون های سمت چپ با موقعیت های ذکر شده در ستون سمت راست («موقعیت ها») مرتبط هستند.

آماده‌سازی معلمان	نوسازی سیستم آموزشی	شرایط و امکانات آموزشی مناسب	موقعیت‌ها
			پیشرفت های جدید علمی و فن آوری
			کاربرد روش‌های جدید برای آموزش نسل‌های جوان
			قابلیت فهم و مطابقت با جهان در حال تحول
			کلاس‌های امن
			حمل و نقل به مناطق روستایی و دورافتاده
			ساخت مدارس هوشمند

(G)3. Instructions: In small groups, discuss your thoughts on the importance of investing in quality education, following the prompts below:

a. Indicate the importance of each aspect of education quality in the table below with a check mark in the appropriate space. Then justify why the listed aspects are important to a country's quality of education.

b. Considering the three aspects above, what percentage of GDP should a country allocate to education? You may refer to the section "A little bit about the topic" at the beginning of this lesson to help with your answer.

Make sure you use the impersonal construction of necessity followed by the subjunctive mode.

(فعالیت گروهی)۳. راهنما: در گروه های کوچک، مطابق دستورالعمل های زیر درباره اهمیت سرمایه‌گذاری در کیفیت آموزش بحث کنید:

الف. در جدول زیر با علامت گذاری در خانه های خالی، اهمیت هر یک از جنبه های کیفیت آموزش را ارزیابی کنید. سپس، توجیه کنید که چرا جنبه های زیر برای کیفیت آموزش یک کشور مهم است.

ب. با درنظرگرفتن سه جنبه کیفیت آموزش در بالا، یک کشور چند درصد از تولید ناخالص داخلی را باید به آموزش اختصاص دهد؟ برای پاسخ به این پرسش می توانید به قسمت «کمی درباره موضوع» در ابتدای این درس مراجعه کنید.

سعی کنید حتما از ساختار غیرشخصی برای بیان ضرورت به همراه وجه التزامی فعل استفاده کنید.

جنبه ها	بسیار مهم است	تا حدی مهم است	أصلا مهم نیست
شرایط و امکانات آموزشی مناسب			
سیستم آموزشی مدرن			
نقش معلمان			

(I)3.

(فعالیت دونفره)۳.

> **KEY WORDS:** Educational Poverty vs. Educational Quality
> **کلیدواژه ها:** فقر آموزش دربرابر کیفیت آموزش

Instructions: Review the words in the word bank below. Determine if they refer to a positive or negative phenomenon that promotes education quality or causes educational poverty. Categorize them accordingly in the table below.

> **Word bank:** Modernization of the school system, new scientific and technological advances, new participatory educational methods, traditional teaching methods, inefficient teaching methods, inadequate teacher preparation, lack of funding for education, proper management, government intervention.

راهنما: واژه های بانک واژگان زیر را مرور کنید. سپس مشخص کنید که آیا هر واژه به پدیده‌ای مثبت که منجر به بهبود وضعیت مطلوب آموزشی می شود اشاره دارد یا به پدیده‌ای منفی که منجر به فقر آموزشی می‌شود. بر این اساس آن ها را در جدول زیر مرتب کنید.

> **بانک واژگان:** آماده سازی نامناسب معلم، پیشرفت های جدید علمی و فن آوری، دخالت دولت، روش های آموزشی ناکارآمد، روش های جدید آموزشی مشارکتی، روش های سنتی آموزشی، کمبود بودجه برای آموزش و پرورش، مدیریت مناسب، نوسازی سیستم آموزشی مدارس

کیفیت آموزشی	فقر آموزشی

۲. مطالعه موضوع

منابع برای خواندن

ـ گزیده‌های مقاله برگرفته از:

https://www.radiofarda.com/a/why-education-is-poor-iran/28837574.html

الف. فرضیه پردازی

(I)1. Instructions: Based on the following sentence from one of the article excerpts that you will read in the next "General Reading" section, write down the main idea(s) you think you will find in the article excerpts.

"Concurrent statistics show that there has been no significant improvement in educational coverage in the last two decades."

(فعالیت فردی)۱. راهنما: با توجه به جمله‌ی زیر برگرفته شده از یکی از گزیده‌های مقاله که در بخش ((خواندن اجمالی)) خواهید خواند، ایده/های اصلی را که حدس می‌زنید در گزیده‌های مقاله خواهید یافت را در زیر یادداشت کنید.

((داده‌های آماری همزمان نشان می‌دهند که در دو دهه اخیر هیچ بهبود محسوسی در زمینه پوشش آموزشی صورت نگرفته است.))

ایده/های اصلی:

_____

_____

_____

_____

ب. خواندن اجمالی

KEY SKILL: SKIMMING TEXT

Activities B1 (II) and B2 (II) below will allow you to pick up some of the main ideas of the article without paying attention to detail.

مهارت کلیدی: خواندن اجمالی متن

تمرین ب۱(۲) و ب۲(۲) در زیر به شما امکان می‌دهد به برخی از ایده‌های اصلی مقاله بدون توجه به جزئیات آن پی ببرید.

(P)1. Instructions: Skim each article excerpt to confirm its main idea. Determine which of the summaries that follow is most accurate. Check your answer with a partner and be prepared to justify your reasoning in front of the class.

(فعالیت دونفره).۱. راهنما: گزیده های مقاله را به طور اجمالی بخوانید و ایده اصلی مقاله را بیابید. مشخص کنید کدام یک از جمله‌های زیر، دقیق‌ترین خلاصه مقاله است. پاسخ خود را با همکلاسی‌تان چک کنید و آماده باشید استدلال خود را برای کلاس توضیح دهید.

عنوان مقاله

چرا آموزش ایران تا این اندازه فقیر است؟

گزیده ۵

داده‌های آماری همزمان نشان می‌دهند که در دو دهه اخیر هیچ بهبود محسوسی در زمینه پوشش آموزشی صورت نگرفته است. این در حالی است که در حوزه آموزش بدون دخالت موثر دولت در حمایت از کودکان خانواده‌های تهیدست و یا فراهم آوردن شرایط آموزشی مناسب و امکانات جانبی (مانند وسائل حمل و نقل برای مناطق روستایی و یا دورافتاده)، هیچ دورنمای روشنی برای بهبود وضعیت پوشش آموزشی در ایران وجود ندارد.

گزیده ۶

مشکل اساسی دیگر آموزش ایران پائین بودن کیفیت آموزشی است. این فقر کیفیتی آشکار هم بدلیل کمبودها و مشکلات مربوط به امکانات مدارس است و هم به روش‌های سنتی آموزشی و توانایی‌ها و مهارت‌های معلمان برای به کار گیری روش‌های جدید و متحول کردن آموزش و یادگیری باز می‌گردد.

فقر کمی آموزشی در ایران را نمی توان از فقر مربوط به کیفیت آموزش جدا کرد. در دهه‌های دورتر افزایش پرشتاب جمعیت دانش آموزی ایران سبب شده بود تا نظام آموزشی بگونه‌ای دایمی با مشکلات مهمی مانند کمبود فضای آموزشی و یا نیروی انسانی دست و پنجه نرم کند. برای مثال تعداد دانش آموزان ایران از حدود ۷ میلیون در سال ۱۳۵۷ به بیش از ۱۹ میلیون در پایان دهه ۱۳۷۰ رسید.

در این دوران بحث کیفیت آموزشی در برابر ضرورت تدارک امکانات اولیه برای فرستادن جمعیت جدید دانش آموزی به کلاس‌های درس در درجه دوم اهمیت قرار داشت. در همین دوره است که مدارس ایران بخاطر کمبود فضای آموزشی ۲ یا ۳ نوبته شدند و این پدیده هنوز هم در برخی از مناطق ایران به چشم می خورد.

گزیده ۷

رکود و درجا زدن نظام آموزشی ایران در سال‌های گذشته بیش از هر چیز به عدم توجه دولت به آموزش و کافی نبودن سرمایه گذاری در این حوزه مهم مربوط است. بر پایه برآوردها و داده‌های منتشر شده توسط نهادهای رسمی، سهم مخارج آموزشی در کل تولید ناخالص ایران چیزی حدود ۳ درصد است که در سال‌های گذشته اندکی هم کاهش یافته است. سرانه هر دانش آموز در بخش دولتی نیز از چیزی حدود ۶۰۰ یورو فراتر نمی رود. یک مقایسه ساده بین المللی نشان می دهد که سهم مخارج آموزشی در تولید ناخالص ملی ایران کمتر از نصف بخش مهمی ازکشورهای توسعه یافته است.

سرانه هزینه هر دانش آموز هم با در نظر گرفتن قدرت خرید جامعه ایران حدود یک پنجم متوسط کشورهای توسعه یافته است. این دو شاخص بروشنی چرایی مشکلات کنونی آموزش ایران

و فقر کیفی و کمی آن را هم نشان می دهند. در حقیقت آموزش حوزه فراموش شده جامعه ایران در سه دهه اخیر است و دولت بجای افزایش تدریجی بودجه آموزش و مدیریت مطلوب منابع مالی و انسانی بیشتر درگیر مشکلات روزمره تشکیلات عریض و طویل وزارت آموزش و پرورش بوده است.

الف. با وجود سرمایه گذاری قابل توجه دولت در سیستم آموزشی کشور، کیفیت کلی آموزش در ایران نسبتاً پایین باقی مانده است.

ب. در حالی که پیشرفت دولت برای رفع فقر کیفی آموزشی در ایران حاصل شده است، فقر کمی آموزشی بی تأثیر مانده است.

پ. فقر کمی و کیفی آموزشی عمدتا به دلیل عدم سرمایه گذاری و مشارکت دولت در ایران ادامه داشته است.

(P)2. Instructions: Skim all article excerpts and match the following titles to each excerpt. Check your answers with a partner.

(فعالیت دونفره) ۲. راهنما: گزیده های مقاله بالا را به طور اجمالی بخوانید و عنوان‌های زیر را به گزیده مربوطه وصل کنید. پاسخ های خود را با همکلاسی تان چک کنید.

عنوان گزیده ها	شماره گزیده
سهم ناکافی آموزش در تولید ناخالص داخلی (GPD)	
پوشش آموزشی نامطلوب	
فقر کیفیت آموزشی	

پ. خواندن هدفمند

KEY SKILL: SCANNING TEXT

By scanning the article, you will be able to identify sections of text containing specific pieces of information needed to complete Activities C1 (II) and C2 (II).

مهارت کلیدی: مرور متن

با مرور کردن مقاله، می توانید بخش هایی از متن را که حاوی اطلاعات خاص لازم برای انجام تمرین های پ۱(۲) و پ۲(۲) است را شناسایی کنید.

(P)1. Instructions: Scan the article excerpts. While you read the excerpts, you can listen to the narration via the link provided (www.routledge.com/9781138347199 🔊). Determine whether the following statements are true or false. Check your answers with a partner.

(فعالیت دونفره) ۱. راهنما: گزیده های مقاله را مرور کنید. در حالی که گزیده ها را مرور می کنید، می توانید به روایت متن آن ها از طریق لینک ارائه شده (🔊 www.routledge.com/9781138347199) گوش دهید. سپس درست یا نادرست بودن گزاره های مقابل را مشخص کنید. پاسخ‌های خود را با همکلاسی‌تان چک کنید.

الف. آمار ها پیشرفت تازه ای در پوشش آموزشی علیرغم سطح پایین آن در دهه های گذشته را نشان می دهد.   درست   نادرست

ب. دولت در زمینه دستیابی به آموزش کودکان و خانواده های آنها در مناطق روستایی یا دور افتاده کم کاری کرده است.   درست   نادرست

پ. در حالی که سرعت ساخت امکانات جدید آموزشی از رشد جمعیت دانشجویی ایرانی عقب است، معلمان توانایی خود در اتخاذ رویکردهای آموزشی را نوید می دهند.   درست   نادرست

ت. فقر آموزشی کمی در ایران را نمی توان از فقر آموزشی کیفی جدا کرد.   درست   نادرست

ث. پیشرفت در سیستم آموزشی ایران عمدتا به دلیل افزایش مشارکت و سرمایه گذاری دولت است.   درست   نادرست

ج. سهم هزینه های دولت ایران در زمینه آموزش تقریباً مشابه اکثر کشور های پیشرفته است.   درست   نادرست

چ. هزینه های ایران برای سرانه آموزش تقریباً یک پنجم میانگین سایر کشور های پیشرفته است.   درست   نادرست

ح. در حالی که پیشرفت دولت برای رفع فقر کیفی آموزشی در ایران حاصل شده است ، فقر کمی آموزشی بی تأثیر مانده است.   درست   نادرست

خ. فقر کمی و کیفی آموزشی عمدتا به دلیل عدم سرمایه گذاری و مشارکت دولت در ایران ادامه داشته است.   درست   نادرست

(P)2. Instructions: Scan the article excerpts again and answer each of the questions below in the space provided. Check your answers with a partner.

(فعالیت دونفره)۲. راهنما: همه گزیده های مقاله را دوباره مرور کنید و به هر یک از پرسش‌های زیر در جای خالی روبرو ی آن پاسخ دهید. پاسخ های خود را با همکلاسی تان چک کنید.

شماره گزیده	پرسش ها	پاسخ ها
۱	چند وقت است که در پوشش آموزشی بهبودی صورت نگرفته است؟	
۲	سه دلیل که باعث پایین آمدن کیفیت آموزشی شده را نام ببرید.	
۳	دو عاملی که به عقب افتادگی نظام آموزشی ایران مربوط است نام ببرید.	

۳. ساختارهای دستوری زبان و واژگان

الف. یادگیری ساختارهای دستوری زبان

(I)1.

(فعالیت فردی) ۱.

PLURAL MARKERS

- Suffix –ha
- Arabic "feminine" plural suffix –at
- Arabic "broken" plural by rearrangement of internal vowels

نشانه های جمع

- پسوند -ها
- پسوند جمع مونث عربی -ات
- جمع مکسر عربی با جابجاکردن واکه های درونی

Instructions: Read Excerpt 5 and underline all the plural nouns you encounter. Based on the characteristics of these plural nouns and/or their endings, categorize them into three distinct groups using the table below.

راهنما: گزیده شماره ۵ مقاله را بخوانید و زیر همه اسم‌های جمع در آن گزیده خط بکشید. با توجه به ویژگی های این اسم های جمع و/یا پسوندهای جمع ساز، آن ها را در سه گروه مختلف در جدول زیر طبقه بندی کنید.

گروه ۱	گروه ۲	گروه ۳

ب. بررسی واژگان

(I)1.

(فعالیت فردی) ۱.

USE OF: دهه

استفاده از واژه: 'دهه'

Instructions: Read the article and make note of the word: دهه.
Reflect on the following questions:

- What is the meaning of this word?
- What other word do you think it is formed from?
- How is it consistently used in the article? As a clue, pay attention to the words that go after دهه.

راهنما: مقاله را دوباره بخوانید و به واژه 'دهه' دقت کنید.
درباره پرسش های مقابل تأمل کنید:

- این واژه به چه معناست؟
- فکر میکنید از چه واژه دیگری شکل گرفته است؟
- در مقاله چطور به‌کار رفته است؟ به عنوان یک راهنما، دقت کنید چه واژه‌هایی بعد از 'دهه' آمده است.

(I)2.

(فعالیت فردی)۲.

USE OF: حدود **استفاده از واژه: 'حدود'**

Instructions: Read the article again and make note of the word: حدود
Reflect on the following question:

- What is the meaning of this word and how is it consistently used in the article? As a clue, pay attention to the words that go after حدود.

راهنما: مقاله را دوباره بخوانید و به واژه 'حدود' توجه کنید.
درباره پرسش های مقابل تأمل کنید:

- این واژه به چه معناست و در مقاله چگونه به کار رفته است؟ به عنوان راهنما، دقت کنید که چه واژه‌هایی بعد از 'حدود' آمده است.

(I)3. Instructions: Fill in the blanks using the words from the word bank below.

Word bank: Shortage, quality investment, conditions developed

(فعالیت فردی)۳. راهنما: جاهای خالی را با واژه‌های ارائه شده در بانک واژگان پرکنید.

بانک واژگان: توسعه یافته- سرمایه گذاری – شرایط - کمبود- کیفیت

الف. ________ آموزشی مدارس ایران پایین است.
ب. دولت در حوزه آموزش به اندازه کافی ____________ نمی کند.
پ. یکی از مشکلات مدارس ایران ________ فضای آموزشی است.
ت. دولت باید در روستاهای ایران ________ آموزشی مناسبی فراهم کند.
ث. وضعیت نظام آموزشی در کشورهای ________ ________ بهتر از ایران است.

(I)4. Instructions: Read the article again and notice the collocations related to the words *preparation*, *methods*, *funding*, and *management*. Insert the words into the blanks below to create appropriate collocations.

(فعالیت فردی)۴. راهنما: مقاله را دوباره بخوانید وعبارت های همنشین مربوط به واژه های مقابل را بیابید: آماده سازی- روش های آموزش- بودجه و مدیریت. جاهای خالی زیر را با عبارت‌های همنشین مناسب پر کنید.

الف. آموزش و ___________ ________ معلم کیفیت نظام آموزشی را بهتر می کند.
ب. __________ ________در یادگیری نقش مهمی دارد.
پ. مشکل مالی یکی از مشکلات نظام آموزشی در ایران است و دولت باید_______ حوزه آموزش و پرورش را ت. بیشتر و __________ منابع مالی را بهتر کند.

۴. پروژه: ابتکار در تربیت معلم

Imagine that you are in charge of providing a 30-minute information session to aspiring teachers on teacher training programs in Iran.

Complete the following tasks:

a. Revision of background information

Individually, review the background information below on teacher training programs in Iran.

- *Primary and Lower Secondary Teacher Training:* Teachers at this level attend two-year programs at teacher training centers (*Daneshsari-rahnamai*) to obtain an associate degree.
- *Secondary School Teacher Training:* Secondary school teachers must pass the National Entrance Examination, request a scholarship, and attend a four-year program leading to a bachelor's degree. Upper secondary school teachers are trained at Tarbiat Moallam University and the University for Teacher Education, both in Tehran.
- *Higher Education (e.g., University) Teacher Training:* Tarbiat Modares University has been established to train faculty members and researchers in different scientific fields.

b. Detailed flier

In groups of three, prepare a detailed flier (see Figure 5.2.2) for an information session for future teachers, in which you briefly highlight the following points:

- The necessity of teacher training at different school levels (primary, secondary, and higher education)
- The importance of teacher training, specifying why teachers should receive adequate training
- Essential information related to the duration and location of training, as well as the type of degree obtained, where applicable

در گروه خود، تصور کنید که مسئول تهیه یک جلسه اطلاعات رسانی 30 دقیقه ای برای معلمان مشتاق در برنامه های تربیت معلم در ایران هستید. کارهای زیر را انجام دهید:

الف. بازنگری اطلاعات پیشینه

ابتدا به صورت جداگانه، اطلاعات زیر را درباره برنامه‌های تربیت معلم در ایران بخوانید.

- آموزش معلمان ابتدایی و راهنمایی: این معلمان برای دوسال در مراکز تربیت معلم (دانش‌سرای راهنمایی تحصیلی) تعلیم می‌بینند و مدرک فوق دیپلم می‌گیرند.
- آموزش معلمان دبیرستان: معلمان دبیرستان باید کنکور بدهند، بورسیه تحصیلی بگیرند، و دوره چهارساله لیسانس را بگذرانند. این معلمان در دانشگاه تربیت معلم و دانشگاه تربیت دبیر که هر دو در تهران هستند، آموزش می‌بینند.
- آموزش استادان برای آموزش عالی (دانشگاه): دانشگاه تربیت مدرس برای آموزش استادان دانشگاه و پژوهشگران در رشته‌های علمی مختلف تاسیس شده است.

ب. آگهی با جزئیات

در گروه‌های سه نفره یک آگهی همراه با جزئیات (شکل ۲.۲.۵) را برای یک جلسه آموزشی برای معلمان آینده آماده کنید. در آگهی به مسائل زیر اشاره کنید:

- لزوم آموزش معلمان در مقاطع آموزشی مختلف (ابتدایی، دبیرستان و آموزش عالی).
- اهمیت آموزش با کیفیت برای معلمان، مشخص کردن اینکه چرا معلمان باید آموزش کافی ببینند.
- اطلاعات اساسی مربوط به مدت و مکان دوره آموزشی و نوع مدرکی که معلمان دریافت میکنند.

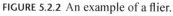

FIGURE 5.2.2 An example of a flier.

شکل ۲.۲.۵ تصویری از یک آگهی.

UNIT 6

Pollution

بخش ۶
آلودگی

1

CAUSES OF AIR POLLUTION

درس ۱
دلایل آلودگی هوا

What will I learn in this lesson?			
TOPIC	**SKILLS**	**STRUCTURES**	**VOCABULARY**
Causes of air pollution	• Reading • Listening • Speaking	• Subjunctive mode, present tense (usage IV) • Ability and potential, cause and effect, condition, doubt, expectation and hope, necessity, and volition) • Adverbs used to signal further details • Subordinating conjunctions • Cause-and-effect conjunctions	Air, automakers, cause, emissions, pollution, pollutant, quality, traffic, transportation
GRAMMAR SHEET			
The Subjunctive Mode (Present)			
RECOMMENDED TECHNOLOGY: https://www.pbworks.com/ https://docs.google.com/ https://www.lucidchart.com/ https://bubbl.us/ https://tobloef.com/text2mindmap/			

منابع درس ۱
به منابع زیر دسترسی خواهید داشت:
- گزیده های مقاله برگرفته از :

https://www.bbc.com/persian/iran/2015/12/151230_l45_iran_tehran_air_pollution
- بخش های ویدیو برگرفته از :

https://farsi.euronews.com/2017/12/22/tehran-pollution-primary-schools-got-closed

DOI: 10.4324/9780429437090-18

کمی درباره موضوع . . .

According to an article in *The Atlantic* titled "Life in Tehran Becomes Even More Miserable," Tehran's pollution crisis is a consequence of several causes. Read the article and reflect on the factors presented as causes of pollution.

On Sunday, an advisor to Iran's health minister made a grisly announcement on state television. In the last year alone, air pollution in Tehran left 4,460 dead, and the problem's getting worse. The news arrived after the entire city had been shut down for five days in an attempt to keep cars off the road and clear the air which residents say stings their eyes and irritates their throats if they don't wear masks or scarves to filter out the pollutants. Like Los Angeles, the Iranian capital is surrounded by mountains that trap in the toxic air, except the pollution in Tehran is four times as bad. In fact, it's one of the most polluted cities in the world, worse than Mexico City, Bangkok and Shanghai. And at this time of year, when winds die down, it makes the city almost unlivable. "My head hurts, and I'm constantly dead tired," a local student told *The New York Times* this weekend. "I try not to go out, but I can smell the pollution in my room as I am trying to study."

It's not really geography's fault that Tehran's air is so filthy. Thanks to strict sanctions on refined gasoline imposed by the United States in 2010, all of Iran has struggled to come up with enough fuel for its cars, so the people have been improvising and mixing their own – call it bathtub gas. It's dirty stuff, too. In 2009, the country reported 300 "healthy days" in terms of air quality, but that number had dropped to 150 by 2011. State officials deny any link between the dirty bathtub gas and the pollution problem, while efforts like dumping water on the smog to help dissipate the toxins haven't had much of an effect. They've also enforced strict traffic control measures like only letting cars with even-numbered license plate numbers drive in the city on even-numbered days. That's enough to keep about half of Tehran's cars off the road on any given day, but it's still not enough.

Of course, Tehran's pollution crisis is just a consequence of a much larger political crisis. As the country continues to flirt with war over its nuclear program, sanctions from countries around the world keep getting harsher and harsher. Just a few months ago, the negative impact on the economy got so bad that Iran's currency lost 40 percent of its value in a week's time, leaving many to wonder if the country's entire economy would collapse. Now, quite unfortunately, it's the people collapsing that Iran has to worry about. And the people know it, too. One Tehran woman told The Times, "It feels as if even God has turned against us."

طبق مقاله ای در مجله آتلانتیک با عنوان «زندگی در تهران حتی بدتر می شود»، بحران آلودگی تهران نتیجه چند عامل است. مقاله را بخوانید و در مورد عوامل آلودگی که ارائه شده اند تأمل کنید.

روز یکشنبه ، یک مشاور وزیر بهداشت ایران یک اعلامیه گریز از تلویزیون دولتی بیان کرد. فقط در سال گذشته، آلودگی هوا در تهران ۴۴۶۰ کشته برجای گذاشت و این مشکل در حال بدتر شدن است. این خبر زمانی رسید که کل شهر برای پنج روز تعطیل شده بود تا جاده ها را از اتومبیل خالی کرده و هوایی را پاکسازی کند که به گفته شهروندان چشم های آنها را می سوزاند و گلویشان را تحریک می کند، اگر از ماسک یا روسری برای فیلتر کردن آلاینده ها استفاده نکنند. مانند لس آنجلس، پایتخت ایران نیز در محاصره کوههایی است که هوای سمی را در خود به دام می اندازد ، اگر چه آلودگی در تهران

چهار برابر بدتر است. در واقع، تهران یکی از آلوده ترین شهرهای جهان است، بدتر از مکزیکو سیتی، بانکوک و شانگهای. و در این زمان از سال، وقتی بادها از بین می روند، این شهر را تقریباً غیر قابل زندگی می کند. یکی از دانشجویان ساکن تهران این آخر هفته به نیویورک تایمز گفت: «سرم درد می کند و من دائماً خسته می مانم.» «سعی می کنم بیرون نروم، اما وقتی مشغول درس خواندن می شوم بوی آلودگی را در اتاقم حس می کنم.»

واقعاً این جغرافیا نیست که هوای تهران اینقدر کثیف است. به لطف تحریم های سختگیرانه بنزین تصفیه شده توسط ایالات متحده در سال ۲۰۱۰، ایران به سختی می تواند سوخت کافی برای اتومبیل های خود را بدست آورد. بنابراین مردم ابتکار به خرج داده و سوخت خود را با آن مخلوط می کنند - آن را بنزین وان بنامید. چیز کثیفی هم هست. در سال ۲۰۰۹، کشور ۳۰۰ روز را از نظر کیفیت هوا «روز سالم» گزارش داد، اما این تعداد تا سال ۲۰۱۱ به ۱۵۰ روز کاهش یافت. مقامات دولتی هرگونه ارتباط بین بنزین وان کثیف و مشکل آلودگی را انکار می کنند، در حالی که تلاش برای ریختن آب بر روی دود برای کمک به دفع سموم تأثیر زیادی نداشته است. آنها همچنین اقدامات سختگیرانه کنترل ترافیک را اعمال کرده اند، مثلا با اجازه دادن فقط به اتومبیل هایی با شماره پلاک زوج که در روزهای زوج در شهر تردد کنند. همین کافی است تا در هر روز حدود نیمی از اتومبیل های تهران را از جاده دور نگه دارد، اما هنوز هم کافی نیست.

البته بحران آلودگی تهران فقط نتیجه یک بحران سیاسی بسیار بزرگتر است. در حالی که کشور همچنان به خاطر برنامه هسته ای خود اینسو و آنسو می کند، تحریم ها از سوی کشورهای سراسر جهان بیشتر و شدیدتر می شوند. همین چند ماه پیش، تأثیرات منفی بر اقتصاد به اندازه ای بد شد که واحد پول ایران ظرف مدت یک هفته ۴۰ درصد ارزش خود را از دست داد و بسیاری را به این فکر فرو برد که آیا کل اقتصاد کشور سقوط می کند؟ اکنون، متأسفانه، این مردم در حال سقوط هستند که ایران باید نگرانش باشد. و مردم نیز آن را می دانند. یک زن تهرانی به روزنامه تایمز گفت: «اینگونه احساس می شود که انگار خدا از ما روی برگردانده است.»

منبع:

Estes, A. C. (2013, January 6). Life in Tehran becomes even more miserable. *The Atlantic*. https://www.theatlantic.com/international/archive/2013/01/deadly-air-pollution-crisis-life-tehran-becomes-even-more-miserable/319833/

۱. معرفی موضوع و بررسی کلیدواژه ها

(I)1.

(فعالیت فردی)۱.

KEY WORDS: Pollution, Pollutants

کلیدواژه‌ها: آلودگی، آلاینده‌ها

Instructions: Match the photographs on the right-hand side (Figure 6.1.1) with the corresponding descriptions on the left-hand side.

راهنما: تصاویر زیر در سمت راست (شکل ۶.۱.۱) را به توضیحات مرتبط با آن در سمت چپ وصل کنید.

تصاویر

الف.

ب.

پ.

ت.

ث.

ج.

چ.

ح.

توضیحات

۱. آلودگی از فعالیت انسانی ناشی می شود.

۲. آلاینده‌ها مثل زباله یا آشغال به کیفیت هوا، آب و زمین آسیب می‌رسانند.

۳. منابع عمده آلودگی عبارتند از کامیون‌ها، خودروها و موتورسیکلت‌ها.

۴. میلیون‌ها خودروی فرسوده یا ازرده‌خارج هنوز در تهران است.

۵. بسیاری از مردم از خودروی شخصی استفاده می‌کنند چون حمل‌ونقل عمومی پاسخگوی نیازهای آن‌ها نیست.

۶. مهم است که خودروها، موتورسیکلت‌ها و کامیون‌ها مرتب معاینه فنی شوند.

۷. ایر انخودرو و سایپا دو تولیدکننده اصلی خودرو در ایران هستند که هنوز خودروهایی با آلایندگی بالا می‌سازند.

۸. برج ها و ساختمان های بلند از جابه‌جایی ذرات هوا با باد جلوگیری می‌کنند.

FIGURE 6.1.1 Photos about pollution.

شکل ۶.۱.۱ تصاویری از آلودگی.

(P)2. Instructions: With a partner and the help of the photograph descriptions above, try to define "pollution" and specify its various types.

(فعالیت دونفره)۲. راهنما: با کمک همکلاسی خود و توضیحات تصاویر بالا، سعی کنید «آلودگی» را تعریف کنید و انواع آن را مشخص نمایید.

____

____

____

____

(G)3. Instructions: Imagine that you and a couple of your classmates are members of the Tehran City Council, which is convening to discuss causes of air pollution in Tehran. You have been tasked with preparing a list of main causes and sources of pollution. In groups of three, discuss causes and sources of pollution that you can think of, based on the photographs you have seen in Activity 1 (I), to create entries for your list.

Next, read the statements below and identify the main cause of pollution for each of them. Finally, confirm or add entries to your original list with additional details if needed.

(فعالیت گروهی)۳. راهنما: تصور کنید که شما و همکلاسی‌های‌تان اعضای شورای شهر تهران هستید. شورا در حال تشکیل جلسه برای بحث در مورد آلودگی هوا در تهران است. از شما خواسته شده تا فهرستی از دلایل و منابع اصلی آلودگی آماده‌کنید. با توجه به تصاویر تمرین ۱(۱)، در گروه‌های سه‌نفره، درباره دلایل و منابع آلودگی که به ذهن تان می رسد بحث کنید و فهرستی تهیه کرده و مدخل های خود را در آن بنویسید.

فهرست

✓ ...
✓ ...
✓ ...
✓ ...
✓ ...
✓ ...

سپس، گزاره های زیر را بخوانید و برای هر یک از آن ها دلیل اصلی آلودگی را مشخص کنید. در آخر، در صورت لزوم، مدخل های فهرست اولیه خود را تایید کرده و یا جزئیات بیشتر ومدخل های جدید به آن اضافه کنید.

«به‌جای بزرگراه‌سازی و پل‌سازی در شهر تهران که در واقع دعوت از اتومبیل‌ها برای آمدن به خیابان است، باید این اعتبارات و بودجه‌ها را به مترو و حمل و نقل عمومی تخصیص می‌دادیم تا اکنون با چنین وضعیتی روبرو نباشیم.»

- محمد حقانی، عضو شورای شهر تهران، ۲۰۱۷-۲۰۱۳

دلیل اصلی آلودگی:

«شهرداری در ساخت پل صدر حدود ۵ هزار میلیارد تومان بودجه صرف کرد، در صورتی که بر اساس گفته معاون شهرداری، برای ساخت هر کیلومتر مترو ۷۰ میلیارد تومان پول هزینه می‌شود. حال سؤال این است هدف از ساخت چنین پلی چه بود؟ در حالی که به جای آن می‌شد ۷۱ کیلومتر مسیر مترو ساخت. با این اوصاف ساختن چند کیلومتر اتوبان به نفع مردم بود یا ۷۱ کیلومتر مترو؟»

- حسین اخانی، استاد دانشگاه تهران

دلیل اصلی آلودگی:

«باید برای برج‌ها و ساختمان‌های بلندمرتبه، بخصوص آنهایی که در کریدور جابه‌جایی هوا قرار دارند، چاره‌اندیشی شود و حداقل از این به بعد از ساختن آنها در این‌گونه مناطق جلوگیری شود.»

- رییس‌جمهور حسن روحانی

دلیل اصلی آلودگی:

«۷۰ تا ۸۰ درصد آلودگی که در تهران تولید می شود ناشی از منابع متحرک یعنی خودروها موتورسیکلت‌هاست.»

- محمد رستگاری، معاون پایش و کنترل کیفیت آلودگی هوای استان تهران

دلیل اصلی آلودگی:

منبع:

- «چرا آلودگی از هوای تهران نمی رود؟» بی بی سی نیوز فارسی، ۹ دی ۱۳۹۴ - ۳۰ دسامبر ۲۰۱۵، https://www.bbc.com/persian/iran/2015/12/151230_l45_iran_tehran_air_pollution

۲. مطالعه موضوع

منابع برای خواندن

-گزیده های مقاله برگرفته از:

https://www.bbc.com/persian/iran/2015/12/151230_l45_iran_tehran_air_pollution

منابع صوتی/ تصویری

-بخش های ویدیو برگرفته از :

https://farsi.euronews.com/2017/12/22/tehran-pollution-primary-schools-got-closed

الف. فرضیه پردازی

(I)1. Instructions: Fill in the right-hand side of the table below (Column "Expected Issues") with issues you expect to read about in the article in the "General Reading" section that follows, based on its title: "Why Hasn't Tehran's Air Pollution Gone Away?" ("چرا آلودگی هوای تهران از بین نمی‌رود؟")

(فعالیت فردی)۱. راهنما: با توجه به عنوان مقاله «چرا آلودگی هوای تهران از بین نمی‌رود؟»، موضوعاتی که انتظار دارید در قسمت «خواندن اجمالی» درباره مقاله بخوانید را در ستون سمت راست جدول زیر (ستون «موضوعات مورد انتظار») بنویسید.

موضوعات دیگر	موضوعات مورد انتظار

ب. خواندن اجمالی

KEY SKILL: SKIMMING THE TEXT FOR MAIN IDEAS

Skimming entails extracting the essence of the author's main ideas rather than the finer points. Activity A1 (II) below will ask you to deliberately skip text that contains new words and structures. Instead of closely reading every word, you will focus on the title and the first few sentences of each excerpt. The following activity, A2 (II), will help you confirm the issues you expected to read about in the article in the **Formulating Hypotheses** section.

مهارت کلیدی: خواندن اجمالی متن برای درک ایده های اصلی

خواندن اجمالی متن مستلزم استخراج و درک ذات ایده های اصلی نویسنده است و نه نکات دقیق وجزئی متن. در تمرین الف ۱(۲) در زیر، از شما خواسته شده که بخش هایی از متن که حاوی واژه ها و ساختار جدید است

را نخوانید و رد شوید. در عوض به جای خواندن دقیق هر واژه، روی عنوان و چند جمله اول هر گزیده مقاله تمرکز کنید. تمرین الف ۲(۲) به شما کمک می کند تا موضوعاتی که انتظار داشتید در مقاله در بخش (فرضیه پردازی) درباره آن ها بخوانید را تایید کنید.

(P)1. Instructions: Reading the title of the article and only the first few lines of each excerpt, identify the main idea of the article and determine why the author has written the piece. Do not pay attention to new structures or unfamiliar words. Check your answers with a partner.

(فعالیت دونفره) ۱. راهنما: با خواندن عنوان مقاله و فقط چند خط اول هر گزیده مقاله، ایده اصلی مقاله را مشخص کنید و دلیل نویسنده برای نوشتن این مقاله را بیان کنید. به واژه ها و ساختار دستوری جدید توجه نکنید. پاسخ خود را با همکلاسی‌تان چک کنید.

عنوان مقاله

چرا آلودگی هوای تهران از بین نمی‌رود؟

گزیده ۱

وضعیت هوای تهران به قدری وخیم شده که اورژانس تهران در میدان‌های آزادی، انقلاب، تجریش و صادقیه و مقابل شهرداری شهر ری تیم‌های پزشکی و آمبولانس مستقر کرده است.

بنا به اعلام شرکت کنترل کیفیت هوای تهران روز چهارشنبه، ۹ دی، آلودگی هوای تهران به سطح "ناسالم برای همه" رسیده است. به این ترتیب حدود سه هفته متوالی است که آلودگی هوای تهران در سطحی خطرناک بوده است.

[...]

آلودگی هوای تهران مشکل تازه‌ای نیست و به عنوان نمونه به گزارش سازمان کنترل کیفیت هوای تهران، بین سال‌های ۱۳۸۹ تا ۱۳۹۳، هوای تهران در بیشتر از یک سوم روزهای هر سال آلوده بوده است.

دولت ایران در سال ۱۳۷۹ "برنامه جامع مبارزه با آلودگی هوای تهران" را تصویب کرد که بنا به آن وزارتخانه‌های صنایع و نفت به همراه سازمان حفاظت از محیط زیست، شهرداری تهران و پلیس راهنمایی و رانندگی موظف شدند با انجام طرح‌هایی هوای تهران را ظرف ده سال به کیفیت سالم برسانند.

گزیده ۲

مطابق این طرح بنا بود که خودروهای فرسوده از رده خارج شوند، کیفیت خودروهای تولیدی و سوخت مصرفی بالا برود و حمل و نقل عمومی هم تقویت بشود. علاوه بر اینها، این طرح به دنبال بهبود معاینه فنی خودروها و مدیریت ترافیک و همچنین آموزش همگانی و جلب مشارکت مردمی برای مبارزه با آلودگی هوا بود.

گزیده ۳

۱۵ سال پس از تصویب این طرح، هنوز فاصله زیادی تا تحقق اهداف آن باقی مانده است.

مطابق گزارش شرکت کنترل کیفیت هوا ۸۵ درصد تمامی آلاینده‌ها در هوای تهران در سال ۱۳۹۲ از "منابع متحرک" منتشر شده‌اند، یعنی انواع کامیون، خودرو و موتورسیکلت منابع اصلی آلودگی هوای تهران هستند.

به این ترتیب روشن است که چرا تمرکز برنامه جامع مبارزه با آلودگی بر مسئله خودروها بوده است. اما تهران در هر یک از محورهای این برنامه چه قدر پیشرفت کرده است؟

عیسی فرهادی، فرماندار تهران در سال ۱۳۹۳، یعنی ۱۴ سال پس از تصویب از رده خارج کردن خودروهای فرسوده، گفت که هنوز یک میلیون خودروی فرسوده در تهران تردد می‌کنند.

به گفته ولی آذروش، مدیرعامل ستاد معاینه فنی در تهران، در سال ۱۳۹۴ بیشتر از ۸۰ درصد خودروها معاینه فنی نداشته‌اند و از میان بیش از ۳ میلیون دستگاه موتورسیکلتی که به گفته او در تهران تردد می‌کنند و آلایندگی بیشتری هم دارند در سال جاری "تنها ۱۲۸ دستگاه به مراکز معاینه فنی پایتخت مراجعه کرده‌اند."

بنا بود دوره معاینه فنی خودروها یک سال و نیم باشد، اما این مدت به پنج سال افزایش پیدا کرد.

با وجود اینکه بنا به مصوبه دولت می‌بایستی از سال ۱۳۹۰ به بعد تمامی خودروهای سواری، باری و سنگین وارداتی یا تولید ایران استاندارد یورو ۴ را رعایت کنند، هنوز خودروهای با استاندارد یورو ۲ تولید و وارد می‌شوند. استاندارد یورو ۲ انتشار مونواکسیدکربن را تا بیش از دو برابر سطح تعیین‌شده در استاندارد یورو ۴ مجاز می‌داند و برای برخی آلاینده‌های دیگر سقفی تعیین نمی‌کند.

در زمینه سوخت مصرفی هم اگرچه سرب از بنزین‌ها رفته و برخلاف اوایل دهه ۱۳۹۰ دیگر بنزین آلاینده پتروشیمی‌ها تولید نمی‌شود، اما به گفته جلیل جعفری، عضو کمیسیون انرژی مجلس، هنوز کیفیت گازوئیل و گاز مایع مورد استفاده خودروها پایین است.

با این که مطابق طرح جامع ترافیک تهران باید سهم حمل و نقل عمومی از کل سفرهای شهری به ۷۵ درصد برسد، به گفته مسئولان شهرداری این میزان چیزی حدود ۶۰ درصد است. با وجود این فاصله میان سهم کنونی حمل و نقل عمومی و هدف تعیین شده برای آن به گفته ابوالفضل قناعتی، عضو شورای شهر تهران، سهم حمل و نقل عمومی در بودجه امسال شهرداری تهران پایین آمده است.

در زمینه مدیریت ترافیک هم از شهرداری و شورای شهر گرفته تا پلیس راهنمایی و رانندگی، همه از سردرگمی در این باره و فقدان مدیریت واحد می‌نالند.

با توجه به اینکه مقام‌های مختلف مکرراً از مردم می‌خواهند که از خودروی شخصی استفاده نکنند به نظر می‌رسد که هدف آموزش همگانی و جلب مشارکت مردمی هم برآورده نشده است. بگذریم از اینکه بسیاری می‌گویند ناچارند از خودروی شخصی استفاده کنند چون حمل و نقل عمومی پاسخگوی نیاز آنها نیست.

با این توضیحات به نظر می‌رسد که طرح جامع مبارزه با آلودگی هوای تهران در هر هفت محور خود شکست خورده است.

گزیده ۴

با توجه به اینکه تولید و واردات سوخت و خودرو منحصراً تحت نظر دولت ایران است، روشن نیست که چرا ۱۵ سال پس از تصویب برنامه مبارزه با آلودگی، خودروسازان ایرانی هنوز خودروهایی با آلایندگی بالا می‌سازند.

سهامدار اصلی ایران خودرو و سایپا، سازمان گسترش و نوسازی صنایع ایران، وابسته به وزارت صنعت، معدن و تجارت است. این یعنی دولت به غیر از اهرم‌های قانونی و نظارتی مستقیماً در مدیریت دو خودروساز اصلی ایران نقش دارد.

اما تا به حال رابطه دولت و خودروسازان نه به نفع اهداف محیط زیستی دولت، که به نفع خودروسازان بوده و دولت تلاش کرده است که آنها را از ورشکستگی نجات دهد. وام خودرویی که اخیرا داده شد یک نمونه است. البته با توجه به اینکه این دو خودروساز در مجموع بیش از ۹۰ هزار نیروی کار دارند و بسیاری از صنایع و کسب و کارهای کوچک‌تر به آنها وابسته‌اند، قابل فهم است که چرا دولت می‌خواهد جلوی سقوط آنها را بگیرد.

گزیده ۵

این تنها دولت نیست که راه را برای راندن خودروهای همچنان آلاینده در تهران هموار می‌کند. شهرداری تهران هم با اتهام مشابهی روبرو است.

جغرافیای تهران باعث می‌شود که آلاینده‌های منتشرشده در هوا باقی بمانند و باد نتواند هوا را پالایش کند. ساختن برج‌های بلندمرتبه در باغ‌های شمال تهران، هم فضای سبز شهر را کم می‌کند و هم راه جریان هوا را سد می‌کند.

موید حسینی صدر، عضو فراکسیون محیط زیست مجلس می‌گوید: "در حال حاضر در همه جای تهران تا آخرین حد ممکن مجوز ساخت‌وساز می‌دهند . . . افزایش طبقات ساختمان‌ها، ترافیک را سنگین می‌کند، تراکم جمعیت را بالا می‌برد و هم جلوی جریان‌های سطحی هوا را می‌گیرد."

گزیده ۶

آقای روحانی گفته است دولت برای مقابله با بحران آلودگی هوای تهران مجموعه‌ای از "تصمیمات فوری و کوتاه مدت" گرفته است.

رئیس جمهور ایران گفته که وزارت راه و شهرسازی باید بر بلندمرتبه سازی در تهران نظارت کند و نظارت پلیس هم بر معاینه فنی خودروها تقویت شود. آقای روحانی همچنین گفته تصمیم هیئت وزیران این بوده که از مردم خواسته شود دمای وسایل گرمایشی در منازل خود را کاهش دهند. علاوه بر این او وعده داده که دولت کمک بیشتری به حمل و نقل عمومی در تهران بکند.

آیا این تصمیمات دولت هوا را برای تهرانی‌ها پاک خواهد کرد؟

ایده اصلی:

____

____

____

(P)2. Instructions: Skim all excerpts, then check off the expected issues you entered in the right-hand side of the table in Activity A1 (II). In the left-hand side of the same table, fill in any additional issues that were missing. Check your answers with a partner.

(فعالیت دو نفره)۲. راهنما: همه گزیده های مقاله را به طور اجمالی بخوانید و موضوعات مورد انتظارتان که در سمت راست جدول تمرین الف ۱(۲) وارد کردید را علامت بزنید. سپس سمت چپ همان جدول را با موضوعات دیگری که قبلا ننوشتید پر کنید. پاسخ‌های خود را با همکلاسی‌تان چک کنید.

پ. خواندن هدفمند

KEY SKILL: SCANNING THE TEXT

Scanning entails looking for important details. Activities C1 (II), C2 (II), and C3 (II) below will ask you to look only for specific facts or pieces of information without reading everything.

مهارت کلیدی: مرور متن

مرور کردن متن مستلزم جستجو برای جزئیات مهم متن است. تمرین های پ۱(۲)، پ۲(۲) و پ۳(۲) در زیر از شما می خواهد تا بدون خواندن تمام متن، فقط به دنبال حقایق و اطلاعات خاص باشید.

(G)1. Instructions: In small groups, choose one of the excerpts to scan and outline using the table below. Check your answers with the rest of the class under the guidance of your instructor.

(فعالیت گروهی)۱. راهنما: در گروه های کوچک، یکی از گزیده های متن را انتخاب کرده و آن را مرور کنید و جدول زیر را کامل کنید. با راهنمایی معلم تان پاسخ های خود را با بقیه کلاس چک کنید.

گزیده	۱	۲	۳	۴	۵	۶
ایده اصلی						
مسائل کلیدی						
جزئیات						
مثال‌ها						

(P)2. Instructions: Listen to the narration via the link provided (www.routledge.com/9781138347199 🔊) and complete the following sentences based on information from the excerpts. Check your answers with a partner.

(فعالیت دونفره)۲. راهنما: به روایت متن از طریق لینک ارائه شده (🔊 www.routledge.com/9781138347199) گوش دهید و جمله‌های مقابل را با استفاده از اطلاعات موجود در گزیده ها کامل کنید. پاسخ های خود را با همکلاسی تان چک کنید.

الف. اورژانس تهران در بخش‌های مختلف شهر، تیم‌های پزشکی و آمبولانس مستقر کرده است چون . . .

ب. دولت ایران در سال ۱۳۷۹ "برنامه جامع مبارزه با آلودگی هوای تهران" را تصویب کرد تا . . .

پ. برنامه جامع تهران برای مقابله با آلودگی هوا به دو دلیل شکست خورده است: اول اینکه . . . و دیگر اینکه . . .

ت.   ایران‌خودرو و سایپا، دو تولیدکننده عمده خودرو در ایران، هنوز خودروهایی با آلایندگی بالا
می‌سازند چون

ث.   ساختن برج‌های بلندمرتبه نیز یکی از دلایل آلودگی محسوب می‌شود چون . . .

ج.   مجموعه‌ای از "تصمیمات فوری و کوتاه مدت" که به گفته رییس‌جمهور روحانی، دولت باید
بگیرد تا با بحران آلودگی هوای تهران مقابله کند عبارتند از . . .

(P)3. Instructions: As you scan all excerpts with a partner, identify the causes of
air pollution in Iran, especially in Tehran, according to the article. Organize your
ideas to create a mind map, following the example below. Be sure to leave space
for your responses after watching the video in the next activity.

(**فعالیت دونفره**)۳. **راهنما:** همانطور که هر یک از گزیده های مقاله را با همکلاسی تان مرور می کنید،
طبق آنها، علت‌های آلودگی هوا در ایران، به خصوص در تهران، را مشخص کنید. با توجه به مثال زیر،
نقشه ذهنی بسازید و ایده های خود را در آن مرتب کنید. مطمئن شوید جای خالی برای پاسخ های دیگر
خود بعد از تماشای ویدیو در تمرین بعد بگذارید.

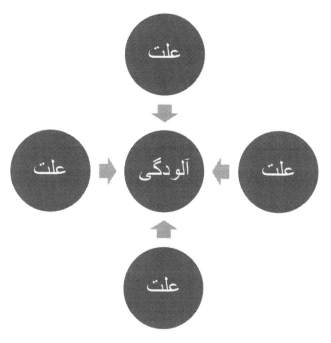

MIND MAP

نقشه ذهنی

(P)4. Instructions: Watch the video segments taken from the video entitled "What is the Main Reason for Excessive Air Pollution in Tehran?" ("دلیل اصلی آلودگی بیش از حد هوای تهران چیست؟") below. Identify the most important causes of air pollution in Tehran that are mentioned in the video segments. Do these causes correspond with the causes you identified in Activity C3 (II) above? If not, complete the mind map with causes mentioned in the video segments that were not in your original mind map.

(فعالیت دونفره)۴. راهنما: بخش های برگرفته از ویدیو با عنوان «دلیل اصلی آلودگی بیش از حد هوای تهران چیست؟» که در زیر آمده را تماشا کنید. مهمترین دلایل آلودگی هوا در تهران را که در بخش های ویدیو ذکر شده، شناسایی کنید. آیا این‌ها با دلایلی که در تمرین پ۳(۲) در بالا شناسایی کردید مطابقت دارند؟ در غیر این صورت، نقشه ذهنی بالا را با دلایل ذکرشده در بخش های ویدیو که در نقشه ذهنی اولیه شما نیست، کامل کنید.

بخش ۱
بخش ۲
بخش ۳
بخش ۴

(I)5. Instructions: Confirm your answers in Activity C4 (II) above by listening to the segments and reading the transcript below.

(فعالیت فردی)۵. راهنما: پاسخ‌های خود در تمرین پ۴(۲) در بالا را با گوش دادن به بخش های ویدیو و خواندن متن زیر تایید کنید.

بخش ۱

محمد رستگاری، نایب رییس سازمان کنترل کیفیت هوای تهران می‌گوید: آلودگی هوا تابع دوتا پارامتر اصلی است. یکی بحث عوامل اقلیمی است. یکی بحث میزان آلودگی است که از منابع آلاینده تولید می‌شود. توپوگرافی شهر تهران باعث می‌شود که تهویه آلاینده‌ها به طور طبیعی وجود نداشته باشد. عوامل اقلیمی همه جای دنیا اتفاق می‌افتد. در خیلی از شهرهای دنیا می‌بینید که وقتی پدیده وارونگی هوا را داریم، آلاینده‌ها به طور طبیعی امکان تهویه از سطح شهر را ندارند. به این دلیل تجمع آلاینده‌ها باعث می‌شود که کیفیت هوا تغییر پیدا کند.

بخش۲

ذرات معلق مهمترین عامل آلودگی هوای کلان‌شهرها هستند. به گفته مقامات ایران با اقدامات صورت گرفته شرایط از لحاظ گازهای آلاینده مانند مونوکسید کربن و گازکربنیک تحت کنترل است.

بخش ۳

اما معضل اصلی ذرات معلق با قطر کمتر از ۲.۵ میکرون هستند. ذراتی که وارد جریان خون انسان می‌شوند و بسیار خطرناکند. تعطیلی مدارس و اجرای طرح زوج و فرد برای خودروها از درب منزل از راهکارهای دولت ایران برای کنترل آلودگی در این روزهاست. با این همه همچنان نفس شهروندان تهرانی تنگ است.

بخش ۴

به گفته مقامات ایران، خودروهای فرسوده عامل اصلی آلایندگی هوای تهران هستند. با آغاز برنامه استاندارد سازی خودروها در سال ۱۳۷۹، چهار سطح استاندارد در تولید خودرو پیش‌بینی شده است. علاوه بر این از سال ۱۳۹۳ خودروهای سواری با استاندارد یورو۴ تولید می‌شوند. با این وجود همچنان حدود ٪۸۰ از ذرات معلق ناشی از احتراق خودروهای فرسوده است.

۳. ساختارهای دستوری زبان و واژگان

الف. بررسی ساختارهای دستوری زبان

(I)1.

(فعالیت فردی)۱.

> **SUBJUNCTIVE MODE (USAGE IV)**
>
> In Farsi, the subjunctive mode is used:
>
> a. With impersonal verbs (with no personal subject, appearing in the third-person singular).
>
> **وجه التزامی (کاربرد ۴)**
>
> در زبان فارسی، وجه التزامی استفاده می شود:
>
> الف. با افعال غیر شخصی (که فاعل شخصی ندارند و در سوم شخص مفرد می آیند)

Instructions: In the article titled "Why Does Pollution Not Leave the Air of Tehran?"

("چرا آلودگی از هوای تهران نمی‌رود؟")

in Activity B1 (II), underline all the verbs that follow the impersonal verbs listed below:

- It was supposed to
- Must, should, have to

Reflect on what mode the verbs you underlined are conjugated in and try to explain the new use of this mode, whose construction you have already seen in the previous units.

راهنما: در مقاله «چرا آلودگی هوای تهران از بین نمی‌رود؟» در تمرین ب۱(۲)، زیر همه فعل‌هایی که بعد از افعال غیر شخصی زیر آمده‌اند، خط بکشید:

- بنا بودن(قراربودن) بنا بود
- باید (می بایستی)

درباره اینکه افعالی که زیر آن خط کشیده اید در چه وجه ای صرف می شوند، تأمل کنید و سعی کنید کاربرد جدید این وجه که ساختارش را در درس های قبلی دیده اید، توضیح دهید.

(فعالیت فردی)۲.
(I)2.

SUBJUNCTIVE MODE (CONT'D.)

b. To express ability and potential, cause and effect, condition, doubt, expectation and hope, necessity, and volition.

وجه التزامی (ادامه)

ب. برای بیان توانایی و پتانسیل، علت و معلول، شرط، تردید، انتظار و امید، ضرورت و اراده.

Instructions:

In the article titled "Why Does Pollution Not Leave the Air of Tehran?"

(«چرا آلودگی از هوای تهران نمی‌رود؟»)

in B1 (II), circle all the verbs that follow the verbs listed below:

- To be obliged to
- To try
- To want
- To promise

Reflect on what mode the verbs you circled are conjugated in and specify what each verb expresses, marking one of the choices below.

راهنما: درمقاله «چرا آلودگی هوای تهران از بین نمی‌رود؟» در تمرین ب۱(۲)، دور همه فعل‌هایی که بعد از افعال زیر آمده‌اند، خط بکشید:

- موظف بودن
- تلاش کردن
- خواستن
- وعده دادن/ قول دادن.

درباره اینکه افعالی که دور آن ها خط کشیده اید در چه وجه ای صرف می شوند، تأمل کنید و یکی از گزینه های زیر را علامت بزنید تا مشخص کنید که هر فعل بیانگر چیست.

اراده	ضرورت	انتظار و امید	تردید	شرط	علت و معلول	توانایی و پتانسیل	افعالی که زیر آن ها خط کشیده شده

(I)3. Instructions: Complete the following sentences with appropriate verbs in subjunctive mode. Make sure the verbs are conjugated properly.

(فعالیت فردی)۳. راهنما: جمله‌های زیر را با فعل‌های مناسب و در وجه التزامی کامل کنید. به صرف فعل‌ها دقت کنید.

الف. رانندگان موظفند خودروها را معاینه فنی. . . . . (کردن)

ب. صداوسیما تلاش می کند مردم را به استفاده از وسایل حمل و نقل عمومی تشویق. . . . . (کردن)

پ. دولت قول داده که کارخانه‌های خودروسازی را از ورشکستگی نجات. . . . . (دادن)

ت. رییس جمهور وعده داده که دولت کمک بیشتری به حمل و نقل عمومی در تهران. . . . . (کردن)

ث. طبق این طرح باید خودروهای فرسوده از رده خارج. . . . . (شدن)

ج. دولت از مردم خواسته که از خودروی شخصی استفاده. . . . . (کردن)

چ. شهرداری و پلیس می خواهند با اقداماتی هوای تهران را به کیفیت سالم. . . . . (رساندن)

ح. بنا بود دوره معاینه فنی خودروها یک سال. . . . . (بودن)، اما بیشتر طول کشید.

(I)4.

(فعالیت فردی)۴.

PREPOSITIONS

Prepositions (already introduced in Unit 3, Lesson 2) used to attribute the source of specific pieces of information:

*   As stated
*   As reported by
*   According to
*   Based on

حروف اضافه

حروف اضافه (که قبلا در بخش ۳، درس ۲ معرفی شده است) برای اشاره به منبع اطلاعاتی خاص استفاده می شوند:

*   همان‌طور که بیان شده
*   همان‌طور که گزارش شده/ بنابر گزارش
*   به گفته/طبق/مطابق
*   بنابر/ بر اساس

Instructions: Underline all prepositions in the article excerpts used to convey the author's statements, then complete the sentences below with the appropriate prepositions.

راهنما: در گزیده های مقاله، زیر تمام حروف اضافه ای که برای بیان منظور نویسنده استفاده شده‌اند، خط بکشید. سپس جمله‌های زیر را با حروف اضافه مناسب کامل کنید.

الف. . . . . . متخصصان، آلودگی هوا تابع دو پارامتر است: عوامل اقلیمی و منابع آلاینده.
ب. . . . . . گفته مقامات ایران، خودروهای فرسوده عامل اصلی آلایندگی هوای تهران هستند.
پ. . . . . .. تحقیقات انجام‌شده، درصد بالایی از آلودگی تهران ناشی از خودروها و موتورسیکلت‌هاست.
ت. . . . . استاندارد «یورو ۴» خودروها با کیفیت بالاتری تولید می‌شوند.
ث. . . . . شهروندان، طرح های کنترل آلودگی هوا تا کنون پاسخگو نبوده‌است.
ج. . . . . . مقررات جدید، طرح تردد خودروهای زوج و فرد از این هفته اجرا می‌شود.
چ. . . . . اخلاق شهروندی، باید تا حد ممکن از وسایل حمل‌ونقل عمومی استفاده کرد.
ح. . . . . دستور دولت، فردا مدارس ابتدایی تعطیل است.

(I)5.

(فعالیت فردی)۵.

ADVERBS

Adverbs used to signal further details:

- For example
- In addition
- In other words

قیدها

قیدهایی که برای بیان جزئیات بیشتر استفاده می شوند:

- به عنوان نمونه/ برای مثال/ مثلا
- علاوه بر این/ علاوه بر . . .
- به عبارت دیگر/ یعنی

Instructions: Underline all adverbs in the article excerpts used to signal additional information, then complete the sentences below with the appropriate adverbs.

راهنما: زیر تمام قیدهای موجود در گزیده های مقاله که برای دادن اطلاعات بیشتر استفاده شده‌اند، خط بکشید. سپس جمله‌های زیر را با قیدهای مناسب کامل کنید.

الف. عوامل اقلیمی یکی از دلایل آلودگی هواست. . . . . . . تجمع آلاینده ها هم روی کیفیت هوا تاثیر دارد.
ب. این اقدامات، شرایط را از نظر گاز های آلاینده. . . . مونوکسید کربن و گازکربنیک، کنترل می‌کند.
پ. . . . ... تعطیلی مدارس و اجرای طرح زوج و فرد برای خودروها از راهکارهای دولت ایران برای کنترل آلودگی است.
ت. آلاینده‌ها از منابع اصلی آلودگی هواست. . . . . . ذرات ریز معلق بسیار خطرناکند.
ث. استانداردسازی خودروها از سال ۱۳۷۹ یکی از اقدامات دولت برای کاهش آلودگی هواست. . . . . از سال ۱۳۹۳ خودروها سواری با استاندارد «یورو ۴» تولید می‌شوند.

ج. درصد زیادی از آلودگی هوای تهران ناشی از منابع متحرک. . . . . خودروها و موتورسیکلت‌هاست.

چ. . . . . تعطیلی مدارس، زوج و فرد کردن تردد خودروها هم برای کاهش آلودگی لازم است.

ح. آلودگی هوا برای افراد با بیماری‌های تنفسی. . . . آسم بسیار خطرناک است.

(I)6.

(فعالیت فردی)۶.

SUBORDINATING CONJUNCTIONS

Subordinating conjunctions combine independent and dependent clauses. For example:

- Although
- Even though
- Even if
- Despite

حروف ربط وابسته

حروف ربط وابسته شبه جملات مستقل و وابسته را به هم وصل می کنند. برای مثال:

- با این که/ اگرچه
- با وجود اینکه/ با وجود این
- حتی اگر
- علیرغم /علیرغم این‌که

Instructions: Underline all the subordinating conjunctions you can find in the article excerpts and try to explain their purpose in each sentence. Then complete the sentences below with the appropriate conjunctions.

راهنما: زیر تمام حروف ربط وابسته که در گزیده های مقاله پیدا می‌کنید خط بکشید و سعی کنید دلیل استفاده هرکدام را توضیح دهید. سپس جمله‌های زیر را با حروف ربط وابسته مناسب پر کنید.

الف. . . . . . . دولت مدرسه‌ها را تعطیل کرده، هوای تهران همچنان آلوده است.

ب. اجرای طرح زوج و فرد برای خودروها از راهکارهای دولت ایران برای کنترل آلودگی هواست.. . . . . همچنان اوضاع برای شهروندان سخت است.

پ. . . . . . همه این طرح ها، آلودگی هوای تهران ادامه دارد.

ت. استانداردهای خودروسازی ارتقا پیدا کرده‌است،. . . . . بیشتر ذرات معلق هوا هنوز ناشی از خودروهای فرسوده است.

ث. .... بالارفتن استانداردهای خودروسازی، بسیاری از خودروها در تهران با استانداردهای پایین‌تر در گذشته تولید شده اند.

ج. ..... آسم دارم، مجبور شدم در این هوا بیرون بیایم.

چ. .... دولت منابع مالی به کاهش آلودگی اختصاص داده، مشکل آلودگی هوای تهران پابرجاست.

ح. بعضی مردم همچنان با خودروی شخصی تردد می‌کنند، .... متخصصان آن را برای سلامتی جامعه خطرناک بدانند.

(I)7.

(فعالیت فردی)۷.

CAUSE AND EFFECT CONJUNCTIONS

Cause-and-effect conjunctions (already introduced in Unit 3, Lesson 1) highlight a cause-effect relationship between two ideas or explain why something happens. They introduce:

a. A cause:
- Because of
- For the reason of

b. An effect:
- Therefore
- Hence
- So
- That is why

For this reason

حروف ربط علت و معلول

حروف ربط علت و معلول (که قبلا در بخش ۳، درس ۱ معرفی شده است) رابطه علت-معلولی بین دو ایده را بیان می کند و یا دلیل وقوع چیزی را توضیح می‌دهد. آن ها مشخص می کنند:

الف. یک علت:
- بخاطر/به سبب
- به دلیل

ب. یک معلول یا نتیجه:
- بنابراین
- از این رو
- پس
- برای همین
- به این دلیل

Instructions: The following sentences from the excerpted video transcript explain why air pollution occurs. For each sentence, underline the causes and circle the effects. Then rewrite each sentence using the cause-and-effect conjunctions.

راهنما: جمله‌های برگرفته از چکیده متن ویدئو در زیر توضیح می‌دهند چرا آلودگی هوا اتفاق می‌افتد. در هر جمله، زیر علت‌ها و معلول‌ها خط بکشید.

الف.   توپوگرافی شهر تهران باعث می شود که به صورت طبیعی امکان تهویه آلاینده ها از تهران وجود نداشته باشد.

_____

_____

ب.   تجمع آلاینده ها باعث می شود کیفیت هوا تغییر پیدا کند.

_____

_____

پ.   حدود ۸۰ درصد از ذرات معلق هوا ناشی از احتراق ناقص خودروهای فرسوده است.

_____

_____

ت.   «۷۰ تا ۸۰ درصد آلودگی که در تهران تولید می شود ناشی از منابع متحرک یعنی خودروها و موتورسیکلت هاست.

_____

_____

ب. بررسی واژگان

(I)1. Instructions: Write at least two words used in the article in conjunction with each word in the right-hand side column ("Words") of the table below to form proper collocations.

(فعالیت فردی)۱. راهنما: در جدول زیر حداقل دو واژه بنویسید که در مقاله همراه با واژه‌های ستون سمت راست («واژه ها») به کار رفته و با آن ها عبارت های همنشین مناسبی تشکیل می دهند.

عبارت های همنشین		
واژه ها	واژه های همراه	
آلاینده(ها)		
کیفیت		
هوا		
ترافیک		
حمل‌ونقل		
سازنده(های) خودرو		
تصمیم(ها)		
انتشار		

(I)2. Instructions: Identify antonyms of the following adjectives and verbs.

(فعالیت فردی)۲. راهنما: متضاد صفت‌ها و فعل‌های زیر را بنویسید.

الف. خطرناک

____

ب. بدتر شدن

____

پ. ناسالم

____

ت. فرسوده

____

ث. تصفیه کردن

____

ج. شکست خوردن

____

چ. جلوگیری کردن

____

ح. مجوز

____

۴. پروژه: سبک زندگی سازگار با محیط زیست

Every time you commute to work or school, use a heater or air conditioner, clean your windows, or even style your hair, you make choices that can affect air pollution. Adopting an environmentally friendly lifestyle can help you make wiser choices. Imagine you are at a café in Tehran chatting with friends when the issue of air pollution comes up. While most of you are convinced that everyone should commit to an environmentally friendly lifestyle, Reza is not so sure. Together with your other friends, try to get Reza to reconsider by completing the following task:

Class wiki

In groups of three, prepare a list containing simple steps Reza must follow in everyday life (Figure 6.1.2) to help improve air quality. In the class wiki for this lesson, provide at least five recommendations for each setting listed in the table below. Make sure you use the main vocabulary of this lesson and the subjunctive mode to express necessity (bayad).

هربار که به دانشگاه یا محل کارتان می‌روید، از بخاری یا کولر استفاده می‌کنید، پنجره‌ها را تمیز می‌کنید، یا حتی موهای‌تان خود را حالت می دهید، انتخاب‌هایی که می‌کنید ممکن‌است روی آلودگی هوا تاثیر بگذارند. اتخاذ یک سبک زندگی سازگار با محیط زیست می تواند به شما کمک می کند انتخاب‌های عاقلانه تری بکنید. تصور کنید در کافه‌ای در تهران با دوستانتان مشغول گپ‌زدن هستید که موضوع آلودگی هوا مطرح می‌شود. با اینکه بیشتر شما باور دارید که هرکس باید یک سبک زندگی سازگار با محیط زیست پیش بگیرد، رضا هنوز مطمئن نیست. با دوستان دیگرتان سعی کنید با انجام کارهای زیر رضا را قانع کنید تا نظرش را عوض کند:

گام‌هایی که هر فرد می‌تواند بردارد تا به کاهش آلودگی هوا کمک کنید:	
مثال:۱. تا حد امکان، باید پیاده‌روی یا دوچرخ‌سواری کنید.	الف. در خیابان 
مثال:۱. وقتی اتاقی را ترک می‌کنید، باید چراغ‌ها را خاموش کنید.	ب. در خانه 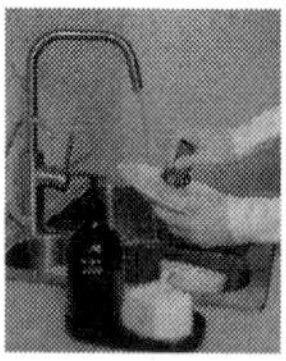
مثال:۱. باید با چندنفر از یک ماشین استفاده کنید.	پ. در محل کار 

FIGURE 6.1.2 Photos of everyday life.

شکل ۲.۱.۶ تصاویری از زندگی روزمره.

Source: © Photos 1, 3 – © Adobe Stock; Photo 2 – © Freepik.com

ویکی کلاس

در گروه‌های سه‌نفره، فهرستی از گام‌های ساده‌ای (شکل ۲.۱.۶) آماده کنید که رضا باید در زندگی روزمره بردارد تا به بهبود کیفیت هوا کمک کند. در ویکی کلاسی این درس، حداقل پنج توصیه یا پیشنهاد برای هرکدام از موقعیت‌های ذکر شده در جدول زیر بنویسید. حتماً از واژگان اصلی این درس و وجه التزامی برای بیان ضرورت (باید) استفاده کنید.

2

SOLUTIONS TO AIR POLLUTION

درس ۲
راه حل هایی برای آلودگی هوا

What will I learn in this lesson?			
TOPIC	**SKILLS**	**STRUCTURE**	**VOCABULARY**
Solutions to air pollution	• Reading • Listening • Speaking	• The attributive adjectival ezâfe	Car, fuel, environment, public transportation
GRAMMAR SHEET			
The Subjunctive Mode (Present)			

<u>منابع درس ۲</u>
به منابع زیر دسترسی خواهید داشت:
ویدیو برگرفته از:

https://www.bbc.com/persian/iran/2015/12/151227_om_pollution
https://per.euronews.com/2017/12/22/tehran-pollution-primary-schools-got-closed

کمی درباره موضوع . . .

In order to improve air quality, change needs to happen on a national and global scale. An important step towards improving air quality has been creating policies and passing laws to restrict air pollution.

Most industrialized countries have laws and regulations on air quality. The United Kingdom first passed its Clean Air Act in 1956 following a deadly smog event that killed many London residents. Numerous laws on air pollution have also been passed in China, where rapid industrial and urban growth in recent decades resulted in a sharp decrease in air quality. In Iran, the Clean Air Law adopted in July 2017 has introduced heavier punishments and fines for any industries or individuals that do not adhere to limits on pollution.

DOI: 10.4324/9780429437090-19

While laws and regulations are helping, actions at the individual and community level are also important. In the case of Tehran's air pollution, experts believe that air quality can be improved by scrapping clunkers, controlling vehicle emissions, managing waste, developing railroads, expanding green spaces, and banning polluting industries.

Recently, Tehran municipality has shut down several businesses and heavily restricted the use of older trucks and buses. The municipality has also encouraged the production of vehicles with more updated technology, which will replace some of the numerous old buses. Tehran municipality also has a plan to divide the city into three zones and charge drivers traversing these zones as a way of deterring people from using personal cars and thus reducing air pollution.

In general, there are long-term benefits of the management of pollution for a country. It can create a healthier population and enhance country competitiveness through job creation, better energy efficiency, and sustainable urban and rural development.

برای بهبود کیفیت هوا، لازم است تغییر در مقیاس ملی و جهانی اتفاق بیفتد. گام مهم در جهت بهبود کیفیت هوا ایجاد سیاست ها و تصویب قوانینی برای محدود کردن آلودگی هوا است.

بیشتر کشورهای صنعتی قوانین و مقررات مربوط به کیفیت هوا دارند. انگلستان اولین بار در سال ۱۹۵۶ به دنبال یک رویداد مه دود مهلک که باعث کشته شدن بسیاری از ساکنان لندن شد، قانون هوای پاک خود را تصویب کرد. در چین ، جایی که رشد سریع صنعتی و شهری در دهه های اخیر منجر به کاهش شدید کیفیت هوا شده، قوانین بی شماری در مورد آلودگی هوا نیز تصویب شده است. در ایران، قانون هوای پاک مصوب جولای ۲۰۱۷، مجازات ها و جریمه های سنگین تری را برای هر صنعت یا اشخاصی که محدودیت های خود در آلودگی را رعایت نکنند، تعیین کرده است.

در حالی که قوانین و مقررات کمک می کنند ، اقدامات در سطح فردی و جامعه نیز مهم است. در مورد آلودگی هوای تهران، کارشناسان بر این باورند که می توان با اسقاط ماشین های قدیمی، کنترل انتشار آلاینده ها، مدیریت پسماندها، توسعه راه آهن، گسترش فضاهای سبز و منع صنایع آلوده کننده، کیفیت هوا را بهبود بخشید.

اخیراً، شهرداری تهران چندین مشاغل را تعطیل کرده و استفاده از کامیون و اتوبوس قدیمی را بسیار محدود کرده است. شهرداری همچنین تولید وسایل نقلیه با فناوری به روزتر را تشویق کرده است، که جایگزین برخی از اتوبوس های قدیمی می شود.

شهرداری تهران همچنین طرحی را برای تقسیم شهر به سه منطقه و دریافت هزینه رانندگی برای عبور از داخل مناطق به عنوان راهی برای جلوگیری از استفاده مردم از اتومبیل های شخصی و کاهش آلودگی هوا در نظر گرفته است.

به طور کلی، مدیریت آلودگی برای یک کشور دارای مزایای طولانی مدت است. این می تواند از طریق ایجاد شغل، بهره وری بهتر انرژی و توسعه پایدار شهری و روستایی، جمعیت سالم تری ایجاد کرده و رقابت پذیری کشور را افزایش دهد.

منابع:

Air pollution in Iran. (2018, August 3). *The Borgen Project* (blog). https://borgenproject.org/air-pollution-in-iran

Air pollution solutions. (2020). *UCAR Education*. https://scied.ucar.edu/learning-zone/air-quality/air-pollution-solutions

Officials' solutions for Tehran's pollution. (2018, January 8). *Financial Tribune.*
https://financialtribune.com/articles/environment/79550/officials-solutions-
for-tehrans-pollution

۱ . معرفی موضوع و بررسی کلیدواژه ها

(P)1. Instructions: Which of the following words do you think describe things
that are good (+) or bad (−) for the environment? Mark your answers accordingly
before checking them with a partner.

(**فعالیت دونفره**)۱ . **راهنما:** به نظر شما کدام یک از واژه های زیرمواردی را توصیف می کند که برای
محیط زیست خوب (+) یا بد (−) است؟ استفاده از علامت (+) برای خوب و از (−) برای بد پاسخ دهید
و سپس پاسخ های خود را با همکلاسی تان چک کنید.

الف. ذغال سنگ( )
ب. خودرو/ ماشین برقی( )
پ. خودرو قدیمی ( )
ت. دوچرخه سواری ( )
ث. موتورسیکلت قدیمی ( )
ج. کارخانه( )
چ. اتوبوس( )
ح. موتور دیزلی( )
خ. فن آوری جدید( )
د. پالایشگاه ( )
ذ. مترو( )
ر. وسایل حمل و نقل عمومی ( )
ز. سوخت با استاندارد بالا ( )

(G)2.

(فعالیت گروهی)۲.

KEY WORD: Solutions
KEY VERB: To solve

کلیدواژه: راه حل ها
فعل کلیدی: حل کردن

Instructions: Imagine that you and your classmates are members of the Tehran
City Council, which is now reconvening to discuss how to mitigate air pollution
in Tehran. You have been tasked with preparing a list of possible solutions. In
small groups, read the statements below to identify entries for your list. Be sure to
add other possible solutions that you can think of.

راهنما: تصور کنید شما و هم‌کلاسی‌هایتان اعضای شورای شهر تهران هستید. شورا در حال تشکلیل جلسه برای بحث درباره کم‌کردن آلودگی هوا در تهران است. از شما خواسته شده تا فهرستی از راه حل های موجود آماده‌کنید. در گروه‌های کوچک، جمله‌های زیر را بخوانید تا موارد فهرست خود را شناسایی کنید. مطمئن شوید که اگر راه حل دیگری به ذهنتان می‌رسد، آن را هم بنویسید.

«به‌جای بزرگراه‌سازی و پل‌سازی در شهر تهران که در واقع دعوت از اتومبیل‌ها برای آمدن به خیابان است، باید این اعتبارات و بودجه‌ها را به مترو و حمل و نقل عمومی تخصیص می‌دادیم تا اکنون با چنین وضعیتی روبرو نباشیم.»

- محمد حقانی، عضو شورای شهر تهران

راه حل های ممکن برای آلودگی هوا:

«شهرداری در ساخت پل صدر حدود ۵ هزار میلیارد تومان بودجه صرف کرد، در صورتی که بر اساس گفته معاون شهرداری، برای ساخت هر کیلومتر مترو ۷۰ میلیارد تومان پول هزینه می‌شود. حال سؤال این است هدف از ساخت چنین پلی چه بود؟ در حالی که به جای آن می‌شد ۷۱ کیلومتر مسیر مترو ساخت.»

- حسین اخانی، استاد دانشگاه تهران

راه حل های ممکن برای آلودگی هوا:

«باید برای برج‌ها و ساختمان‌های بلندمرتبه، بخصوص آنهایی که در کریدور جابه‌جایی هوا قرار دارند، چاره‌اندیشی شود و حداقل از این به بعد از ساختن آنها در این‌گونه مناطق جلوگیری شود.»

- رییس‌جمهور حسن روحانی

راه حل های ممکن برای آلودگی هوا:

راه حل های ممکن دیگر برای آلودگی هوا:

---

۲. مطالعه موضوع

منابع صوتی/تصویری

-بخش های ویدیو برگرفته از:

https://www.bbc.com/persian/iran/2015/12/151227_om_pollution

https://per.euronews.com/2017/12/22/tehran-pollution-primary-schools-got-closed

الف. فرضیه پردازی

(I)1. Instructions: Via the link provided (www.routledge.com/9781138347199 ▶), watch the video entitled "What is the Solution to Air Pollution?" ("راه حل آلودگی هوا چیست؟") without sound and fill in only the right-hand side of the table below (Column "Expected Issues") with issues you expect to hear in the video with sound in the **General Listening** section that follows.

(فعالیت فردی) ۱. راهنما: از طریق لینک ارائه‌شده (▶ www.routledge.com/9781138347199)، ویدئو با عنوان «راه حل آلودگی هوا چیست؟» را بدون صدا تماشا کنید و ستون سمت راست جدول زیر (ستون «موضوعات مورد انتظار») را با موضوعاتی پرکنید که انتظار دارید در ویدئو با صدا در بخش «گوش دادن کلی» که در ادامه می آید بشنوید.

موضوعات دیگر	موضوعات مورد انتظار

ب. گوش دادن کلی

KEY SKILL: LISTENING FOR GENERAL COMPREHENSION

To guide listening for general comprehension, Activity B1 (II) below asks you to focus on key words and facts. It is not necessary to understand every single word. You can ignore words that you think are less important, and if there are words or issues that you don't understand, use your general knowledge and context to figure out the meaning. Taking notes as a memory aid is recommended.

مهارت اصلی: گوش دادن برای درک کلی مطلب

برای گوش دادن به جهت درک کلی مطلب، تمرین ب۱ (۲) در زیر از شما می خواهد که روی کلیدواژه ها و حقایق تمرکز کنید. لازم نیست معنی تک تک واژه ها را بدانید. می توانید واژ هایی را که فکر می کنید اهمیت کمتری دارند نادیده بگیرید و اگر واژه ها یا موضوعاتی وجود دارد که نمی فهمید، از دانش قبلی خود استفاده کنید تا معنی آن را دریابید. یادداشت برداری به عنوان کمک حافظه توصیه می شود.

(P)1. Instructions: Via the link provided (www.routledge.com/9781138347199 ▶), listen only to the audio of the video you watched in Activity A1 (II) above for general comprehension. Check off the expected issues you entered in the right-hand side of the table in Activity A1 (II). In the left-hand side of the same table, fill in any additional issues that were missing. Check your answers with a partner.

(فعالیت‌دونفره) ۱. راهنما: از طریق لینک ارائه‌شده (▶ www.routledge.com/9781138347199)، فقط به بخش صوتی ویدئویی که در تمرین الف ۱ (۲) دربالا آمده برای درک کلی مطلب آن گوش دهید. سپس موضوعات مورد انتظارتان که در سمت راست جدول تمرین الف۱ (۲) وارد کردید را علامت

بزنید. در سمت چپ همان جدول را با موضوعات دیگری که قبلا ننوشتید پر کنید. پاسخ‌های خود را با همکلاسی‌تان تأیید کنید.

(P)2. Instructions: Based on what you saw in the video in Activity A1 (II) and heard in the audio in Activity B1 (II) above, choose the best title for the video among the choices below. Check your answer with a partner.

(فعالیت دونفره)۲. راهنما: طبق آن‌چه در ویدئو تمرین الف۱(۲) دیدید و در بخش صوتی تمرین ب۱(۲) در بالا شنیدید، از بین گزینه های زیر بهترین عنوان را برای ویدئو انتخاب کنید. پاسخ‌های خود را با همکلاسی‌تان چک کنید.

الف. آلودگی هوا
ب. گرمایش جهانی
پ. تغییرات اقلیمی
ت. محیط زیست

(P)3. Instructions: Read the brief summary of the video below and mark the statements that follow as true or false. Check your answers with a partner.

(فعالیت دونفره)۳. راهنما: خلاصه مختصر متن ویدئو را در زیر بخوانید و مشخص کنید گزاره هایی که در زیر آمده درست است یا نادرست. پاسخ‌های خود را با همکلاسی‌تان چک کنید.

۶ دی ۱۳۹۴ – ۲۷ دسامبر ۲۰۱۵

شانزده روز پیاپی است که هوای تهران آلوده است و از سالمندان و بیماران خواسته می شود در خانه بمانند. کمیته اضطراری آلودگی هوای پایتخت اعلام کرده مهدکودکها و مدارس ابتدایی مناطق یک و دو و کهریزک فردا تعطیل هستند. سازمان هواشناسی پیش بینی کرده آلودگی هوای تهران همچنان ادامه پیدا کند. بدور از دعواهای جناحهای سیاسی بر سر آلودگی هوای تهران، سؤال اصلی این است که چطور می توان این مشکل را حل کرد؟

شهریار صیامی گزارش می دهد.

الف. هوای تهران بیش از دو هفته است که آلوده است.	درست	نادرست
ب. کمیته اضطراری آلودگی هوای پایتخت از تمام شهروندان خواسته که در خانه بمانند.	درست	نادرست
پ. پیش‌بینی‌ها می‌گوید که آلودگی هوای تهران بدتر خواهد شد.	درست	نادرست
ت. مهدکودک‌ها و مدارس ابتدایی فقط مناطق ۱ و ۲ فردا تعطیل خواهند بود.	درست	نادرست

پ. گوش دادن هدفمند

KEY SKILL: LISTENING FOR SPECIFIC DETAILS

Focused listening requires you to listen more closely than you did in the previous section. Activities C1 (II), C2 (II), C3 (II), and C4 (II) below will help you listen attentively to identify specific points and ideas.

مهارت کلیدی: گوش دادن برای اطلاعات خاص

گوش دادن متمرکز شما را ملزم به گوش دادن دقیق تر به آن چه در قسمت قبلی شنیدید می کند. تمرین های پ۱(۲)، پ۲(۲)، پ۳(۲) و پ۴(۲) در زیر به شما کمک می کند تا با دقت گوش دهید و نکات و ایده های خاص را شناسایی کنید.

(I)1. Instructions: Watch the segments of the video with sound as indicated below, then complete the activities that follow.

(فعالیت فردی)۱. راهنما: بخش‌هایی از ویدیو که در زیر آمده را با صدا تماشا کنید و سپس تمرین‌هایی که به دنبال آن ها آمده را کامل کنید.

a. Watch Segment 1 on how London has managed its air pollution. Match the statements on the right-hand side with the appropriate times listed on the left-hand side.

الف. بخش ۱ ویدیو درباره چگونگی مدیریت آلودگی هوا در لندن را تماشا کنید. عبارت های سمت راست را به سال های مرتبط با آن ها در سمت چپ وصل کنید.

عبارت ها	زمان ها
۱. ۱۰،۰۰۰ (ده هزار) نفر بخاطر آلودگی هوا مردند	اوایل دهه پنجاه میلادی
۲. لندن یکی از آلوده ترین شهر های جهان بود.	۱۹۵۶
۳. لایحه هوای پاک تصویب شد.	۱۹۵۲

b. Watch Segment 2 on the status of air pollution in Mexico City during the 1990s and the present day. Match the statements on the right-hand side with the appropriate times listed on the left-hand side.

ب. بخش ۲ ویدیو درباره وضعیت آلودگی هوا از دهه ۹۰ میلادی تا حال حاضر و اقدامات مدیریتی مکزیکوسیتی را تماشا کنید. عبارت‌های سمت راست را به زمان های مرتبط با آنها که در سمت چپ آمده وصل کنید.

عبارت ها	زمان ها
۱. ۷۵ درصد علت آلودگی هوای مکزیکوسیتی ناشی از خودروها بود.	امروزه
۲. خطوط دوچرخه‌سواری را گسترش می‌دهند و وام بانکی برای خرید خودروهای برقی به مردم می‌دهند.	در دهه نود میلادی
۳. مکزیکوسیتی آلودهترین هوای جهان را داشت.	در دهه نود میلادی
۴. مکزیکوسیتی حتی در ده شهر آلوده جهان قرار نمی‌گیرد.	در حال حاضر

c. Watch Segment 3 and explain below how Mexico City has managed its air pollution.

پ. بخش ۳ ویدیو را تماشا کنید ودر زیرتوضیح دهید که چگونه مکزیکوسیتی موفق شد آلودگی هوا را کنترل کند.

_____

_____

_____

d.   Watch Segment 4 ▶️ and indicate in the table below the three effective principles in fighting against air pollution in Tehran, London, and Mexico City.

ت.   بخش ۴ ویدیو ▶️ را تماشا کنید و در جدول زیر، سه اصل موثر در مبارزه با آلودگی هوا در تهران، لندن و مکزیکوسیتی را مشخص کنید.

اصول	تهران	لندن	مکزیکوسیتی
اصل ۱			
اصل ۲			
اصل ۳			

(P)2. Instructions: Via the link provided (www.routledge.com/9781138347199 ▶️), watch the video in its entirety with sound and mark the statements below as true or false. Check and justify your answers with a partner.

(فعالیت دونفره)۲. راهنما: از طریق لینک ارائه شده (www.routledge.com/9781138347199 ▶️)، ویدیو را به طور کامل و با صدا تماشا کنید و درست یا نادرست بودن عبارت های زیر را مشخص کنید. پاسخ های خود را با همکلاسی تان بررسی و توجیه کنید.

الف. معضل آلودگی هوا مختص شهر تهران نیست. لندن یکی از آلوده ترین شهر های جهان است.	درست	نادرست
ب. با وجود تصویب قانون هوای پاک لندن در سال ۱۹۵۶، ذغال سنگ تا سال ها بعد همچنان به صورت گسترده در شهر به عنوان سوخت استفاده می شد.	درست	نادرست
پ. در دهه ۱۹۹۰ میلادی، مکزیکوسیتی یکی از آلوده ترین شهر های جهان بود.	درست	نادرست
ت. سیستم اتوبوس و متروی شهری مکزیکوسیتی از روی سیستم حمل ونقل عمومی کلمبیا طراحی شد.	درست	نادرست
ث. تهران، لندن و مکزیکوسیتی با تشویق مردم به استفاده از وسایل حمل ونقل عمومی با معضل آلودگی هوا مبارزه کرده اند.	درست	نادرست
ج. استاندارد سازی سوخت خودروها قدم مهمی در مبارزه با آلودگی هوا در تهران، لندن و مکزیکوسیتی بوده است.	درست	نادرست

(P)3. Instructions: Watch the video in its entirety with sound again, and then select the best answer(s) to each question. Check and justify your answers with a partner.

(فعالیت دونفره)۳. راهنما: دوباره ویدیو را به طور کامل و با صدا ببینید و سپس بهترین پاسخ برای پرسش های زیر را انتخاب کنید. پاسخ های خود را با همکلاسی تان بررسی و توجیه کنید.

۱.   کدامیک از موارد زیر در شهر لندن برای بهبودی آلودگی هوا انجام شد؟

الف.   استفاده سوخت ذغال سنگ را ممنوع کردند.

ب.‏ کارخانه ها را در خارج از شهر درست کردند.

پ.‏ خودروها را معاینه فنی کردند.

ت.‏ کارخانه ها را تعطیل کردند (بستند).

ث.‏ از مواد سوختی با استاندارد بالا استفاده کردند.

۲.‏ کدامیک از موارد زیر شباهت های تهران و مکزیکوسیتی است؟

الف.‏ اطراف هر دو شهر کوه است.

ب.‏ هر دو شهر ساختمان های بلند دارند.

پ.‏ پرندگان زیاد در آسمان دارند.

ت.‏ شب های پر ستاره دارند.

ث.‏ هر دو شهر پر جمعیت هستند.

۳.‏ کی (در چه زمانی) مکزیکوسیتی آلوده ترین شهر جهان بود؟

الف.‏ در دهه شصت میلادی

ب.‏ در دهه هفتاد میلادی

پ.‏ در دهه هشتاد میلادی

ت.‏ در دهه نود میلادی

ث.‏ در دهه پنجاه میلادی

۴.‏ چند در صد از آلودگی هوا در مکزیکوسیتی بخاطر ماشین ها بود؟

الف.‏ ۳۰٪

ب.‏ ۵۵٪

پ.‏ ۷۵٪

ت.‏ ۴۵٪

ث.‏ ۶۵٪

۵.‏ مکزیکوسیتی چه اقداماتی برای بهبودی آلودگی هوا انجام داد؟

الف.‏ حمل و نقل عمومی را گسترش دادند.

ب.‏ از سوخت استاندارد در خودروها استفاده کردند.

پ.‏ پالایشگاه های گران قیمت درست کردند.

ت.‏ موتورسیکلت ها و تاکسی های قدیمی در شهر را جریمه کردند.

ث.‏ کارخانه ها را در داخل شهر درست کردند.

(P)4. Instructions: Via the link provided (www.routledge.com/9781138347199 📹), watch Segments 5, 6, and 7 from the video entitled "What Is the Main Reason for Excessive Air Pollution in Tehran?" ("دلیل اصلی آلودگی بیش از حد هوای تهران چیست؟") you watched in Lesson 1 of this unit. Among the solutions to air pollution listed in the table below, identify those that are applicable in Tehran. With a partner, discuss the feasibility of each solution and whether you are in favor of it. If you are not in favor of a given solution, propose an alternative.

(فعالیت‌دونفره)۴.‏راهنما: از طریق لینک ارائه‌شده (📹 www.routledge.com/9781138347199)، بخش های ۵ و ۶ و ۷ از ویدنو با عنوان «دلیل اصلی آلودگی بیش از حد هوای تهران چیست؟» که در درس ۱ این بخش تماشا کردید را تماشا کنید. از میان راهکارهای عملی آلودگی هوا که در جدول زیر ذکر

شده، آن هایی که برای آلودگی تهران کارآمد است را مشخص کنید. در گروه‌های دونفره درباره کارآمدی هر راهکار بحث کنید و نظر موافق یا مخالف خود را بیان‌کنید. اگر موافق بعضی راهکارها نیستید، یک جایگزین ارائه دهید.

بخش ۵
بخش ۶
بخش ۷

راهکار	موافق	مخالف	راهکار جایگزین
تعطیلی مدارس و اجرای طرح زوج و فرد برای خودروها از در منزل از راه حل های دولت ایران برای کنترل آلودگی در این روزهاست.			
وسایل حمل‌ونقل عمومی مثل مترو و اتوبوس های تندرو باید اضافه شود.			
یکی از بحث هایی که در دولت هم به تصویب رسیده، ارتقای استاندارد خودروهای تولید شده است.			

۳. ساختارهای دستوری زبان و واژگان

الف. بررسی ساختارهای دستوری زبان

(I)1.

(فعالیت فردی)۱.

THE ATTRIBUTIVE ADJECTIVAL *EZÂFE*

The *ezâfe* links nouns and adjectives together.

ترکیب وصفی اضافه

«اضافه» اسم‌ها و صفت‌ها را به هم وصل می‌کند.

Instructions: In the list below, determine how each set of words combine to convey their collective meaning, using the attributive adjectival *ezâfe*. After looking at the two examples provided, focus on each set in order to determine:

- In which cases the letter ی appears
- In which cases the letter ی does not appear.

راهنما: در فهرست زیر مشخص کنید چگونه هر گروه از واژه ها با استفاده از ترکیب وصفی اضافه با هم ترکیب می‌شوند تا معنی جمعی عبارت را برسانند. پس از مشاهده دو مثال ارائه شده در زیر، به هر عبارت توجه کنید و مشخص کنید:

- چه موقع حرف ی به کارمی‌رود.
- چه موقع حرف ی به‌کار نمی‌رود.

مثال ها:

- پالایشگاه‌های قدیمی
- مردم شهر

الف. ماشین‌های قدیمی
ب. تاکسی‌های قدیمی
پ. پالایشگاه قدیمی
ت. دوچرخه‌ی قدیمی
ث. کارخانه‌ی قدیمی
ج. ماشین قدیمی
چ. موتورسیکلت قدیمی
ح. خودروی قدیمی
خ. داخل شهر
د. هوای شهر

ب. بررسی واژگان

(I)1. Instructions: Find the following words in the context of the video entitled "What is the Solution to Air Pollution?" ("راه حل آلودگی هوا چیست؟"), then define them in your own words or provide synonyms.

(فعالیت فردی)۱. راهنما: واژه‌های زیر را در متن ویدئو با عنوان «راه حل آلودگی هوا چیست؟» پیدا کنید و برای هرکدام یک معادل تعریف کنید.

- پالایشگاه
____
- خودرو
____
- کارخانه
____
- سوخت
____
- پایتخت
____
- کارشناس
____
- وام
____
- عمومی
____
- محیط زیست
____
- قدیمی
____

(I)2. Instructions: Match the words on the right-hand side with the words on the left-hand side to form proper collocations.

(فعالیت فردی)۲. راهنما: واژه های سمت راست را به واژه های سمت چپ وصل کنید تا عبارت های همنشین مناسبی تشکیل شود.

عبارت های همنشین	
وسایل	هوا
معاینه	سنگ
سوخت	فنی خودروها
ذغال	حمل و نقل (نقلیه) عمومی
کارشناسان	بانکی
آلودگی	گران قیمت
وام	قدیمی
پالایشگاه/ کارخانه	مکزیک
تاکسی/ موتورسیکلت	محیط زیست
پایتخت	استاندارد

۴. پروژه: پیروی از مقررات کنترل کیفیت هوا

Imagine that you are a specialist working for the government to ensure that specific air quality targets are being met. Drawing information from the article in Lesson 1 of this unit and the video in Lesson 2, complete the following tasks:

a. Written report

Write a paragraph-long report that (1) states the problem of air pollution in Tehran, (2) lists all its major causes, and (3) provides at least three solutions. Be sure to include key vocabulary from the unit and to use the construction "should" followed by the subjunctive in your recommendations.

b. Oral report

Prepare a three-minute oral report to present in front of the class. When presenting, you may follow your main ideas in the written report, but do not read from these notes when recording the report.

تصور کنید که شما متخصص هستید و برای دولت کار می کنید و وظیفه‌تان این‌است که از پیروی همگانی از مقررات کنترل کیفیت هوا اطمینان حاصل کنید. با استفاده از اطلاعات مقاله در درس ۱ این بخش و ویدئوی درس ۲، کارهای زیر را انجام دهید:

الف. گزارش نوشتاری

یک گزارش یک پاراگرافی بلند بنویسید که (۱) مشکل آلودگی هوای تهران را توضیح دهد، (۲) همه علت‌های اصلی آن را بیان کند و (۳) حداقل سه راه‌حل ارائه دهد. در توصیه‌های خود حتما کلیدواژه‌های این بخش را به کار ببرید و از ساختار «باید» و وجه التزامی که به دنبال آن می آید استفاده کنید.

ب. گزارش شفاهی

یک گزارش شفاهی سه دقیقه ای آماده کنید که در مقابل کلاس ارائه دهید. برای ارائه خود، می‌توانید ایده‌های اصلی خود در گزارش را دنبال کنید ولی نباید هنگام ضبط ارائه از روی متن نوشته‌شده بخوانید.

INDEX

Note: Page numbers in *italic* indicate a figure and page numbers in **bold** indicate a table on the corresponding page.